文化自信视域下
儒学观念守正创新研究

韩中谊 著

九州出版社
JIUZHOUPRESS

图书在版编目（CIP）数据

文化自信视域下儒学观念守正创新研究 / 韩中谊著
. -- 北京：九州出版社，2022.9
ISBN 978-7-5225-1105-4

Ⅰ．①文… Ⅱ．①韩… Ⅲ．①儒学—研究 Ⅳ．
① B222.05

中国版本图书馆 CIP 数据核字（2022）第 147547 号

文化自信视域下儒学观念守正创新研究

作　　者	韩中谊 著	
责任编辑	陈春玲	
出版发行	九州出版社	
地　　址	北京市西城区阜外大街甲 35 号（100037）	
发行电话	（010）68992190/3/5/6	
网　　址	www.jiuzhoupress.com	
印　　刷	武汉市籍缘印刷厂	
开　　本	710 毫米 ×1000 毫米　16 开	
印　　张	17	
字　　数	239 千字	
版　　次	2022 年 9 月第 1 版	
印　　次	2022 年 9 月第 1 次印刷	
书　　号	ISBN 978-7-5225-1105-4	
定　　价	88.00 元	

本著作的出版获得了 2022 年度佛山科学技术学院学术著作出版资助基金、广东省教育科学规划课题"新时代美好生活观的意识形态功能和作用机制研究"（编号：2022GXJK028）的资助。同时，本著作部分内容为广东省哲学社会科学规划项目"习近平总书记关于弘扬优秀传统文化的重要论述研究"（编号：MYZX201626）等课题的阶段性成果。

自　序

　　儒学观念的守正创新，奠基于文化自信的情感态度和价值取向，立足于弘扬中华优秀传统文化的精神追求与文化立场。本书在坚定文化自信、弘扬中华优秀传统文化的理论视域下，在探究新时代儒学创新发展的时代背景、价值意义、研究方法、应用前景的基础上，着力推进儒家伦理、智德、修身功夫的个案研究，揭示儒家伦理道德观念的思想渊源、义理建构、政治影响、发展流变和现代转型的基本规律，勾勒儒家智德观念的现实关怀、观念结构、传承路径和德行面向，展现儒家修身功夫与佛老思想和西方哲学传统的异同、特色与价值。本书还从当今社会实际出发，在当今社会思潮、制度环境和建设实践中着力探索儒学与当代社会的结合点，对儒家思想资源在当今思想道德修养、现代道德教育、基层社会治理、地方教育实践的运用展开研究，为新时代共创共享美好生活提供精神资源。

　　一是立足观念史研究进路，注重儒学观念内涵和演进的"内在解释"。儒学创新发展，首先离不开对传统儒学本身的理论研究。回顾前辈学者的研究，对思想派别、思想家的思想体系和发展流变的研究成果颇丰，且随着研究的推进，核心观念的研究亦扎实推进。然而，儒学作为传统社会的观念和价值系统，是一个博大精深的思想体系，依然具有诸多的观念和议题值得我们深度挖掘。本书关于儒学诸多观念的研究，起点并非针对整个的"哲学体系"，而是侧重"观念单元"或"单位观念"的挖掘与诠释。边缘也可以成为中心，本书关注这些观念体现的儒家思维方式、价值信念、心理习惯和生活方式，在与道家、佛教、西方思想派别的比较诠释中彰显这些儒学观念的思想特色和文化特质。

二是关注儒学观念演进的"外在解释"。儒学研究亦当避免过分抽离生活实践而观念化的趋向，避免切断儒学与历史条件、社会结构、礼法制度的关联。因而本书既重视又不局限于"内在理路"的说明，而是同时注重对社会存在的考察。本书注重观念兴起与社会需要的关系、社会变迁与观念演进的关系、社会存在对观念阐发的制约等问题的考察，进而探究儒家基于具体的社会—历史情况背景下的理论反思和观念建构，在关注儒家内部思想复杂性及多样性的同时挖掘其共同性，说明思想观念的思想结构及其总体演进过程。

三是推进传统哲学史与马克思主义理论的交叉研究。本书以传统的哲学、史学等人文学科对儒学的深度研究为基础，同时引入马克思主义理论学科研究方法。本书探讨文化自信的形成背景与思想内涵，探究弘扬中华优秀传统文化的基本原则和传播策略，梳理现当代儒学发展历程与新时代儒学创新发展的现状，分析新时代儒学建构的理论和运用价值，探究新时代儒学创新并服务现代治理、共创美好生活的政策建议。本书坚持跨学科视野、理论联系实际、问题导向、回归实践语境的研究思路，坚持马克思主义与儒学相融合，推进儒学与东西方思想派别和社会思潮的对话，在社会主义制度环境和建设实践中着力探索儒学与当代社会的结合点，以马克思主义引领儒学研究的范式思考儒学观念的现代价值意义及其运用前景。

四是探索案例研究法与整体研究法相结合。儒学研究的学术史很长，因而儒家伦理、智德、修身功夫的观念诠释与当代审视，是一个历久弥新的研究论域。整体上展开论述不仅对普通学者而言会显得难以驾驭，而且往往会变成泛泛而谈。为了在传统的研究论域上能够有所推进，本书在方法上坚持前述三个视角的融合，另一方面侧重进行案例研究，如以"让"观念的内涵和流变考察探究儒家伦理观念的思想演进与现代转型，围绕"不惑""权""智"观念阐释儒家智德观念的丰富内涵并探讨智德在儒家道德哲学建构中的意义及其实质，围绕朱王关于《大学》的诠释、阳明"事上致良知"和"不迁怒"等功夫论议题揭示儒家修身功夫的文化特色与现代借鉴等。这些具体研究具有一定的创新性。与此同时,本书试图避免"只见树木、不见森林"的弊端,关注这些观念与儒家其他观念和整个思想体系的内在联系,从案例的提炼和升华中对儒家伦理、智德、修身功夫的思想渊源、观念建构、现实关怀、传承路径、发展流变、思想特色、文化特质、现代转型等普遍性问题进行初步探索。

五是社会调查法与文献分析法相结合。本书探究儒家思想观念助力思想道德修养、滋养现代道德教育、服务基层社会治理的路径与方法,探索儒家文化教育的地方实践与提升策略。在方法论上,本书坚持理论联系实际、问题导向、回归实践语境,通过社会调研了解教学一线、管理一线、基层治理领域、地方教育实践的具体情况,借鉴典型案例的成功经验,发现具体实践中的问题现状,从而构建符合具体实践的理论框架并提出对策建议。与此同时,本书坚持以习近平总书记系列讲话精神和党的大政方针政策为指引,搜集学者的相关理论研究成果和调研素材,实现社会调查法与文献分析法相结合。

儒学观念守正创新是宏大的学术命题,案例研究的优势是使宏大的学术命题具体化。尽管著者试图从案例的提炼和升华中对普遍性问题加以探究,但是,限于著者学术积累和学术功底尚浅,本书对儒学守正创新的研究仍然显得并不系统全面,其中的一些初步结论也尚待检验,恳请学界同仁斧正!

目　录

第一章　儒学观念守正创新的文化立场

开宗明义，本章首先介绍本书研究的理论视域：坚定文化自信、弘扬中华优秀传统文化。著者以为，儒学观念的守正创新，奠基于文化自信的情感态度和价值取向，立足于弘扬中华优秀传统文化的精神追求与文化立场。因此，我们首先有必要探讨文化自信的形成背景与思想内涵，分析弘扬中华优秀传统文化的时代价值及其传承创新原则。

第一节　坚定文化自信的价值取向

文化自信，按照一般定义，就是一个民族、一个国家以及一个政党对自身文化价值的充分肯定和积极践行，并对其文化的生命力持有的坚定信心。作为中国特色社会主义的"第四个自信"，文化自信是更基础、更广泛、更深厚的自信。文化自信的情感态度与价值取向，直接影响到我们对中华优秀传统文化的认识和评价，影响到对儒学诠释与创新的学术探索。

一、文化自信的形成背景

坚定文化自信，跟社会历史变迁息息相关，与实践探索和社会需要密不可分，是传承发展马克思主义文化建设理论的思想创新。

一是从变迁大势看，坚定文化自信源于国富族兴的底气和社会思潮的转向。器物革新、制度变革到文化革新的近代史进程某种程度也是传统文化逐步丧失自信的过程，它有利于中国的现代转型和马克思主义的传播，同时也伴随西风日烈、崇洋媚外、言必称希腊的社会心态。如今，中国模式创造了世界奇迹，综合国力早已今非昔比，历史逐渐从文化自卑的泥淖中走出来。在这个意义上，文化自信源于社会思潮的转向，而背后则是依托于中国特色社会主义正确道路和优越制度下所取得的巨大经济社会发展成就，源于中华民族伟大复兴尤其是文化复兴的信念，体现了中国人民对光荣历史、国家富强、社会进步的豪气。

二是从实践探索看，坚定文化自信源于建设经验的总结与对错误思潮的批判。中国特色社会主义建设实践表明，马克思主义为指导、立足中国本土实际（坚守中华文化立场，立足当代中国现实，结合当今时代条件）、消化西方文明经验，三者成功融合的实践在中国大地上就会展现出强大生命力；抽离中华文化元素、照搬他国建设经验、偏离马克思主义的主张，中国特色社会主义先进文化推广起来就步履维艰也难以奏效。坚定文化自信，是回应境外敌对势力的质疑否定之声尤其是各式各样的"中国崩溃论"的需要，有利于纠偏一些人迷信"普世价值"和西方文化的倾向，有助于引领我们从优秀传统文化和革命文化中汲取养分，滋养和发展中国特色社会主义先进文化，进而推进基于本国实际的理论和制度创新，不断开拓社会主义现代化事业。

三是从理论渊源看，坚定文化自信源于马克思主义文化理论的承续。习近平总书记指出，"中国共产党从成立之日起，既是中国先进文化的积极引领者和践行者，又是中华优秀传统文化的忠实传承者和弘扬者。""坚定文化自信，发展中国特色社会主义文化，就是以马克思主义为指导，坚守中华文立场，立足当代中国现实，结合当今时代条件，发展面向现代化、面向世界、面向未来的，民族的科学的大众的社会主义文化，推动社会主义精神文明和物质文明协调发展。"①习近平总书记继承了我们党历来重视社会主义文化建设和继承发展中华优秀传统文化的传统，同时提出了文化自信视域下推进文化建设的原则思路与路径方法，尤其是习近平总书记提出"坚持马克思主义基本原理与中国具体实际相结合，与中华优秀传统文化相结合"②，使习近平新时代中国特色社会主义思想成为"当代中华文化与中国精神的时代精华"③，成了当前思想文化建设的重大创新。

二、文化自信的丰富内涵

相比于道路自信、理论自信和制度自信，作为生活方式的文化自信跟普通民众的日常生活更为密切。文化的外延更广泛、表现方式更多样，影响渗透力更广阔，因而文化自信是一种"更广泛"的自信。而在新时代中国特色社会主义和治国理政的视野下看，文化自信是更深厚、更基础的自信。

首先，从观念文化层面而言，文化自信由里及外展现为意识形态、文化追求和社会心态三维度，属于一种更深厚的自信。

从意识形态上说，文化自信可视为坚信坚守社会主义核心价值体系的理想信念。作为新时代坚持和发展中国特色社会主义的基本方略之一，坚持社会主义核心价值体系是中国特色社会主义文化自信的集中体现和核心内容。从性质上说，"文化自信"首先是对中国特色社会主义文化尤其是社会主义核心价值体系的自信，即坚信社会主义先进文化能够愈加繁荣，坚信新时代中国特色社会主义、共产主义信念、社会主义共同理想、中华民族伟大复兴的

① 习近平.决胜全面建成小康社会 夺取新时代中国特色社会主义伟大胜利——在中国共产党第十九次全国代表大会上的报告 [N].人民日报，2017-10-28（02）.

② 习近平.在庆祝中国共产党成立100周年大会上的讲话 [N].人民日报，2021-7-2（02）.

③ 新华社.中共十九届六中全会在京举行 [N].人民日报，2021-11-12（01）

中国梦、社会主义核心价值观、社会主义道德等具有蓬勃生命力。

从文化追求上说，文化自信可视为坚信传统文化创新发展、西方文化洋为中用、革命文化传承发展、构建当代中华文化的文化取向。从文化形态上说，文化自信包含对中华优秀传统文化、革命文化和社会主义先进文化的自信，并表现为对异域文化持接纳借鉴但不崇拜迷信的立场，做到"不忘本来、吸收外来、面向未来，更好构筑中国精神、中国价值、中国力量"。并且，对中华优秀传统文化和革命文化的自信，是源于坚信在马克思主义的指导下，中华优秀传统文化和革命文化能够汇聚到当今时代并为当代社会主义先进文化服务。

从社会心态上说，文化自信是热爱认同并整体正面评价中华文化的情感态度。丢掉中华文化根本就是隔断民族精神命脉，忘记革命文化就是丢掉了红色基因，不发展社会主义先进文化就会导致精神匮乏。文化自信在外显行为态度上表现为四个领域：一是对历史遗产、古典文艺、史事典故、经典思想的阅读与欣赏，以同情之理解的态度看待和扬弃传统文化中不合时宜的成分，在整体积极正面评价中吸收、传承和发展中华文化的精髓；二是表现为对革命先辈、革命事迹、革命基地、革命文学、革命情怀的体认与珍视，讴歌革命传统、肯定革命精神依然是走在时代前列的丰碑；三是表现为对当代中国的伟大梦想、价值追求、道德风尚的热爱与歌颂，热爱反映改革发展成就、体现人民创造、寄托精神追求、蕴含好人好事的社会主义文艺；四是表现为正确看待西方文化输出，鉴别西方错误思潮，抵制抹黑中国的论调，不过度崇拜西方生活方式，不沉迷西方文艺影视作品。

其次，从观念文化与制度文化的连接来看，文化自信展现于路径选择与生活实践之中，属于一种更基础的自信。

文化自信体现于路径选择之中，可视为蕴含创新思维与顽强斗志的探索精神，以此带动理论、制度、道路自信与创新。坚定文化自信，不仅是要坚信中国特色社会主义文化在社会现实、社会系统、现成制度协调中能够不断创新发展，而且要坚信中国特色社会主义文化能够促进社会主义市场经济、民主政治、社会治理、生态文明、执政党建设，坚信具有强大优越性的社会主义制度蕴含先进的中华文化理念（如天下为公、人民为中心、民主协商、选贤任能、风清气正、纪检监察、人民调解等）。可以说，作为更基础的文化自信，它蕴含着创新思维与顽强斗志的文化与制度探索。它帮助我们在改革发展中取得了举世瞩目的中国奇迹，也将继续激励我们"坚持中国人的世界观、方法论"，以睿智化解问题与挑战，开拓中国道路，完善中国制度，总结中国模式。

文化自信的第五个维度落实于日常生活实践，可视为自觉坚持研究、培育、传播和践行中国特色社会主义文化的生活方式。坚定文化自信，还要按照日常化、具体化、形象化、生活化的要求，贴近大众生活，援引生活案例，采用合乎大众思维的话语体系与语言风格，运用古语名言说理、史事典故隐喻、英雄榜样感召等手段，透过学校教育、理论研究、历史研究、影视作品、文学作品等途径，以人们喜闻乐见、具有广泛参与性的方式，诠释较为深奥的理想信念与核心价值，传播历史传统与当代文化，增强做中国人的骨气和底气。另一方面，文化自信不仅体现在弘扬与传播层面，而且更要落实在自身的日常行动中，将文化精神转化为个人成长成才与奉献社会的不竭动力，自觉践行理想信念、民族精神、时代精神、核心价值、美德伦理，欣赏并勇于创造中国文艺、红色文艺。党员领导干部要以身作则、严于律己，社会名流与广大教师要身教言传、做好示范，自觉成为先进文化的信仰者与实践者，为形成风清气正、以文化人、践德为荣的社会氛围贡献力量。

从物质文化的层面来看，文化自信则体现为文化产品的自信。中华优秀传统文化、革命文化和社会主义先进文化引领文化创造，能够打造更多人民喜闻乐见的文化产品。反映中华文明的悠久传统和灿烂文明、体现中国人民的价值追求和精神风貌，以人民为中心、讲品位、讲格调、讲责任、讲奉献，展现改革发展成就、体现人民创造、反映美好生活、蕴含好人好事……这些文化产品，以广电节目、影视、歌舞、文学、讲座、图文等形式呈现，具有强大的艺术感召力和生命力。

此外，从全球治理思维来看，文化自信还是彰显民族优势、传递中国声音、构建人类命运共同体的开放视野。面对世界多元文明交融，文化自信就是要积极向世界传递中国的声音。这种声音不仅包括我们的政治立场和核心关切，也包括对事务与问题的思考方式、价值理念、处世智慧。更为重要的是，我们以民族优势贡献于世界文明的姿态并不同于西方传统大国的霸权主义思维，而是从"人类命运共同体"的战略高度，传承讲信修睦、协和万邦的理念，坚定各美其美、美人之美、美美与共、天下大同的信念，为世界文明发展提供中国经验与智慧，形成蕴含东方智慧的全球文化，从中不断提升我国的文化软实力和全球话语权。

第二节　坚信中华优秀传统文化的时代价值

中华优秀传统文化，有着具体而丰富的内涵。一是指向作为传统文化核心的、观念层面的思想文化。这包括思想体系、价值体系、重要理念、思维方式。二是往往特指思想文化中的核心精神。这包括民族精神、传统美德、美学精神、核心价值。我们要深入挖掘和阐发中华优秀传统文化讲仁爱、重民本、守诚信、崇正义、尚和合、求大同的时代价值。三是有时意指传统文化的具体表现形式。中华优秀传统文化以"史""诗""伦理"为重要形式，蕴含于思想经典、文学艺术、史书典籍之中，留存于文物、遗迹等物质文化遗产之中，呈现于当下拼搏奋斗的日常实践、携手共建的美好家园和人民心中的精神世界中。此外，"传统文化"与"中华文化"（"民族文化"）略有区别，"中华文化"包含中华文化的古代形态即中华传统文化，也包含传统文化的创造性转化、创新性发展的现代形态，即当代中华文化。"中华文化"（"民族文化"）重在与异域文化尤其是西方文化的对比与区别，是中华民族独特的思想资源、精神标识与文化命脉。

弘扬中华优秀传统文化，具有重要的理论和应用价值。

第一，从巩固主流意识形态领导权来看，传承发展中华优秀传统文化，不是搞文化复古，不是要取代马克思主义的指导地位，而是要用马克思主义的立场、观点和方法，对传统文化加以去芜存菁、推陈出新，实现创造性转化与创新性发展。而这将有利于发挥主流意识形态对文化的选择、整合和创新功能，推进中华优秀传统文化在当代中国朝着正确的方向继续发展，坚定文化自信，助力社会主义先进文化的守正创新。

第二，从创新发展马克思主义理论来看，中华优秀传统文化蕴藏着解决当前人类面临的难题和我国治国理政中具体问题的重要启示。激活其中的问题意识、思维方式、丰厚资源，能够为丰富和发展马克思主义基本原理提供来自民族文化的思想启迪、文化支撑与理论论证。天下为公、协和万邦的理念汇入共产主义理想，提出了"人类命运共同体"的构想；追求社会全面进步与人的自由全面发展，与我国繁荣文明的悠久传统与历史经验相衔接，构成了"中国梦"的核心内涵；人民立场与民本思想的结合，诞生了"坚持以人民为中心的发展"的政治智慧；共产党员的理想信念与儒家修齐治平和反求诸己等修身进路相融合，提出了"不忘初心、牢记使命"的时代课题，皆是显证。

第三，从马克思主义的大众传播来看，挖掘中华优秀传统文化的思想资源、名言警句、鲜活故事来诠释马克思主义，能让理论话语更加契合国人思维方式和社会心理，以人们喜闻乐见的形式呈现马克思主义世界观和方法论。例如，引用县衙楹联告诫官员"莫道百姓可欺，自己也是百姓"，再如，提出"江山就是人民、人民就是江山，打江山、守江山，守的是人民的心"，深入浅出、通俗易懂地诠释了人民立场，大大增强了党员群众的情感认同与理性认知。

第四，从滋养思想文化建设来看，社会主义核心价值观扎根于优秀传统文化的深厚土壤，社会主义道德跟传统美德密不可分，国人的思维方式和行为方式也深深打上了传统的印记，因而弘扬中华优秀传统文化，将对我们建立正确的世界观、人生观、价值观大有益处，对道德建设深具启发，对认识和改造世界提供有益启迪。强化传统文化的深入挖掘与创新运用，能够深厚滋养社会主义思想文化建设。

第五，从推进制度和治理创新来看，我国的历史传承与文化传统，体现了与其他国家在精神追求、价值理念和道德规范等深层次的差异，决定了我们不能照搬其他国家的政治理念和制度模式，影响着国家治理体系和治理能力现代化的路径选择，因而，深入把握我国的历史文化传统，才能对当今的中国具体实际有更真切与深入的洞察，进而不断拓宽中国特色社会主义道路。更多考虑历史文化传统的制度创造，在与中国社会结构和社会系统的协调中才能体现出其生命力与优越性，在推进社会文明进步与增进人民福祉中才能取得事半功倍的效果。

第六，从凝聚中国力量来看，自强不息、厚德载物等价值思想，有助于增强民族自尊自信和凝聚力，激发历史使命感与责任感，促进中华民族在挫折中渡过难关，在问题中推进改革，在创新中走向繁荣，在发展中共享成果。可以说，中华民族崇高的精神追求、价值理想与思想智慧，形成了一股强大的中国精神，成为全国各族人民为共创美好生活、实现民族复兴而不懈奋斗的中国力量，推进中国特色社会主义各项建设事业不断取得辉煌成就。

第三节　推进中华优秀传统文化的传承创新

弘扬中华优秀传统文化，着重点是推进优秀传统文化的传承创新。

第一，要坚持马克思主义的指导地位，推进马克思主义基本原理与中华优秀传统文化相结合。弘扬中华优秀传统文化，既不能走简单用范畴概念套用解读传统文化的老路，也不能走以传统文化取代马克思主义的歪路，而是应该自觉接受马克思主义的指导，探寻两者有机融合的新路。这是当代中国文化有别于传统文化最大的意识形态特征，也是传统文化得以广泛研究与传播的基础。

第二，要坚持中华文化本位，推进传统文化的系统深入研究。"要讲清楚中华优秀传统文化的历史渊源、发展脉络、基本走向，讲清楚中华文化的独特创造、价值理念、鲜明特色，增强文化自信和价值观自信。"[①] 我们要从思想史、观念史、哲学史、文化史等视角考察传统文化，厘清传统文化的起源、发展与转型脉络；要对传统文化所蕴含的思想体系、价值系统、重要理念、社会制度进行深入研究，在中西比较视野下彰显传统文化的独特洞见、思想特色、文化特质；要立足中国本土文化实际，创造性转换西方理论方法形成自己的学术话语体系，体现中国特色哲学社会科学的继承性、民族性与原创性；要立足中国当前正在进行的伟大实践，强化探索，总结经验，形成理论，促进传统文化在现代化建设实践中创新发展。

第三，要吸收外国文化精华，推进异域文化的中国化，洋为中用，启迪智慧。"只有坚持洋为中用、开拓创新，做到中西合璧、融会贯通，我国文艺才能更好发展繁荣起来。"[②] "对国外的理论、概念、话语、方法，要有分析、有鉴别，适用的就拿来用，不适用的就不要生搬硬套。哲学社会科学要有批判精神，"[③] 传统文化之所以具有生命力，就在于古人善于消化、吸收、创造性运用诸如佛学、基督教传教士文化等外来资源。现代其他移植西方文化与现代化模式的国家与民族，大多数并没有发展起来，他们不发达的经验教训足以警示我们不能照搬照抄异域文化与制度。在中国建设取得重大成就、国力今非昔比、哲学社科事业初步繁荣的今天，坚持洋为中用，不应是西方文化强势入侵的被动回应或被迫接受，而是化被动为主动，真正做到分析鉴别、批判继承、借鉴吸收、创新运用。

---

① 新华社.把培育和弘扬社会主义核心价值观作为凝魂聚气强基固本的基础工程[N].人民日报，2014-2-26（01）.

② 习近平.在文艺工作座谈会上的讲话[N].人民日报，2015-10-15（02）.

③ 习近平.在哲学社会科学工作座谈会上的讲话[N].人民日报，2016-5-19（02）.

第四，要坚持批判继承、辩证看待、古为今用、推陈出新、创造性转化、创新性发展。"对历史文化特别是先人传承下来的价值理念和道德规范，要坚持古为今用、推陈出新，有鉴别地加以对待，有扬弃地予以继承。"① "在去粗取精、去伪存真的基础上，坚持古为今用、推陈出新，努力实现中华传统美德的创造性转化、创新性发展。"② "把跨越时空、超越国度、富有永恒魅力、具有当代价值的文化精神弘扬起来，把继承传统优秀文化又弘扬时代精神、立足本国又面向世界的当代中国文化创新成果传播出去。"③ 弘扬优秀传统文化，并不是固守既有的文化遗产，满足于先人所创造的文化成就，也不应回避传统文化中的不合时宜的成分，而是要在新的时代思潮下继续进行思想创造，推进中华优秀传统文化与革命文化、社会主义先进文化的互融互释，要彰显亘古弥新、面向人类普遍问题、凝聚深邃智慧的文化资源，创造出中华文化的当代形态与新的辉煌，继续服务于国人的精神追求与国家的发展建设。

第五，要与当今社会现实相匹配，与社会系统相配合，与现代制度相协调，形成双向良性互动。传统文化的传承与创新，不仅需要在文化领域本身的思想创造，更需要在具体的实践中去探索创新，在具体的社会环境、社会制度、社会生活中去探索创新。"独特的文化传统，独特的历史命运，独特的国情，注定了中国必然走适合自己特点的发展道路。"④ "要使中华民族最基本的文化基因与当代文化相适应、与现代社会相协调。"⑤ 我们要积极面对改革发展所面临的问题与挑战，借鉴传统制度文化及蕴含其中的探索经验与智慧，

---

① 新华社.把培育和弘扬社会主义核心价值观作为凝魂聚气强基固本的基础工程[N].人民日报，2014-2-26（01）.

② 新华社.建设社会主义文化强国，着力提高国家文化软实力[N].人民日报，2014-1-1（01）.

③ 本报.完善和发展中国特色社会主义制度，推进国家治理体系和治理能力现代化[N].人民日报，2014-2-18（01）

④ 本报.胸怀大局把握大势着眼大事，努力把宣传思想工作做得更好[N].人民日报，2013-8-21（01）

⑤ 新华社.建设社会主义文化强国，着力提高国家文化软实力[N].人民日报，2014-1-1（01）.

探索更为成熟和富有魅力的体制、制度与机制，从而使优秀传统文化与现代制度、社会系统相协调，与社会主义市场经济、民主政治、先进文化、社会治理、生态文明、执政党建设需要相适应。

第六，要探索传统文化的通俗化表现形式。经历了"新文化运动"时期对传统文化的激烈批判，传统文化在现当代形成了断裂，加之过度关注物质利益、有些急功近利的社会思潮，使得当前国人对传统文化尤其是道德文化有某种程度的疏离。我们要用更为生动形象的形式吸引人们，运用合乎大众思维的话语体系与语言风格，增强人们了解自身悠久民族文化的热情；用贴近现实生活的史事典故和生活案例解释较为深奥的思想观念，用深入浅出和更为深入人心的古语名言传神地诠释古人思想观念，用古人的道德人格和良好榜样诠释明德向善与安身立命的道理；还要促进文化产业的创新发展，提供更多大众容易接受的通俗文化产品。

第二章 儒学观念守正创新的理论省思

在坚定文化自信、弘扬中华优秀传统文化的价值取向和理论视域下，本章接着说明本书研究的时代背景、价值意义、研究方法。本章将坚守中华文化立场，梳理现当代儒学发展历程与新时代儒学创新发展的现状，说明本书诠释传统儒学观念的基本进路，探究新时代儒学创新并服务现代治理的政策建议。

第一节 儒学观念守正创新的时代际遇

从洋务运动时期的器物革新，到康有为挖掘制度变革的传统资源，再到胡适、陈独秀等倡导新文化运动对传统精神文化展开批判，近代思想史某种程度也是传统文化逐步丧失自信、制度化儒家逐步走向瓦解的过程。这既为西方文化思潮的引入提供了空间，为马克思主义的传播和救亡图存道路探索铺平了道路，也在挑战与机遇并存中赋予儒学现代转型与重构的使命。尔后，从胡适、冯友兰援引西方哲学观念剪裁传统典籍建立中国哲学史书写范式，到侯外庐等坚持马克思主义为指导，选用唯物主义和唯心主义的矛盾发展作为哲学史发展线索和解释原则，以及牟宗三、唐君毅、徐复观为代表的第二代现代新儒家以哲学史与思想史研究为基础，接纳西方价值并在承续宋明儒学传统中构建哲学／文化新体系，包括儒学研究在内的中国哲学研究范式几经转换。另一方面，从陈独秀等人立足现实批判传统礼教和帝制，梁漱溟等人弘扬儒学的真精神真价值，倡导乡村建设运动，到新中国时期延续批判立场，侧重清除社会生活中的封建糟粕，以及第二代现代新儒家着力学术传承儒学慧命，试图融合儒学与自由主义，沟通学术与政治，由"内圣"开出"新外王"，儒学在现实社会政治生活中的传承路径几经变迁。尽管坚信儒学价值者有之，但此时的中国大地上主导思潮是侧重批判传统儒学，从而为现代化之路扫清障碍。

改革开放以来，儒学研究逐步从丧失文化自信的泥淖中走出来。不仅张岱年、任继愈、萧萐父、李锦全、冯达文、郭齐勇等先生为中国哲学史教材编写和学科建设做出了卓越贡献，国内学界在学术转型中也形成了独特的问题意识。不仅有张岱年、方克立等先生坚持马克思主义为指导，主张"古为今用、洋为中用、批判继承、综合创新"，批判儒学蕴含的封建主义，同时肯定和运用优秀传统文化，推进马克思主义文化综合创新；庞朴先生用唯物辩证法探究儒家辩证法，着力儒学的知识整理与思维分析；李泽厚先生"西体中用说"新释下引入马克思主义并强调两者的一致性；也有张立文、牟钟鉴、郭沂等先生侧重从传统儒学出发提出和合学、诚仁之学、新道论等体系[①]；还有侧重消化运用西学理论方法并诠释儒学的丰硕成果，如汤一介、洪汉鼎、陈少明等先生引入解释学进行中国经典诠释研究，陈来、张祥龙、杨国荣等先生援引现象学对儒学功夫论实践的诠释。如上研究也有境外学者的参与和推动，如刘述先、成中英、杜维明等先生利用现代西方哲学的新思潮，立足文明对话，构建全球伦理，重构儒家文化，积极向西方学界诠释和传播儒学特质；傅伟勋、成中英、黄俊杰等先生对中国诠释学建构提出了不同思路；黄俊杰等先生对东亚儒学的研究，拓展了儒学研究的新视野。当然，如上学者的研究领域不限于此，他们的研究旨趣与方法侧重不同也各有特色，但并非截然对立，如陈来先生近期就有关于马克思主义与儒学融合发展的不少研

---

① 郭沂. 当代儒学十家撮要 [J]. 当代儒学，2011(1):171-196.

究。一方面，马、中、西的互融、互通、互释成为儒学研究的重要趋势，超越了第二代现代新儒家缺乏马克思主义与儒学对话的立场，多元研究范式并存并相互竞争和融合的格局已经形成；另一方面，从马克思主义研究看，简单利用唯物主义和唯心主义角度界定评价儒学的研究范式被超越，马克思主义引领儒学研究的学术范式开始转换与重构。

另一方面，儒学重新紧扣生活、切近社会、融入制度、关怀政治，也成为时下儒学研究的重要趋势，汇聚成一股强大的文化思潮。例如，黄玉顺先生通过儒学与现象学的对话并提出"生活儒学"理论，主张回归生活本源，面向现代性的生活方式，重建形而上学，建构"儒家自由主义"与"国民政治儒学"；林安梧先生以社会正义论为核心，从契约、责任和"一体之仁"诸方面探讨"后新儒学的社会哲学"；张晋藩先生在中国法律史与法律文化研究上，探讨古代司法文化对当前司法改革尤其是监察制度建设的借鉴意义；干春松先生研究制度化儒家的建立与解体，关怀后制度化时期的儒学重建，引发后续诸如重建经学、设立国学学科等儒学参与现代文教制度等更细致的探讨；《开放时代》杂志重视以学术关怀社会，组织知名学者围绕"儒学与社会主义"展开研讨①；国际儒学联合会、中国孔子基金会等联合主办"新时代的儒学创新与发展"为主题的国际学术论坛，提出"新时代新儒学新使命"②；贝淡宁《贤能政治——为什么尚贤制比选举民主制更适合中国》一书出版，"贤能政治"的制度设计成为当时讨论的热点之一。此外，创制"儒教"等特定的"政治儒学"的影响也值得警惕。综合来看，当前儒学研究视域和路径较第二代现代新儒家更为拓宽，为儒学重新进入当代社会进行了更深入而有效的探索。但另一方面，在多元思潮中，马克思主义引领儒学创新的任务更为繁重。

不仅在学术文化上中华大地业已成为儒学研究的中心，在社会生活层面

---

① 甘阳等.儒学与社会主义 [J]. 开放时代，2016（01）:10-80.

② 朱康有.共铸中华文化长青基业——新时代儒学创新与发展国际学术论坛综述 [J].前进，2018（6）:34-37.

也出现了各种形式的民间儒学形态。一是对经典的诵读，形成声势浩大的读经运动。其中包含各种形式的"书院"建设，也包括大学通识教育课程体系建设；包含大学生的校园读经与研究，也包含针对幼儿的童蒙教育；包含对"四书五经"的经典研读，也包含《弟子规》《三字经》等通俗读本诵读；既有采取批判继承、辩证分析的态度，也有不求甚解、歪曲解读的乱象。二是探寻儒学进入当今社会生活的可能路径，如"乡村儒学""社区儒学""企业儒学""经济儒学"等开始涌现，试图发挥儒学推进经济发展、凝聚精神力量、参与文化建设、构建和谐社会、推进乡村振兴等功能。三是对儒家礼乐文明的发扬。其中包含对汉服、唐装、茶艺、陶艺等器物文化的继承，包含对成人礼、结婚礼、民俗文化节庆等典礼的继承，也有强调日常生活礼仪的复归。四是延续儒家的修身传统，强调儒学的价值信仰系统对加强个体修身成德、规范个人言行的意义，在日常生活中成为个人思想、精神和言行的重要指南。作为生活方式的民间儒学的复归有其合理性要素，需要包容和鼓励探索，但也参差不齐、良莠混杂，亟待规范与引导。

还需特别指出的是，党的十八大以来，中华优秀传统文化尤其是儒学复兴进入新时代。"着力构建中华优秀传统文化传承发展体系"被确立为"建设社会主义文化强国的重大战略任务"。在习近平同志提出文化自信、重视挖掘儒学资源的今天，新时代儒学的研究论域至少包括：（1）习近平同志关于增强文化自信与弘扬优秀传统（儒家）文化的重要论述研究；（2）马克思主义指导儒学创新发展的原则和方法论探索；（3）彰显儒学的意识形态资源，推进儒家精神文化与意识形态巩固、马克思主义中国化、社会主义核心价值观培育、中国话语体系建构、社团和企业文化建构的关系研究；（4）儒家制度文化与国家治理、全面从严治党、勤政廉政建设、法治建设、基层善治、企业治理的关系研究；（5）着眼国际战略布局，增强国家文化软实力和国际话语权研究。理论界就如上论域已经形成了不少新思路新论断。文化自信引领新时代儒学创新并为治国理政、制度创新和现代化建设服务的政治环境和理论氛围已经形成。

第二节　儒学观念守正创新的理论依据

　　新时代儒学创新并服务现代治理的整体环境的形成，自有其内在的缘由。著者以为，其重要缘由当是新时代儒学建构的理论和运用价值在当代中国和世界得到日益呈现。

　　其一，从马克思主义的立场看，儒学观念守正创新有利于马克思主义中国化并巩固意识形态主导话语权。这一观点在前文已述：一方面，站在马克思主义综合创新论的角度，儒学扎根中华大地，有着独特的问题意识和民族视角，可以进一步丰富和拓展马克思主义的概念范畴和理论命题，推进马克思主义中国化的理论体系和学术体系的创新发展。另一方面，站在意识形态认同的角度来说，只有从民族文化尤其是儒学中汲取思想滋养，中国化马克思主义理论才能更加契合国人思维方式、价值观念与社会心理，推进社会主义意识形态话语体系的不断创新创造，变得更加丰富饱满且富有民族特色，得到更深层认同与广泛传播。

　　其二，从儒学自身发展的视角看，儒学观念守正创新有利于在中国特色社会主义实践中构建当代儒学新形态并实现文化传承创新。扎根于社会主义中国的新时代儒学，一是尊重古今、中外在社会结构、制度体系、生活方式诸方面的差异性，回应、反思和超越文化复古主义的倾向，并与西方思潮和现代价值展开对话与竞争。二是注重学术与政治的合作，坚持以马克思主义为指导，延续儒家经世致用、关怀大众、共建社会的传统，发挥以文化人育人的教化功能。三是进而立足国情，回应时代关切，彰显社会主义建设实践对儒学创新发展所赋予的时代主题和现实意义，在社会主义制度环境与先进文化中坚持古为今用，推陈出新，促进儒学与当代社会主义中国的社会结构、制度体系、生活方式相融合，实现儒学的创造性转换与创新性发展。如上进路下的新时代儒学，其引领文化传承与创新的方向能够被广泛接纳和认可，实现儒学在文化、制度、生活诸层面的再度融入，为儒学的思想创造和社会实践提供源泉和动力，再现儒学在新时代、在社会主义中国的繁荣发展。新时代儒学将有别于20世纪现代新儒家的传承脉络，也有别于狭义的"大陆新儒家（儒教）"，而是成为世界范围内具有影响力和竞争力的21世纪儒学新形态之一。

其三，从社会需求看，它具有服务时代发展、助力现代治理、共创美好生活的现实意义。马克思主义与儒学融合发展的新时代儒学，不仅具有推进中华民族伟大复兴的宏大价值，也有落实于个人、社会（企业）、国家到世界层面的具体意义。第一，从个人层面而言，儒学能够成为我们中国人的重要精神滋养、价值指引、心性陶冶的不竭资源。正所谓"学史可以看成败、鉴得失、知兴替；学诗可以情飞扬、志高昂、人灵秀；学伦理可以知廉耻、懂荣辱、辨是非。"[①] 第二，儒学在漫长的"熟人社会"当中发展出一套调适人我关系的规则，加以损益能够运用于社团/社群的人际交往当中。并且，经过中国企业家20多年实践，"企业儒学"也体现出其强大的实用功能和强大生命力。[②] 第三，挖掘儒学资源加以思维启迪和行动借鉴，或者对当下治国理政、面临问题、生活困惑进行有效回应，能够推进面临难题的化解，为中国特色社会主义建设实践服务。具体来说，在经济建设层面，我们要发扬传统养民富民、扶危济困、休养生息的儒家经济思想，号召民众传承勤劳勇敢、艰苦奋斗、自强不息、富于创造的美德，更好推进经济高质量发展。在政治建设方面，我们要传承古代天下为公、以民为本、为政以德、革故鼎新、勤勉奉公、俭约自守思想，不断完善中国特色社会主义民主政治，强化党员领导干部的使命意识与责任担当，培育党员领导干部的政治品位和道德情怀。

---

① 习近平论中国传统文化——十八大以来重要论述选编 [J]. 党建，2014（03）:7-9.

② 黎红雷. 企业儒学的探索 [N]. 光明日报，2017-8-5（11）.

在国际外交场合，我们要发扬中华民族爱好和平、协和万邦的精神，努力构建"人类命运共同体"，构建新型大国关系。对社会建设来说，要发挥仁爱怜悯、扶危济困的儒学精神，传承民间调解与基层自治的制度设计，推动中国社会发展进步、促进中国社会利益和社会关系平衡。就生态文明建设而言，要发挥"天人合一"的深刻理念和方法论思想，构筑尊重自然、顺应自然的生态文明理念。

此外，从全球视野来看，就儒学的普遍意义而言，通过中华文化尤其是儒学的复兴，能够弘扬超越国度、富有永恒魅力、具有世界意义的文化精神，促进中国文化与世界其他文明的对话、融合与互鉴，共商共建人类命运共同体。就新时代儒学形态而言，经过创造性转换与创新性发展的中国新时代儒学，能够积极向世界传递蕴含中国立场、智慧、价值的理念、主张、方案，让中国模式成为解决世界性问题的重要思路和办法之一，彰显中华文明的文化与制度优势，增强中国文化话语权。

第三节　传统儒学理论研究的基本进路

儒学创新发展，首先离不开对传统儒学本身的理论研究。就思想文化层面而言，从类型上说，起码包含对思想体系（哲学体系）的整体性研究和对思想观念（单位观念）的深入诠释。

回顾前辈学者的研究，对思想派别、思想家的思想体系和发展流变的研究成果颇丰，且随着研究的推进，仁、义、礼、智、信、孝、忠等核心观念的研究也在扎实推进。然而，"羞耻""不忍""忍"[①]等道德心理与仁义之德

---

① 关于如上观念的探讨，见陈少明先生《明耻》《忍与不忍——从德性伦理的观点看》等文的讨论，收录于陈少明. 经典世界中的人、事、物 [M]. 上海：上海三联书店，2008:167-185，186-198.

的建构，"惑"①等精神现象，"勇"②"悌"③"让"等价值观念仍待进一步探究。儒学作为传统社会的观念和价值系统，是一个博大精深的思想体系，依然具有诸多的观念和议题值得深度挖掘。实际上，边缘也可以成为中心，这些观念或议题同样深刻体现着儒家的思维方式、价值信念、心理习惯和生活方式，并且它们与前引的所谓核心观念和哲学体系存在内部联系，故而对全面理解儒学是不可或缺的。因此，扩宽儒学研究的范围，避免将复杂丰富的儒学义理化约为为数不多的抽象观念的演绎，是我们研究儒学的重要途径。

另一方面，经典范式的哲学史研究，是在传统儒学与制度生活断裂的背景下建立的。它有利于摆脱儒学在具体观念、制度和生活方式上的批评，使儒学价值信仰系统在抽象意义上得到新诠释，因而应当得到同情之理解。然而，儒学研究亦当避免过分抽离生活实践而观念化的趋向，避免切断儒学与历史条件、社会结构、礼法制度的关联，因为那将增添我们进入历史场域理解活生生的儒学形态的无形障壁。

鉴于此，本书关于儒学观念本身的学术研究，一是侧重观念史的进路，二是重视社会存在与思想观念之关系的考察。

就前者言，有别于哲学史以哲学体系为研究对象，诺夫乔伊的观念史研究聚焦某一文化或时代特有的、占支配地位的形成性观念或观念群（"观念单元"或"单位观念"），力图在梳理思想著作和社会生活素材中探寻观念的内涵、流变和观念之间的关联。④在这个意义上，本书关于"让""权""知"等思想观念、"事上致良知""不迁怒"等思想命题、"管仲不死而相桓公"的思想史评注背后的观念世界等研究，并非针对整个的"哲学体系"加以研究，而当归属于观念史的研究。当然，我们也需关注这些观念与儒家其他观念和

① 陈少明.经典世界中的人、事、物[M].上海：上海三联书店，2008:149-166.

② 陈立胜《论语》中的"勇"：历史建构与现代启示[A].陈少明.思史之间——《论语》的观念史释读[C].上海：上海三联书店，2009:84-109.

③ 周慧.儒家"兄弟"伦理研究[D].广州：中山大学，2011:41-47.

④ [美]诺夫乔伊.存在巨链——对一个观念的历史的研究[M].张传有，高秉江，译.南昌：江西教育出版社，2002:1-24.

整个思想体系的内在联系，还要在与道家、佛教、西方思想派别的比较中彰显这些儒学观念的思想特色和文化特质。

就后者言，本书既重视又不局限于"内在理路"的说明，而是同时注重对社会存在的考察。正如知识社会学揭示的那样，我们需要"理解具体的社会—历史情况背景下的思想，在此过程中，各自不同的思想只是非常缓慢地出现"①，"处于某种群体中发扬了特殊的思想风格的人，这些思想是对标志着他们共同地位的某些典型环境所做的无穷系列的反应"②。在这个意义上，儒家思想观念的阐发，往往并非某一思想派别或思想家聪明才智的独立洞见，而是应当将之视为基于具体的社会—历史情况背景下的产物，因而我们的学术研究还应注重观念兴起与社会需要的关系、社会变迁与观念演进的关系、社会存在对观念阐发的制约等等问题的考察。在此基础上，我们讨论儒家基于具体的社会—历史情境背景下的理论反思和观念建构，在涉及儒门各思想家的特殊阐发的同时更为重视发掘其共通性，从而说明思想观念的思想结构及其总体演进过程。

如果说观念史研究重视观念演进的内在解释，则考察社会存在与思想观念之关系，则侧重观念演进的外在解释。两种视角的交织，旨在更为全面和准确地理解深具中国文化特色的思想观念。

第四节　当代儒学创新发展的策略方法

在扎实推动传统儒学研究的基础上，我们也要在文化自信的视域下推进儒学的创新发展。在儒学热的当下，理论界更要有理性的反思。其繁荣背后

---

① ［德］卡尔·曼海姆. 意识形态与乌托邦 [M]. 黎鸣，李书崇，译. 北京：商务印书馆，2000:3.

② 同上。

的隐忧、挑战与困难更亟待学术提供前瞻性探索，为新时代儒学健康发展贡献智慧。

首先，以习近平新时代中国特色社会主义思想为指导，明确新时代儒学的创新原则和发展方向。习近平总书记关于文化自信和弘扬中华优秀传统文化（儒学）的相关重要论述，传承和发展了我们党一脉相承的社会主义文化观，肯定了广大马克思主义和儒学研究者的丰硕成果。习近平同志强调坚定文化自信，既是对优秀传统文化保持自信，也对革命文化与社会主义先进文化充满自信，本质上是对新时代中国特色社会主义文化的自信。这意味着坚持儒家文化自信，并非奉行文化复古主义，也不能割裂红色传统，还不能脱离中国实践而流于空疏，而是要构建当代社会主义中国的新时代儒学。这就是要紧扣当代中国特色社会主义实践主题，坚持马克思主义为指导，在参与社会主义先进文化建构中用好传统儒学资源，在与当代社会环境与制度系统良性互动中推陈出新，在解决现实问题的现代化建设中古为今用，成为新时代"极高明而道中庸"的"新实学"。

其次，注重学术论证和话语创新，推进马克思主义引领儒学研究的范式重构，形成新时代儒学的研究范式。马克思主义专业学术背景的儒学研究者既要自觉把讲政治放在首位，又要注重学术与宣传的差异性，做到政治标准与学术标准的统一，避免缺乏学理支撑的空洞论调；既要看到马克思主义引领儒学研究中的薄弱环节，正视范式重构的挑战，又要坚信马克思主义引领下的新时代儒学发展的前景。这种自信来源有二：一是马克思主义中国化、意识形态建设、治国理政、建设实践需要儒学的思想资源和文化话语，并得到了党和国家的大力支持，能够凝聚优秀人才，成果具有广阔的社会运用；二是这一范式具有理论优势和特色，透过学术论证和话语创新，细化前文提到的研究论域和基本进路，从视角方法、诠释思路、具体研究上推进儒学与马克思主义的深度融合，能够诞生更多真正融通马、中、西的理论成果。

具体来看，从视角方法看，马克思主义研究范式借鉴了哲学、政治学、法学、经济学、社会学、历史学等学科的理论方法，坚持历史唯物主义、跨学科视野、理论联系实际、问题导向、回归实践语境的研究思路，即新时代儒学关注社会存在（尤其是社会政治制度环境）与观念更新的互动，坚持马克思主义与儒学相融合，推进儒学与东西方思想派别和社会思潮的对话、批判与融合，回应当代中国发展面临的问题、挑战与机遇，在社会主义制度环境和建设实践中着力探索儒学与当代社会的结合点，能够使儒学现代化的探索显得具体鲜活和切合实际。当然，传统的哲学、史学、文学学科对儒学的深度研究仍具有其学术价值，可以在思想创造、知识整理、脉络梳理等层面提供新时代儒学可资借鉴的重要资源，形成相互借鉴的互动格局。

从诠释思路看，首先要以"马"释"儒"，论述儒学与马克思主义的精神契合。如利用国富民强、公平正义、共享发展、文明友善、和谐善治、美好生活、美丽生态等治国理念，诠释和发展儒学精神。更具体的例子如民本仁政思想的阐发，可以从历史唯物主义眼光看待民本仁政思想的历史背景与时代要求，以人的自由全面发展的共产主义理想诠释民本仁政的终极关怀，以马克思主义的人民立场沟通儒家的民本仁政的精神追求，以"良政治理""全过程人民民主"探索民本仁政的当代制度建构，以"美好生活"理论、"五大发展理念"探索民本仁政的当代实现路径，以培育和践行社会主义核心价值观探索实现民本仁政的文化支撑环境，以此在坚持问题导向、立足社会现实中实现儒学观念的创造性转换与创新性发展。

然后以"儒"证"马"。一方面，我们要在融合诠释中丰富和拓展马克思主义的概念范畴和思想理论，推进马克思主义中国化的理论体系和学术体系的创新发展。如"社会主义核心价值观""人类命运共同体""中国梦""协商民主""美好生活""生态文明"理论，都是在坚持马克思主义基本原理并吸收儒学思想的基础上的重要理论创新，学术界和理论界需要朝着打造融通中外的学术理论而不懈努力。另一方面，我们要以儒学蕴含的鲜活民族话语阐明马克思主义的思想精髓，丰富意识形态话语表达。如共产党人的"初心"，修炼共产党人的"心学"，以及"小康社会"等概念，是蕴含儒家思维方式的政治表达。又如习近平同志在山东菏泽考察调研时，曾给市、县委书记们念了一副对联："得一官不荣，失一官不辱，勿道一官无用，地方全靠一官；穿百姓之衣，吃百姓之饭，莫以百姓可欺，自己也是百姓。"他以浅显的对联诠释古代良好官民关系的内涵，要求党员领导干部应该有更高的修养境界和认识，得到了更强烈的情感共鸣和思想认同。

在如上进路下，理论界同仁要脚踏实地、稳步积累、持续发力，将宏观理论与具体研究紧密结合，将理论探索与社会实践结合起来，用具体成果来拓宽新时代儒学的研究论域，支撑其研究进路的可行性，才能形成更多具有解释力、说服力和影响力的丰硕成果。在宏观层面，要利用"马克思主义理论研究和建设工程"、各类人才评价体系、社科基金项目资助等手段，凝聚优秀力量，推进新时代儒学研究往纵深发展。在微观层面，则是要直面和持续总结鲜活的实践经验，不仅要重视观念和观念系统的创造性转换与创新性发展，也要重视儒学在具体领域的实际运用和探索发展。如"企业儒学"的新探索，是新时代儒学发展的一个新领域，将儒家的治国理念转化为现代企业的治理哲学，以儒学之道驾驭现代管理科学之术，不仅是现代企业实践的现实需要，也为儒学适应工业化和信息化社会提供试金石。[①]

再次，增强马克思主义引领多元儒学思潮的能力，助力现代治理、共创美好生活，扩大新时代儒学的思想感召力和社会影响力。随着传承发展儒学的氛围日益浓厚，越来越多的学者和社会人士都自认为儒家，俨然形成了坚守儒家价值的思想派别和实践群体。为了体现马克思主义的指导作用，亟待构筑儒家发展的红线、底线与支撑线，即既要避免偏离轨道，走上与主流意识形态对抗的道路，又要避免走向文化复古主义，以及与时代价值和当代社会系统的背离，还要创造利于其发展的良好政治、社会与制度环境。从更具体的方面来说，一是宣传儒学的价值内核契合马克思主义的人民立场、社会政治理想与价值追求等核心精神，增强儒学实践群体对马克思主义的思想认同和马克思主义理论方法的运用，降低儒学发展思潮对主流意识形态的潜在冲击。二是彰显社会主义建设实践对新时代儒学创新的意义，引导人们直面

---

① 黎红雷. 企业儒学的探索 [N]. 光明日报，2017-8-5（11）.

制度背景与问题情境，立足当代中国实际推进儒学发展，提升儒学实践群体对社会主义中国的认同和参与。例如，宣传和实施"乡村振兴战略"，推进城乡融合、共同富裕、绿色发展、文化兴盛、社会善治的系统工程，吸引一批有志于推进传统文化复兴的社会实践者的热情参与。再如，"社区儒学""企业儒学"、文教制度等层面的实践，在规范引导中给予空间，培育认同马克思主义的儒学先锋。

最后，细化专题和个案研究，探索新时代儒学服务现代治理的具体现实路径。一是儒学创新服务学术文化建设。我们要将新时代儒学研究引向深入，挖掘更多可供运用的儒学概念范畴、精辟论断和理论体系，为形成更具解释效力的学术概念话语系统服务，促进中国哲学社会科学繁荣发展。二是儒学创新服务社会主义核心价值观培育。核心价值观培育要充分利用儒学的教育手段和情感资源，既善用理性辩说，也要注重制度规约、礼仪习俗的环境营造，置入家庭、社区、企业、政治生活，带动民众参与和互动，还要形成个体在场感激发内在情感，激励警示并举，学修并举，在事上磨炼，做持久功夫。三是儒学创新服务意识形态话语体系建构。我们要以习近平同志讲话风格为范例，透过天下为公、以民为本、为政以德、勤俭清廉等深入浅出的创新诠释，运用古语名言说理、史事典故隐喻、古人榜样感召、阐发古典新意、修身以行身教等方法，更新和形成更具共鸣的意识形态话语体系尤其是深入浅出的叙述话语，滋养公民文化建设和党员干部修养，强化国家民族深层认同。四是儒学创新推进国家治理体系创新。我们要积极借鉴儒家制度化的成功经验和制度化儒学资源，梳理全面从严治党、民主协商、人民调解、监察制度、干部示范效应、群众路线、居民自治等蕴含的儒家文化基因，论证蕴含儒学智慧、体现民族心理的制度具有更强的生命力与优越性，并创造性地深化细化运用于各项制度建构中。五是儒学创新促进基层善治。这将有利于基层问题化解、基层制度创新、基层治理现代化并实现文化传承与创新。六是儒学创新促进中国声音的国际传播。我们要利用传播规律，善用孔子学院，深化各层次各领域交流，通过文学影视、图文动画、学术讲演等载体，用知性讲理、故事寄情、德性感召，传递蕴含儒学理念、价值、智慧的中国声音，尤其要用中国故事诠释人类命运共同体、讲信修睦、协和万邦、美美与共、天下大同来化解中国威胁论与崩溃论的影响，增强我国的文化话语权。

第三章 儒家伦理观念的思想演进
与现代转型

儒家文化源远流长、博大精深。在现代学术视野下推进传统儒学研究，既需要整体研究其思想体系和核心精神，也可以侧重分析伦理道德、政治理念、思维方式、修养功夫等不同面向（当然他们之间也有着密切联系和交集之处）。回顾前辈学者的研究，对思想派别、思想家的思想体系和发展流变的研究成果颇丰，对仁、义、礼、智、信、孝、忠等核心观念的研究也大量涌现。但相对于丰富的儒学思想体系而言，依然有众多的观念可待发掘。

陈来先生在《古代思想文化的世界》一书中，把中国古代德性论区分为四种类型，即性情之德、道德之德、伦理之德、理智之德。伦理之德是与人际的直接伦理关系的规范相联系的德目，而道德之德则是相对来说比较个人的道德品行。[①] "仁者乐山，智者乐水。"本书则暂且仍将道德之德与伦理之德归入一类，因为虽然从理想类型的角度而言，道德之德与伦理之德的区别有其合理性，但如本章所研究的"让"观念那样，个人品行与人际规范之间的边界有时不容易划分。儒家伦理道德观念构成了儒学最为核心的内容。限于个人能力，本书拟将儒家道德系统划分为伦理道德观念与道德修养功夫两个层面，前者又区分为伦理道德之德和理智之德两个方面，就其中的若干观念展开研究。

---

① 陈来.古代思想文化的世界——春秋时代的宗教、伦理与社会思想[M].北京:生活·读书·新知三联书店，2009:366.

本章就伦理道德之德而言，选取"让"观念为例，探究儒家伦理道德观念的丰富内涵、思想流变与现代转型。虽然以"让"观念难以涵盖儒家伦理道德之全貌，但其有助于揭示儒家伦理道德观念的思想渊源、观念建构、政治影响、发展流变和现代转型的基本规律。

第一节　儒家伦理观念的思想渊源
——以西周春秋"让"观念类型和起源考察为例

"让"观念是西周春秋时期出现频次最高的八项德目（仁、信、忠、孝、义、勇、让、智）之一[①]，被时人视为"德之主"（《左传·昭公十年》）、"礼之主"（《左传·襄公十三年》）、"礼之宗"（《左传·昭公二年》）、"德之基"（《左传·文公元年》）。认为"德莫若让"（《国语·周语下》），"让，文之材也"（《国语·周语下》），"始于德让"（《国语·周语下》），"废让，是废德也"（《国语·晋语四》）。然而，当前研究尚未对"让"观念加以充分疏解。推进这一研究不仅有助于理解该时期的德目体系，亦对我们理解先秦诸子尤其是儒家倡导的礼让观念有所裨益。

"让"可以分为德行之让和手段之让，后者随情境、动机和目的的差别而有价值高下之别：（1）心存争夺之心，采用狡诈手段，故意做出"小让"的举动，博得他人赞誉进而争夺更大私利，属于"小让而争大"之举，被视为"隐于仁贤者"而遭到贬斥（《逸周书·官人解》）。（2）《左传·隐公十一年》载，鲁国、郑国协同齐国攻打许国，取胜后"齐侯以许让公"，鲁公不受的情况下又让给郑伯。这是一种分享战利品、慰劳同盟国的举动。（3）《左传·僖

---

① 陈来. 古代思想文化的世界——春秋时代的宗教、伦理与社会思想[M].北京:生活·读书·新知三联书店，2009:341.

公十八年》载，迫于邢狄伐卫之情势，"卫侯以国让父兄子弟"。此属被迫"让国"，出发点并非"德"的内在自觉，而是将之视为一种手段。（4）《国语·鲁语上》载，鲍国谓之曰："子何辞苦成叔之邑？欲信让耶，抑知其不可乎？"苦成叔不务德而有覆亡之象，子叔声伯意识到不能长久保有其赐予的采邑，因而理性评估后以为"不可"，当"图远"。这主要体现处世智慧，而与德行并不直接相关。综合来看，假让可以贬斥，分享战利品则基本与德性无关，被迫施让以化解困厄的评价则见仁见智，而特殊情境下的理性选择之让，则被视为智慧的体现。

本书着重讨论德行之让。西周春秋封建文明中，其德目谱系的重要特征是把德目与贵族身份紧密相连，强调根据行礼者与行礼对象的身份对比而德目的具体规范有别。具体到"让"来说，我们虽然可以将之与"争"相对而视为不争尚让的德行，但它体现在对上、对下与匹敌者之间的道德根源和表现形式又有所不同。因此，为了更深入地理解"让"观念，本书从讨论西周春秋时期让德的类型及其起源（不同类型之让的起源有所不同）开始，追溯不同的思想线索，理解相关的观念结构。

一、守分让上：秩序危机的思想回应

周代制度的建构，有着强烈的预防争夺、固定秩序的意识。其中的制度安排包括：（1）周代嫡庶制的确立；（2）以血统为基础和亲亲精神尤其是兄弟伦理为原则构建封建身份和等级秩序；（3）基于身份而来的权利义务关系及其名号荣誉、职责权限、利益分配、日常用度等权益分配制度；（4）辅于礼仪制度的文饰策略等。然而，随着时间的推移，春秋时期逐步出现了一个"失范社会"①，此时试图维系原有秩序的努力也在形成之中②，其中一个表现就是守分让上的德行得到进一步重视。③ 它体现在两个领域：一是守节顺上而公子（合法继承人之外的公子）让国，二是在宗法血缘日益疏远下依循礼制而大臣让上。

先看守节顺上而公子让国。

从《左传》《国语》的记载来看，春秋时期出现不少"让国"史事。其中很重要的原因之一就是恪守继承顺序而公子让国（其他让国情形分别归入下文不同的类别）。例如，子闾认为立先君之子才是顺上之道，让出楚昭王所赋予的君位（《左传·哀公六年》）；面对太子兹父的让国，目夷以"顺"而竭力辞让（《左传·僖公八年》）；面对国人的拥立，子良以"顺"而让长（《左传·宣公四年》）；诸侯讨伐无道的曹成公，希望拥立子臧以维持曹国社稷，子臧以"守节"而辞让并逃奔（《左传·成公十五年》）。除此之外，被后世关注更多的，则是季札让国一事。从《左传·襄公十四年》和《史记·吴太伯世家》等文献来看，长子诸樊遵照父命，把君位让给其弟季札，季札引用典故，效法子臧而"守节"，"弃其室而耕"以让兄。之后的让国，理由同上。

嫡长子继承制是理想的君位继替方式，但在春秋时期，国君在太子废立问题上的个人意志、合法君位继承人的主动让国、国人阶级的集体意志、外国势力的干预等因素，使非法定继承人具有继承王位的某种可能，间接说明了继位人选唯一性的制度设计在实际的执行中受到了损害。从春秋史来看，

---

① 张德胜.儒家伦理与社会秩序——社会学的诠释[M].上海:上海人民出版社,2008:7.

② 尼斯贝（R.Nisbet）说:"特别是政治和社会思想，我们尤其需要经常看到，每个时代的思想，是对危机及社会秩序的巨大变迁所造成的挑战的回应。"转引自金耀基.儒家伦理、社会学与政治秩序[M].// 张德胜.儒家伦理与社会秩序——社会学的诠释[M].上海:上海人民出版社，2008:序言二5.

③ 从思想起源上说，守分让上的观念在西周建立不久就已存在，如《逸周书·大匡解》:"生敬在国，国咸顺。顺维敬，敬维让，让维礼。"如果说思想的产生与传播是一个漫长过程，则它甚至在西周之前就有可能存在。但是，把守分让上作为一种恪守礼制、回归秩序的德行并特别重视它的社会政治功能，当是在封建秩序逐步松动，纷争日益加剧的情势下被进一步强化的，进而使"让"在德行谱系中占据更重要地位。

《春秋》弑君三十一，亡国五十二，其祸亟矣。不兴让以救之，其不沦于夷狄之父子兄弟相杀终无已时者几希。"① 春秋时期之所以重视作为守节顺上之举的公子让国，其背景正是各国宗室内部纷争而不循礼制日益增多、"父子兄弟相杀"不断上演的悲剧情境，其目的也正是为了唤醒公子阶层固守继承顺序，不失节操，平息宗室内部的明争暗斗。换句话说，作为守分顺上之举的公子让国被史官和文化精英称道愈盛，侧面反映出争夺而不让的情形愈加广泛；争国的情形愈广泛，则固守继承顺序、恪守节操、不争国而让的德行就越难能可贵而推崇愈高。

再看依循礼制而大臣让上。

随着时代的推移，虽然原有的兄弟称谓和封建礼仪仍在，但宗族血缘关系日益淡薄，给封建等级秩序的维系和权益分配制度的执行带来实质性影响。而一旦作为天下共主的天子权威和实际控制力受到削弱，诸侯僭越之举就会进一步加深，并从"礼乐征伐自诸侯出"到"乱臣执国命"，诸侯国内各贵族阶层的僭越上者之举也逐步加深。② 在这个意义上说，如果说公子阶层争国主要是由于面对君位大利时个人私欲的膨胀而压制了兄弟亲情，那么诸侯和卿大夫的僭越冒犯之举则是血缘宗法纽带逐步淡薄的自然过程。

在政治秩序开始松动之时，遵循等级而不僭越不冒犯这一守分让上的德行得到进一步推崇：（1）《国语·周语下》："'德莫若让'……宴好享赐，不踰其上，让也。"单靖公固守礼分而不僭越其上，不谋求不合身份的权限，受到叔向的极力称颂。（2）周襄王以上卿之礼款待功勋卓著的管仲，但管仲为避免凌驾于国、高二氏之上，辞让上卿之礼而仅受下卿之礼。君子曰："管氏之世祀也宜哉！让不忘其上。"（《左传·僖公十二年》）（3）子产基于"自上

① 段熙仲著，鲁同群等点校.春秋公羊学讲疏 [M]. 南京：南京师范大学出版社，2002:551

② 张荫麟先生曾言："宗族和姻戚的情谊经过了世代愈多，便愈疏淡，君臣上下的名分，最初靠权力造成，名分背后的权力一消失，名分便成了纸老虎，必被戳穿，它的窟窿愈多，则威严愈减。光靠亲族的情谊和君臣的名分去维持的组织必不能长久。"见张荫麟.中国史纲 [M]. 上海：上海古籍出版社，1999:52-54.

以下，降杀以两"的规定（《左传·襄公二十六年》），免馀基于"唯卿备百邑"的限定（《左传·襄公二十七年》），均固守礼制，辞让赏赐而不僭越其上，这被时人赞为"让不失礼"。（4）《左传·昭公十年》载，齐国氏族内斗，陈氏、鲍氏战胜栾氏、高氏而想瓜分他们的家产，晏子谓桓子："必致诸公。让，德之主也，让之谓懿德。凡有血气，皆有争心，故利不可强，思义为愈。"晏子以道义规范规劝陈桓子不可占有不合身份的好处，而应让给国君（贵族采邑由国君分封，侵占属于冒犯之举）。

可以看到，春秋时人在礼崩情势下褒扬臣僚的守分让上之举，但由于血缘情感纽带的消退，封建秩序建立之初维系秩序背后的指引原则——兄弟血缘亲情及其伦理——在文本脉络中暗而不彰，其让上之举往往依赖于"礼"和"义"：固守封建礼制和道义规范，依赖于对上者的"敬"和"顺"。

二、让下风范：树立道德权威的需要

中国古代文明极其重视"统治者的道德权威"来实现政治权力的成长。[①]上者虽然在政治结构中处于优势地位，但春秋思想精英又特别强调上者通过非暴力的德行来感召下者，于是礼乐文明传统也推崇"上"对"下"的让。它体现为三个方面。

一是亲近下者而谦卑不骄。例如，《逸周书·武顺解》："辟必文，圣如度。元忠尚让，亲均惠下，集固介德。"潘振云："体仁尽己而能尚让，此其所以明也。故能亲近其卒伯佐右之官，惠爱其卒伯佐右所统之人。卿之集众，固在大德。"陈逢衡："尚让，不骄也。"朱右曾："让，谓不争功，不伐善。"[②]军队主帅谦下不骄，才能彰明其德而亲近属下，凝聚下者力量。又如《国语·周语中》引襄公语指出，"求盖人，其抑下滋甚"，明智的君土会领会到"贵让"

---

① 张光直. 美术、神话与祭祀 [M]. 郭净，译. 沈阳：辽宁教育出版社，2002：序言 5.

② 黄怀信等. 逸周书汇校集注 [M]. 上海：上海古籍出版社，2007：319.

的感召功能，"知民之不可加"，"王天下者必先诸民"，展现谦让风范以避免凌驾群臣和民众，以此获得臣民的拥戴，使其服上事上，广献良策而国家强盛。可以看到，"谦"构成了"让下"的重要道德内涵。谦下不骄之让德固然是上者不仗势身份凌驾下者，但不等于破坏基本的尊卑等级，而是其核心在于强调上位者应当体现谦让的风范，不自以为能、不骄傲自大、不夸耀功劳和德行，以使下属感受到起码的人格尊重。

二是忘势尊贤而礼贤下士。上所让的下位者，往往意指贤能的下位者，因而"谦下不骄"尤其体现为"礼贤下士"之举。例如，《逸周书·大匡解》："夙夜济济，无竞惟人，惟允惟让。不远群正，不迩谗邪。汝不时行，汝害于士。士惟都人，孝悌子孙。"陈逢衡云："济济，人材众多之貌。……无竞惟人，谓贤人言能得人，则无敌也。允，信也。让，谦逊也。"① 此处追记武王训导管叔、蔡叔之辞，教导上位者要公允有信、谦逊礼让地对待有德的士人。只有亲近这些正人君子，才能保证国家的安定。《左传·襄公十三年》："世之治也，君子尚能而让其下，小人农力以事其上。是以上下有礼，而谗慝黜远，由不争也，谓之懿德。及其乱也，君子称其功以加小人，小人伐其技以冯君子。"上位者不因对方爵位身份低于己而轻视他的贤能，而是谦卑逊让、赏识其善，甚至在面临政治任命的时候把职位让给他。如此能够感召下位者，使其各司其职，各安其分、服上事上，于是国内礼乐昌明，避免争斗，归于安治。

三是恕爱宽惠而让利于下。《逸周书·程典解》："慎德必躬恕，恕以明德，德当天而慎下。下为上贷，力竞以让，让德乃行。"潘振云："言下因上之恕，而强力用之于让，让德乃行，下无不恕矣。"陈逢衡云："争以礼让为先，让德之所以行也。"② 上者自我限制权力，将心比心，在面对利益时不是首先想着凭借优势地位去争夺，而是在行礼的"过程"中体现出淡泊名利而愿意施让的情怀和礼节。如此能够给下者提供良好示范，兴起"争以礼让为先"的社会风气。这里的"让"，居于仁爱忠恕之道而来，重在体现礼让不争的风范，

---

① 黄怀信等 . 逸周书汇校集注 [M]. 上海：上海古籍出版社，2007:368.

② 黄怀信等 . 逸周书汇校集注 [M]. 上海：上海古籍出版社，2007:170.

而并不一定最终让利。《逸周书·酆谋解》中，治民阶层在物质财富、军政大权和意识形态等方面无疑占有强势地位，但周公强调"三让"：市场靠近民居、降低物价和给商贾施舍资本。这是对自身强势地位的适度克制，将本可靠强力获取的利益让给民众。之所以推行"三让"，是武王、周公具有深沉的忧患意识，通过"与周同爱"的方式避免国家衰败并进而王天下。

有些时候，当与属下发生争端的时候，上位者甚至也当以和为贵，让以化怨。例如《国语·晋语八》载，"范宣子与和大夫争田，久而无成。"祁午和訾祐规劝认为，范宣子身为正卿，外当平定端正诸侯，确保晋国的盟主地位；内当团结同僚，让他们恪尽职守，保证各项政令的顺利实施。如果与臣僚争夺物质利益，就会造成臣僚对他的怨恨乃至争斗，造成国政难以贯彻；如果能够用大德来平息小怨，主动退让而放弃小利，就能够感化对方而平息纷争，争相礼让而重修友好，而且能够以德服人而稳固自身的政治地位。基于以让化争的对比，范宣子立足自身长远利益、整体利益而不争眼前利益，宽容并恩惠于下，主动让给和大夫土地。

综合来看，让上与让下，有着若干不同。

首先，如果说守分让上是秩序危机下的思想回应，其越受推崇则表明秩序崩坏得愈加严重，而让下的兴起则与封建秩序崩坏的关系不密切。它既缘于血缘纽带下的封建伦理和"民之父母"的观念，但更多的是对展现让下风范所附带的社会政治功能的洞察，即推崇让下是基于以修德确立道德权威进而柔性维系上下秩序、争取民心而王天下的需要。

其次，基于"顺""守节""恭敬""循礼"而来的让上，属于"一种心甘情愿将对象人格增大，将自己人格缩小的感受活动"，意味着"自愿地降低自己的价值，提高对象的价值"，带有"仰视或景仰"的色彩①。"让下"则是自己的人格大于对象人格，带有"俯视"的意味，但又居于"谦""不骄""礼贤""恕""爱""宽""惠"之德，表现出对自我的克制并抬高、赏识、帮助

---

① 关于"敬"的现象学分析，见倪梁康.崇敬：在虔敬与恭敬之间 [J].学术月刊,2008(10):41-46.

对方，而不是凌驾其上、轻视其贤、欺压榨取的意向，如此树立道德权威而柔性维系上下秩序。

再次，守分让上，是出于礼制的要求，具有很强的规范性和强制性（应当恪守规范，否则显得无礼，会受到指责乃至制裁）。相应地，谦卑不骄、礼贤下士和愿意让利的情怀，往往在上下互动的行礼过程中体现，重在突出上者自我限制而不滥用权力（权威）的道德风范；而最终以和为贵、宽容而让以化怨，或者居于仁爱、恩惠、体恤下者而让出本可获取的权益，则并非恪守不变的礼制规范，而是源于特殊情境下行礼者的评断乃至变通以体现道德品格，即后来儒家经权范畴中的"权"。

三、推敌能让：平等易争的调整手段

礼让更是体现在身份匹敌者之间，所谓"在礼，敌必三让"（《国语·周语中》），"言让必及敌"（《国语·周语下》），"让，文之材也。……推敌能让"（《国语·周语下》）。韦昭注："虽在匹敌，犹以礼让也。""文者，德之总名也。""与己体敌，犹推先之，故能让。"[1] 我们要问，何以礼让尤其表现在匹敌者之间？

（一）崇尚平让的缘由

究其原因，大概是匹敌者之间更容易引发相互争夺。从逻辑上说，在等级高低有别的状况下，人际或国际之间容易在贵贱、尊卑、长幼、亲疏等秩序中找寻到自身位置，是否需要守分让上比较明确，发生争端重在诉诸等级礼制加以解决。而让下风范，是基于确立道德权威进而柔性维系上下秩序的需要，体现高位者的胸怀但并不作为高位者必须遵循的普遍要求。相比之下，在身份地位实力匹敌的情况下，一是容易造成对是否需要礼让的认知不一致，使得双方各据理由而争夺；二是由于双方具有相对平等的机会和实力去获得

---

① 徐元诰. 国语集解：修订本 [M]. 北京：中华书局，2002:88-89.

名分、权限和利益等好处，构成较为明显的竞争关系，容易背离德礼原则而相争。此时为了双方的融洽相处，则需要道德的调节尤其是倡导礼让加以调节。

如上逻辑的分析，可以得到来自思想史的印证。

先看诸侯国之间的情形。诸侯国本是通过周邦血脉联系而维系和谐的秩序，但随着血缘纽带关系的疏离，兄弟血缘确立次序的功能日益弱化，加上诸侯国之间经济社会发展不平衡和实力强弱的分化，春秋时期逐步形成诸侯之间日益"平等"的局面（不再严格遵循血统，原有的同姓、异姓、庶姓的等级之别开始松动，形成一种凭借实力和品德而可以竞争高下的局面）。并且，随着周代王室兄长权威的坠落和实际控制能力的削弱，诸侯不循礼制而争夺的情势难以借助惩处机制而得到有效遏制。从试图维系和谐秩序的角度而言，在竞逐局面确立和惩处机制减弱的情形下更是需要来自道德的调节。

这种道德的调节方式，可以从诸侯争盟的例子集中体现。《左传·隐公十一年》："滕侯、薛侯来朝，争长。"薛侯的理由是"先封"，滕侯的理由是姬姓为先，鲁公以"亲亲"原则加以调和;《左传·定公四年》载，苌弘以兄弟伦理主张"长蔡于卫"，子鱼以"贤贤"原则争取"长卫侯于盟"，最后以"贤贤"高于"亲亲"决断;《左传·哀公十三年》载，吴人以周室之长争先，晋人以爵位为由力争，最后以国家实力为后盾而晋人为先;《左传·僖公二十一年》载，宋人与楚人争盟，宋国虽然没有足够的国际实力和道德风范使诸侯服从，但楚国依然容忍默许这一要求;《左传·襄公二十七年》和《国语·晋语八》载，晋以盟主身份争先，楚人以实力匹敌而争先，叔向以"务德，无争先"而劝赵孟让楚，最终因晋有德而史书仍记载为先。

可以看到，第一例为遵循宗盟原则而定先后，而后四例则不再以宗盟原则作为决断依据。此时争夺的化解之道，从类型上包括四种:（1）要么是通过强力来分出强弱，迫使一方被迫退让，即以暴力为后盾解决问题，不具明显的道德性;（2）要么是在具体情境下说明多条规范运用的孰先孰后，或者是提出更高的新规范加以化解（"亲亲"还是"贤贤"），使不合礼制的一方主动让给另一方，此即用"释礼"的方式来解决问题；（3）要么就是虽然一方不能遵循礼制而争夺，但另一方依然宽容忍让，默许其争夺之举而把权益让给对方，即以适度妥协和让步以化解争端；（4）要么就是由于制度、伦理、道德法则本身难定尊卑贵贱，难分是非曲直（因为晋国与楚国所依据的先盟理由都不能说完全没有道理），此时好处的归属不明或机会相对均等，只能通过提倡主动施让而不争的方式化解。

在诸侯国内政层面，思想精英同样有着强烈的担忧争夺破坏和谐秩序的意识：《左传·定公五年》载：斗辛闻吴人之争宫也，曰："吾闻之：'不让，则不和；不和，不可以远征。'"将帅争夺而不知礼让，会造成内部混乱，危害军队团结，削弱国家实力，影响征伐的推进。《左传·襄公三十年》："伯有侈而愎，子晳好在人上，莫能相下也。虽其和也，犹相积恶也，恶至无日矣。"如果大臣之间倔强固执而自以为是、自以为能，喜欢凌驾于他人之上，就会积聚怨咎，貌似和谐实则相争，不能团结为国效力。可以说，与诸侯国相争相似，随着宗法血缘纽带逐步淡化，世族之间（大臣之间）的交往出现更多争夺的现象。但个人的争心在权力下坠的背景下又难以得到惩处机制的纠偏，此时道德的调节就显得尤为重要。其化解之道要么是释礼而分辨是非，要么是倡导推敌能让，否则就只能以暴力相争，其后果则往往是两败俱伤而内斗内乱。

此外，春秋时期重视说明礼让的社会政治功能，被视为基于人性的洞察和治国智慧的总结：《国语·周语中》云，"夫人性，陵上者也。"基于这种人性论层面的观察，襄公讲而认为，如果争夺而不懂礼让，反而会被他人强烈排斥，招致他人反感、积怨或报复，因而君子礼让的出发点"非以让也"——首先并非基于道德的内在自觉，而是有着现实因果的理性评估。基于这一评估，故而"圣人贵让"，"在礼，敌必三让"。

（二）推敌能让的体现方式

推敌能让与释礼以明权益归属，共同构成了化解匹敌者之间纷争的重要途径（虽然大量纷争是以强力分出高下的，但它不会成为被倡导的德行）。于是，推敬能让构成了"德"的重要内涵之一。根据所让内容的不同，它可以分为地位匹敌而卑己尊人（愿意让出地位）、淡泊名利而先人后己（愿意让出权益）两种表现方式；后者根据施让情境的不同，又可以细分为三类。

先看地位匹敌而卑己尊人。《左传·文公元年》："卑让，德之基也。"凡是国君即位，应当派遣卿出国普遍聘问，以此体现"卑让"之德——身份匹敌而愿居下位，抬高对方——促进和睦相处而保卫社稷。《左传·昭公二年》："吾闻之曰：'忠信，礼之器也。卑让，礼之宗也。'"叔弓牢记自己的使者身份和被赋予的使命（先国），克制自己的私欲膨胀而避免忘乎所以（后己），及时辞谢"晋侯使郊劳"和"宿于馆"的礼遇，示意不敢以宾自居，降低自己及本国的地位，把更高地位和更多尊重留给聘问之国，显得谦让有礼而不贪图荣耀。《国语·周语中》载，仲孙蔑因言谈谦让而得到王孙说赞赏，举荐于简王而获得赏赐。《逸周书·官人解》中，"自顺而弗让"被视为"妒诬者"和"隐于智理者"的表现，"恭俭以让"则是"谦良者"的德行。在这里，言行谦逊而不盛气凌人，不自以为是，不骄傲自大，不夸耀自己的功劳和德行，被当成评判有德与否的参考标准。这种意义上的让德与"谦"（自谦）、"敬"（敬人）之德相关。

再看淡泊名利而先人后己。

一是权益归我但他人争夺时宽容忍让（居于"宽""忍"的情怀而退让），即虽然一方违礼而争夺，但另一方依然容忍，默许其争夺之举而把权益让给对方。它一定程度上是对不循德礼者的一种妥协和让步，有损于德礼规则的彻底贯彻。因而建立刚性的和软性的惩处机制，倡导遵循礼制的德行，都是合乎正义的和必要的。换句话说，一味地宽容忍让对于社会道德法则的维系是不够的，过分强调也容易导致德礼规则的破坏。但另一方面，在有限的范围内，为了维系群体和谐有序，避免矛盾的激化和升级，期望以德感化对方而使对方依循德礼，一定程度的不计较得失，适度的宽容、妥协、忍耐和让步，也应当是人际交往中的必要缓冲措施。

二是权益归属不明或机会均等时主动施让。例如《逸周书·和寤解》：

"王乃厉翼于尹氏八士，唯固允让，德降为则，振于四方。"潘振注云："厉者，以爵勉之。翼，以禄辅之。……允让，非饰让也。固允让，犹云固辞尔。"[①]君王以爵禄嘉奖大臣，大臣均有相对均等的机会获得名利。此时大臣恪尽职守，在物利、俸禄、爵位、名誉面前保持淡泊的心境，相互礼让加以推辞而不掩盖同道的才能、品德和功劳。这种礼让之风受到时人赞誉而广泛传播。相比之下，主动施让较宽容忍让的适用范围更广。在权益归属不明或双方具有平等的机会时，双方彼此礼让或一方礼让，是在礼制一时难以发挥效用（礼虽有规范作用，但有时亦有无能为力之处）的情境下更令人期待的局面，体现了"淡泊名利"（与对权益的态度相关）、"先人后己"〔与"敬"（恭敬他人）之德相关〕的道德情怀。

三是权益归我且他人不争时为了更高道德目的而可受仍让，这属于更高的德行而受到春秋时人颂扬：《左传·定公九年》载，东郭书本可接受赏赐以名其功，但为了褒奖客卿以期待他国贤能为己国效力，选择了推让赏赐于挚弥，体现出高尚的道德情怀。《左传·文公六年》中，赵孟论及杜祁的德行：季隗为狄人，为了维护族群的和谐和国家的安定，杜祁甘愿让季隗位高于己；为了突显襄公（时为太子）的地位而甘愿让襄公生母位高于己，被视为一种"义"举；《左传·文公七年》载，公族与公室的矛盾激化，爆发内乱后双方言和，乐豫出于促进和谐的需要而主动让与本可拥有的司马之职给公子印。此外，让位于贤能的匹敌者，也属于此类。

第一和第三种情形，都不是恪守不变的礼制规范，而是需要行礼者的权变以求合宜之举；而权益归属不明或机会均等时淡泊名利、先人后己，以及地位匹敌而卑己尊人，则被行礼者视为普遍适用的道德规范而得到践履。

四、知贤而让：从尊尊到贤贤的过渡

从让上、让下和推敌能让的分类来看，"让贤"（让位于贤）本可视为推

---

① 黄怀信等.逸周书汇校集注 [M].上海：上海古籍出版社，2007:333.

敌能让和让下的表现之一。由于"让贤"在春秋传统中受到大力推崇，因而本处单独将之列出加以讨论。

论资排辈是固守封建上下序列的表现，因而身为同僚在面对政治任命时礼让年长者和礼让有功者，是更为常见的。"让贤"却是年长者允许贤能的年幼者身居其上，有功者愿意贤能者身居其上。它与"礼贤"的不同在于："礼贤"是在固有等级礼制框架下上位者忘势尊贤的风范，它并不改变原有的上下等级系列；而"让贤"，则是突破既有的等级礼制，根据具体情境加以评断，把职位让与地位匹敌或低于己的贤能者，进而改变了原有的职位上下系列。另外，"让贤"是以不推卸职责为前提的：《国语·鲁语上》："贤者急病而让夷"，强调贤者应敢于承担危急的大事，而把简易的事务让给别人，言外之意是，一个职位，不仅意味着名誉、权力和利益，而且意味着担当，因而在面临重任的时候应当具有担当精神，基于道义而"不让"，勇于去争取承担重任之职。

在"血而优则仕"[①]的封建建立之初，贵族以血统决定身份，爵位有规律地继承。此时虽然有封赏功臣，但其往往通过与周室联姻的方式而在宗族血统的谱系中赋予名分和相应权益，而功臣获得封赏之后，其爵位的继承也是遵循嫡长子继承制，此时"尊尊"的意识当远远强于"贤贤"。所以，在君位和各级官爵的继替问题上，周初由于嫡庶制的推崇（所谓"立適以长不以贤"），"让贤"也自然就不是被极力推崇的德性。"让贤"理念的兴起，是与贤者居位的治国意义的被发现结合在一起的。

"让贤"载于《左传·僖公二十七年》《左传·襄公七年》《左传·襄公九年》《左传·襄公十三年》《左传·襄公二十七年》《左传·成公十七年》《国语·齐语》《国语·晋语四》《国语·晋语七》《国语·晋语九》等文本。综合如上文本来看，相比于齐、鲁等国，大臣让贤在晋国更为盛行，其国力也更为强盛。从如上文本的论述来看，"让贤"功能主要体现在三个方面：一是贤者居位能够有效地组织策划战争；二是能够体恤民众，富民保民，团结民众并使用民力，

① 何怀宏.世袭社会及其解体——中国历史上的春秋时代[M].北京:生活·读书·新知三联书店，1996:108.

三是能够制定礼义、增强公室、治理官吏等，有效开展各项国内政事。在列国纷争的背景下，平庸者乃至败德者执政将难以保证贵族阶层有效使用民力；难以提升军事实力和经济实力，应对国家危机和战略扩张。而在传统的"官爵世袭"依然占据主导地位的情况下，在贵族各大世族当中推举更贤能者就成了官爵世袭下的一种必要补充，以保证在国际争霸格局中获得一席之地。

"让贤"正是在"贤贤"意识兴起之后主动让出职位的一种德行，但结合春秋时期的时代背景来看，让位于贤能者，当是指特定的贵族阶层即卿、大夫、士；而由于世族的强盛①，让贤又往往局限在名爵相当或职位略低于己者的让位。所以，"让贤"的个别事件可能来源更早②，但作为一股思潮而在周代之后得到大力推崇，应当是列国纷争下贤者居位的治国意义尤为突显的情势下才出现的。

"让贤"观念的进一步扩散，即表现为让国于贤能。《左传·隐公三年》载，宋穆公在立先君之子殇公继承君位时，言及其当年继位的缘由：其兄宣公念其贤德而传位于他；《左传·僖公八年》载，桓公患病之时，太子兹父因目夷"长且仁"而愿意让国；《左传·襄公十四年》载，吴子诸樊有意传位于贤能之弟季札。应当说，在诸侯争霸的情势下，超越世卿制的限制而赞赏执政大臣并让贤，是应对国家危机和战略扩张的重要举措；相比之下，国君可以统而不治，任用贤能大臣即可，因而公子阶层让国于贤能者并不显得那么迫切。春秋时期出现让国于贤能的动议，一方面表明国家危机的加深，期望着明君执政而扭转乾坤和保有社稷；二是表明嫡庶制的松动；三是表明"让贤"观念的影响日深。而从结果上看，最终往往是由法定继承人继承国祀，又表明嫡长子继承制，才是名正言顺的制度安排，依然是贵族阶层所倡导德行的主流。

---

① 何怀宏.世袭社会及其解体——中国历史上的春秋时代[M].北京:生活·读书·新知三联书店，1996:108.

② 例如，《尚书·舜典》即记载了大臣让贤的故事:"禹拜稽首，让于稷、契暨皋陶。……垂拜稽首，让于殳斨暨伯与。……益拜稽首，让于朱虎、熊罴。……伯拜稽首，让于夔、龙。"虽然古代可能存在共同体推荐制度，但在西周封建制度的重新建构下，"尊尊"意识的强化抑制了"贤贤"在职位继替中的功能。

当"让贤"受到大力推崇的时候,《国语·晋语九》:"知贤而让,可以训矣。"此时也开始将让贤之德纳入德行谱系:"废让,是废德也。……夫赵衰三让不失义。让,推贤也。义,广德也。德广贤至,又何患矣。"(《国语·晋语四》)大臣推举贤能而自己甘居下位,是把道德、才能视为重要价值并作为评价标准,是一种遵循"道义"的体现,是值得表彰和供人效法的榜样。反之,不让贤能即是贪图私利而无视道义。所以说,"废让,是废德也。"

第二节　儒家伦理观念的义理建构——以先秦儒家礼让观念结构分析为例

先秦儒家(简称儒家。为行文方便,下文无特别标明处,所言儒家均指先秦儒家)对"让"的倡导丝毫不亚于春秋思想精英,体现出思想连续中有突破的特征。并且,这不仅体现在学人关注甚多的让国与禅让议题,还表现在寄托"政"的关怀、重塑"礼"的规范、夯实"德"的根基、完善"治"的措施等层面,通过义理重构形成了较为系统的儒家礼让观。

一、寄托"政"的关怀

春秋时期弘扬让之德行,很大程度上缘于封建政治结构与政治功能的洞察。这一背景之下,儒家将礼让从"贵族"(贵族政治与德行)脉络中剥离出来,将之纳入礼治秩序的构建、社会理想的追寻和安身处世的需要等层面,在更普遍意义上系统阐发其功能。

（一）礼治秩序的构建

从消极角度而言，弘扬礼让精神能够化解纷争、斗辨、暴乱和人祸，即"致让，以去争也"（《礼记·祭义》），"君子尊让则不争，絜敬则不慢。不慢不争，则远于斗辨矣。不斗辨，则无暴乱之祸矣，斯君子所以免于人祸也"（《礼记·乡饮酒义》），"先礼而后财，则民作敬让而不争矣"（《礼记·乡饮酒义》）。从积极角度而言，尚让能够促进良性互动、群体和睦、社会安治，发挥正国之功，即"圣人之所以治人七情，修十义，讲信修睦，尚辞让，去争夺，舍礼何以治之"（《礼记·礼运》），"礼之于正国也……敬让之道也。故以奉宗庙则敬，以入朝廷则贵贱有位，以处室家则父子亲、兄弟和，以处乡里则长幼有序"（《礼记·经解》），"揖让而治天下者，礼乐之谓也"（《礼记·乐记》），"故君子信让以莅百姓，则民之报礼重"（《礼记·坊记》）。可以看到，人伦互动中的礼让不争，体现在日常礼仪生活中，有时伴随财利的交接。儒家志在维系涵盖家庭、社会和政治领域的全方位秩序，使父子、兄弟、长幼、上下、贵贱、君臣、君民、朋友和谐互动。

《韩非子·忠孝》："父而让子，君而让臣，此非所以定位一教之道也。"但在儒家看来，"不能以礼让为国，如礼何？"（《论语·里仁》）"不好辞让，不敬礼节，而好相推挤，此乱世奸人之说也。"（《荀子·解蔽》）究其原因，志在安顿人伦而重建秩序的儒家，虽承认人伦关系的等级之差，但又"强调相互的义务，提倡准则的对等"[①]，要求基于仁爱而来的人格上相互尊重，强调尊上者的伦理责任（如父慈、君仁、夫义、兄友等），弘扬适度的宽容和忍耐情怀，借此展现道德风范而增长柔性权力。因此，儒家强调卑下者守分让上的同时，也倡导尊上者基于伦理身份的谦下不骄和仁爱惠下，后者凸显了礼让作为柔性规范的面向。若仅凸显礼法的刚性面向尤其是仅强调卑下者的义务，就容易沦为控驭手段。儒家"礼让为国"的观念，彰显了礼治（德治）与古代法治的分野。

---

① 刘贻群. 庞朴文集：第二卷 [M]. 济南：山东大学出版社，2005:100.

（二）社会理想的追寻

儒家对争让关系的理解，指向其对社会理想的追寻，蕴含了生活与审美情趣。

一是追求和乐无讼理想。子曰："听讼，吾犹人也。必也使无讼乎！"（《论语·颜渊》）孔子的听讼态度一方面体现其现实主义面向，即纷争客观存在，需秉公妥善处理，另一方面又强调社会政治治理应从裁断已然过渡到防患未然，以构建和谐理想社会为目标。因此，"无讼"不等同于也不必然导致粗暴的厌讼、贱讼、灭讼（视为细故，贱讼息事的调处态度①，不等同儒家主张），而是彰显了儒家理想主义情结，即礼让化讼的目的在于"和"——重在源头治理、疏导纷争，无需诉诸诉讼而伤害人伦；而且期望体验"乐"——夯实安身立命之所，在凡俗生活中体验和谐的天伦人伦之乐。

二是追寻移风易俗。《荀子·正论》将正确区分财物归属、不占取他人财物、羞于偷盗、耻于拾遗、"农贾皆能以货财让"的状态视为"风俗之美"。《礼记·礼运》认为小康社会倡导"刑仁讲让"，通过"让"以化"争"；而大同社会更是"谋闭而不兴，盗窃乱贼而不作，故外户而不闭"。这种路不拾遗、不图财货、羞于争夺、崇尚礼让的风俗，被儒家视为理想社会的表征。它不仅蕴含着儒家通过移风易俗追寻美好社会的理想，更是透露出儒家独特的审美情趣——在即凡即圣的生活场域感受秩序之美、人伦之美、风俗之美与道德之美。

（三）安身处世的需要

倡导和践行礼让精神不仅利于社会政治，而且对个体而言亦有三方面意义。

一是应对自如而容纳于世。"孰知夫恭敬辞让之所以养安也！……苟怠惰偷儒之为安，若者必危。"（《荀子·礼论》）"功被天下，守之以让。"（《荀子·宥坐》）郭店楚简《成之闻之》："富而分贱，则民欲其富之大也。贵而能让，则

---

① 张晋藩.中国法律的传统与近代转型 [M].北京：法律出版社，2009:328-329.

民欲其贵之上也。"①平静安逸与招致危险的对比，以谦让惠下守地位，突出践行辞让之礼对个体生命的现实意义。

二是涵养性情而以德服人。《荀子·非十二子》言，"遇友则修礼节辞让之义"，以此展现爱人、敬人和不与人争的风范，使"贤者贵之，不肖者亲之"。进一步看，礼让风范之所以能以德服人，在于"让"被视为品评人物德性并察识举荐贤良之标准："利之而观其能让也。"（《大戴礼记·曾子立事》）"少言如行，恭俭以让，有知而不伐，有施而不置，曰慎谦良者也。"反之，"自慎而不让"是"妒诬者"，"自顺而不让"属"隐于知理者"，"小让而好大事"则"隐于仁质"（《大戴礼记·文王官人》）。

三是展现德性光辉而得君行道。"夫子温、良、恭、俭、让以得之。"（《论语·学而》）"让于贤，卑己而尊人，小心而畏义。求以事君。"（《礼记·表记》）君子修德成贤，展现礼让风范，能被人赏识、礼遇、举荐乃至委以重任，使得君行道变得可能。这种"人不知而不愠"（《论语·学而》）但修而贤后被赏识、学而优则仕的方式，成为儒家士人安身处世的重要法则。

二、重塑"礼"的规范

儒家尚让以求礼治秩序安定与社会和乐无讼，首先必须应对和改变礼乐崩坏的现实情势，使作为礼仪/行为规范之一的"让"重新焕发生机，得到精英与民众的普遍践履。这种努力主要体现在如下三方面。

（一）揭示让仪的内涵

礼让之仪具有两个特征：一是让的形式（三让、一让，礼辞、固辞、三辞还是终辞）承继春秋礼乐文明传统的风俗、习惯和仪节；二是来回推让的行动、言语和仪容具有一定的客套成分，即所谓"小让如伪"（《礼记·儒行》）。然而，儒家对此持褒扬态度，期望复归礼让的君子风范。"揖让而升，下而饮，

---

① 李零. 郭店楚简校读记 [M]. 北京：中国人民大学出版社，2007:158.

其争也君子。"(《论语·八佾》)"财利至，则善而不及也，必将尽辞让之义然后受。"(《荀子·仲尼》)"三让而后升，所以致尊让也。"(《礼记·乡饮酒义》)"三辞三让而至，不然则已蹙。"(《礼记·礼器》)由心怀诚意开始，透过三辞三让，才能充分表达谦卑逊让、辞让名利，给予他者充分尊重和敬意。"不能享受优先权的人在他者的谦让中获得心理上的满足……在心理上期待着这种哪怕仅仅是仪式意义上的谦让。"[①] 否则就显得"大急蹙，情无由达也"[②]。可以说，儒家视让仪为艺术化的情感传递、物质交换和人际交往方式，既是君子保持高雅格调的重要方式，又是居于人情与心态的社交需要。

此外，儒家在对古老礼仪的诠释中彰显让仪的内涵与适用规则。如《礼记》说明辞让在礼仪前后环节中的繁简问题（《礼记·乡饮酒义》："三揖至于阶，三让以宾升，拜至，献酬辞让之节繁；及介，省矣。"），解释基于礼让的礼仪与用度（《礼记·祭义》："天子有善，让德于天。"《礼记·玉藻》："诸侯荼，前诎后直，让于天子也。大夫前诎后诎，无所不让也。"），阐明特定情境下行让的原因（如《礼记·祭义》："七十者，不有大故不入朝。若有大故而入，君必与之揖让，而后及爵者"），以及不必让的原因（如《礼记·少仪》："执烛不让。"《礼记·郊特牲》载，不敢与先祖之化身尸行让礼。《礼记·曲礼》载，附带被赐予时不让。）

（二）重塑让礼之要义

儒家承续亲亲而尊尊的思路，给礼注入人伦规范的精神内涵，"让"成为人伦互动的核心原则而发挥正国之功。

儒家以人伦规范解释让上的缘由与要义。郭店楚简《成之闻之》："君子衽席之上，让而受幼；朝廷之位，让而处贱。所宅不远矣。"[③] "长者问，不辞让而对，非礼也。"(《礼记·曲礼》)"诸父诸兄守贵室，子弟守下室，而让道达矣。"(《礼记·文王世子》)"今人见长而不敢先食者，将有所让也。……夫

---

① 梅珍生.论恭敬与谦让的礼学意蕴 [J].江汉大学学报（人文科学版）,2008(3):53-58.

② （汉）郑玄注，（唐）孔颖达疏.礼记正义 [M].北京：北京大学出版社，1999:749.

③ 李零.郭店楚简校读记 [M].北京：中国人民大学出版社，2007:158.

子之让乎父、弟之让乎兄……皆反于性而悖于情也。然而孝子之道，礼义之文理也。"（《荀子·性恶》）可以看到，子之让父、弟之让兄、贱之让贵、臣之让君、幼之让长，是体认"礼""礼义之文理"而来的。"礼义"虽属恪守礼分与敬顺之道，但注入"人伦"来充实"礼"，强调作为伦理角色的下者遵循子孝、弟悌、幼顺、臣忠等人伦规范，出于情感上的自愿与自觉，而非被动地恪守等级，而后有礼让之举。另一方面，儒家也期望展现道德风范来增长柔性权力，因而对谦惠让下也给予高度评价。以"君"的规范为例，《论语·八佾》："君使臣以礼，臣事君以忠。"《孟子·尽心上》："古之贤王好善而忘势。"《礼记·坊记》："故君子信让以莅百姓，则民之报礼重。"

于是，儒家强调伦理角色的上者与下者的互让。《大戴礼记·盛德》："相侵陵生于长幼无序，而教以敬让也。"《礼记·曲礼》："君臣、上下、父子、兄弟，非礼不定。……是以君子恭敬撙节，退让以明礼。"以及前文探讨"礼治秩序的构建"时所引《礼记·礼运》和《礼记·经解》文段所示，互让蕴含两个层面的意涵：一是从开始与过程来看，意味着上者践行"父慈"等人伦礼义，在行礼之初体现出谦下不骄和愿意让利的情怀，而下者亦遵循"子孝"等人伦礼义和敬顺之道而恪守让上之礼；二是从结果上看，通常情况下如揖让之礼所示，以下者礼让上者而结束，维护上者权威；特殊情况下（如泰伯、伯夷等合法继承人让国，为了骨肉亲情、国治民安、避免更大的纷争），把本可拥有的权益让给下者。

此外，儒家还强调礼让作为君子风范，体现于诸侯、同僚、朋友交接之中。"遇友则修礼节辞让之义。"（《荀子·非十二子》）"敬让也者，君子之所以相接也。故诸侯相接以敬让，则不相侵陵。"（《礼记·聘义》）"君子贵人而贱己，先人而后己，则民作让。故称人之君曰君，自称其君曰寡君。"（《礼记·坊记》）单看后两文的前半句，儒家似乎把"让"视为普遍性的道德规范，与伦理关系关联不大，但后半句又紧接着把它引入到地位匹敌的关系中。或许可以说，礼让规范需要在人伦关系中加以落实，而在地位匹敌时隐去角色差异而视为普遍性要求。

其实，儒家之所以在"五伦"等人伦关系脉络中诠释礼让，不仅是儒家身处社会变迁时期，贵族德行逐步向全社会传播与影响，而且与人伦关系的分化独立与渐进更新密切相关[①]，即父子、兄弟、朋友、君臣逐步独立之后，原本体现于周代封建等级关系中的"让"，转而在普遍性的人伦脉络中体现。

（三）协调德制的张力

在让与不让的议题上，除了礼仪中特殊情境下的让与不必让的辨析（遵循礼俗习惯而无需深思权衡）之外，儒家强调威严与谦让、公义与廉让、循制与忍让的协调。其中威严与谦让的协调主要通过礼仪互动过程来实现，即透过上下互让为礼仪开始与过程来展现谦让风范，以下者守分让上而止来维护上者权威。后两者则需要道德智慧在具体情境中加以权衡。

《论语·雍也》载，孔子不赞同冉有过分赐予，但主张接受合乎道义的赐予，因而在原思辞让俸禄时劝说其应允，不必过度推让，当然也可在接受之后周济他人。《荀子》传承认为"必将尽辞让之义然后受"（《荀子·仲尼》），认为赏罚制度作为"先王之道"，并非是针对某一个体而设定的，而是基于"治必由之，古今一也"，过度辞让的结果会"乱楚国之法，堕兴功之臣，耻受赏之属，无僇乎族党而抑卑其后世"，因而讥讽说"子发之致命也恭，其辞赏也固"（《荀子·强国》）。可以看到，相较于《逸周书·和寤解》"王乃厉翼于尹氏八士，唯固允让，德降为则，振于四方"的颂扬态度，荀子则斥为"私廉"，对辞让文明的过犹不及加以警惕，认为这会抬高道德标准而变得严苛，难以发挥制度的功能而圣业难成。只有个人践德不损害刚性制度的长期有效贯彻，保持政策制度与个人德礼间的协调，才是真正的"公义"而非"私廉"。

在展现德礼的软力量与贯彻刚性制度之间，其实儒家也存在着某种程度的纠结和分歧。以"让国"为例，《公羊传·哀公三年》："不以父命辞王父命……不以家事辞王事。"《谷梁传·隐公元年》："《春秋》贵义而不贵惠，信道而不信邪。"在评论鲁隐公让、卫国蒯聩与其子辄争国的问题上，《公》《谷》接近荀子的主张，重视维护刚性制度，从公子继位的合法性（"礼"）角

[①] 查昌国. 友与两周君臣关系的演变 [J]. 历史研究，1998(5):94-109.

度说明施让与否的道德正当性（"正""道"），否则其施让就只能算是"轻千乘之国"的"小惠""小道"之行。与之不同的是，《论语》则将"让"视为相对独立的德性。孔子不仅称道泰伯让国、伯夷叔齐让国，也在卫国争国局面下蕴含贵让的主张（《论语·泰伯》和《论语·述而》）。正如陈少明先生所言，"权力（政治）只能刚性处理问题，它或有副作用，或有无能为力之处，故需要一种软力量即德来协调，其核心范畴就是让。"① 这种知权尚让的柔性力量，诉诸"心安"和道德智慧，在具体情境中找寻令人心安理得的合宜之行。它尽管没有维持刚性制度，但有利于化解潜在纷争与伦理困境，维系和乐的伦理与政治秩序，因而面对重大权益有忍让的动机，避免纷争的扩大化，在道德上被视为有德的表现。

三、夯实"德"的根基

从内圣而外王的思路来看，儒家"政"的关怀，离不开君子守"礼"，但更需激发"德"的自觉以持续践履，因而儒家转而对让的根源、施教与学修让德展开讨论。

（一）让的道德根源

孔子对让的道德根源没有明确论述，后学则有所分疏。一是理性选择而重辞让。"分争辨讼，非礼不决。……君子恭敬撙节，退让以明礼。……是故圣人作，为礼以教人。"（《礼记·曲礼》）"君子尊让则不争……斯君子所以免于人祸也。故圣人制之以道。"（《礼记·乡饮酒义》）这里强调辞让缘于理性法则，与荀子相通，只是本处搁置人性善恶。

二是化性起伪而出辞让。《荀子·性恶》将争夺好利视为人性，顺从人性将无辞让，"故必将有师法之化，礼义之道，然后出于辞让。"这承续了春秋思潮——《左传·昭公十年》："让之谓懿德。凡有血气，皆有争心。"《国语·周

---

① 陈少明.经典世界中的人、事、物 [M].上海：上海三联书店，2008:129.

语中》：“大人性，陵上者也，不可盖也。求盖人，其抑下滋甚，故圣人贵让。”

三是性善而固有礼让，属孟子独特洞见。《孟子·公孙丑上》将“辞让之心”视为先天固有、吾性自足的至善之“情”，而血气之争并非先天俱来，而是丧失本善而遗忘辞让的结果。

四是缘情制礼而兴礼让。《礼记·礼器》：“礼之近人情者，非其至者也。……三辞三让而至，不然则已蹙。”认为辞让之礼根植于先天固有的“情”，但也加入后天文饰加以完善，似有调和之意。

五是诉诸“天”。它的有效性建立在古代天人关系的体知之上。《成之闻之》认为君子本于天德（天命），降为恒常之理，制为人伦礼义，从而有让之德行；让之德行是“治人伦以顺天德”的表现。[①] 这里故让的根源虽被视为“天”，而价值内涵实则可视为至善本心。《礼记·乡饮酒义》：“宾主象天地也，介僎象阴阳也，三宾象三光也。让之三也，象月之三日而成魄也。”“月者三日则成魄，三月则成时。是以礼有三让。”这里把天地日月视为客观外在存在，有“自然之天”（“天道”）的意味，转而为礼仪道德的依据。这在汉儒那里发扬光大。

强调后天来源者（圣人理性制礼、化性起伪），自然重视后天外在的礼乐教化与学习，重塑行为规范，改变人性原初状态而明礼进德；主张先天来源者（吾性自足、缘情制礼、传承天命），亦非常警惕后天不良习染对善端的遮蔽，重视后天施教手段，通过内修，发明本心，保有和扩充辞让之善端；而法天守礼的思想，在修养方法上也强调由外而内以习得礼让。可以说，尽管儒家在道德根源与修养进路上存在差异，但都非常重视施教而促成修德者对让德的体认，构成修身理论中不可或缺的环节。

（二）教让主体与方式方法

儒家将让德的修养视为起于家教、成于师教、强化于友教的过程。习让的起点是家庭，故曰：“八年，出入门户及即席饮食，必后长者，始教之让。”（《礼记·内则》）并且，“得良友而友之，则所见者忠信敬让之行也。”（《荀

---

① 李零.郭店楚简校读记 [M].北京：中国人民大学出版社，2007:158.

子·性恶》）良友之间的相互借鉴、提醒与切磋，有助于忠信敬让之道的强化。

儒家更是重视师教。就方式方法言，儒家重视避免沉沦与激励向上的双重维度，并重视施教方法的运用。这在《论语》中表现得最为明显。孔子关注个性与具体行为，既通过警示的方式，力促学者从"闻者"上升为"虑以下人"的"达者"（《论语·颜渊》），从"其言不让，是故哂之"中警示君子应该时刻保持谦卑不夸（《论语·先进》）；又循循善诱，利用史事与时事，称颂泰伯、伯夷、叔齐让国，激发情感共鸣和理性认同，激励君子践行让德。并且，"夫子温、良、恭、俭、让"（《论语·学而》），身教重于言传，用自身德性和人格力量感召他人。这也正是有德无位的儒师施教得以成功的重要秘诀。

其实，孟子也非常注重论说策略，试图激发道德主体对内在德性的洞察。《孟子·公孙丑上》在阐述"四端"说时，一方面强调辞让是人兽之别的标志，警示人不可鲁莽争夺，避免人性下坠而沦为禽兽，所谓"无辞让之心，非人也"，"有是四端而自谓不能者，自贼者也"，"苟不充之，不足以事父母"；另一方面又对人性提出了更高的期许，引导君子和国君扩充德性，激励他们成就仁心与仁政，所谓"凡有四端于我者，知皆扩而充之矣。若火之始然，泉之始达。苟能充之，足以保四海"。

（三）修养让德的方法

儒门重视言传身教，但旨归是由教而促学，使君子专注于自身修养。先秦儒家尽管尚未形成宋明儒学那样的功夫论，但依然蕴含君子修养让德之方法的思想基因。

一是动机纯立志求。尽管"好名之人能让千乘之国"（《孟子·尽心下》），但儒家斥"以让饰争"为"小人之杰"（《荀子·仲尼》），斥"小让而好大事"为"隐于仁质"（《大戴礼记·文王官人》）。儒家尽管不否定以德服人与得君行道的正当性，但秉持"动机论"的立场，要求行为主体应当主观自愿和动机纯正地践行礼让。即是说，践行礼让的首要目的不是为了求取功名利禄，而是修德进善成就君子人格本身，因而"其诸异乎人之求"（《论语·学而》）。

鉴于此，君了应该培育"（伯、叔让国）求仁而得仁，又何怨"的心境（《论语·述而》），以崇高追求超越利益算计，以信仰化解怨恨，矢志成就仁者品格；应该坚信"（四端）求则得之，舍则失之"（《孟子·尽心上》），持续向内求索、发明本心，成就善德；应该"让于贤，卑己而尊人，小心而畏义。求以事君，得之自是，不得自是，以听天命"（《礼记·表记》），做到察识天命，超越外在得失，以成就君子人格为要务，且不因得到国君赏识委任与否而改变志向。

二是体认人伦之情。儒家重视激发人的亲情与拟亲情感，体认人伦礼义，从而培育君子礼让的道德情怀。并且，从人伦关系构建看，儒家"孝以事君，弟以事长"（《礼记·坊记》），因而把父子兄弟之让视为根本，将弟之让与让于国人对举而论（《荀子·性恶》），意味着礼让的习得奠定在家庭当中，由父子之让推广为贵贱君臣之让，兄弟之让往外推广为族人乡党国人之让，从而使"自我"沟通家庭、社群、国家的连续性，在人伦关系网络中修养礼让。

三是感知人我共在。儒家人我关系论中，"社会就是扩展了的自我"，"为了自我实现而与他人交往"[①]。鉴于此，"贵人而贱己，先人而后己"（《礼记·坊记》），表面来看是利他主义，但实际心理机制则是恭敬体恤他者→克制私我欲望→人我共在而有让。"卑己而尊人，小心而畏义"（《礼记·表记》），则是首先克制私我欲望→恭敬他者→人我共在而有让。无论是以自我为起点（挺立人格而礼让于人）还是以他者为参照（恭敬/关爱他者而修己辞让），最终都是走向人我的交融，在人我共在中修养让德，感到大我的实现而精神愉悦。

四是推不忍识羞耻。"四端说"的情境是劝谕治民者（强者）激发善端而行仁政。孺子入井、以羊易牛的譬喻（《孟子·公孙丑上》和《孟子·梁惠王上》），意味着恻隐和羞恶的情感激发，首先源于"受难"的场景。[②]面对牛羊与孩童如此，触及"涂有饿莩"下的民众水深火热，恻隐之下也不会争夺，更在能力范围内主动让利施以援手，推广一点善端则是对一般弱者的惠爱与让利，导向"五亩之宅，树之于桑"的经济方案之设计（《孟子·梁惠王上》），

---

① 杜维明，郭齐勇.杜维明文集：第四卷[M].武汉：武汉出版社，2002:35—36.

② 陈少明.仁义之间[J].哲学研究，2012(11):32—40.

犹如《逸周书·酆谋解》"与周同爱"下的"三让"。如此培育的关爱和让利之情，导向他者与自我的感通（他人是与我同气相连而非异质的存在），进而在更普遍性的场域下，形成一种"无所争""辞让之心"的内在心境，转化为人伦互动、物质交接、仪节程式当中的行为规则（"礼让之行"）。另一方面，"涂有饿莩而不知发"（《孟子·梁惠王上》）的惨状，能够激发不能让利于民的歉疚，扩而充之对自我更广泛的争夺不让行为保持反省和识羞。

换句话说，运用孟子思想资源加以哲学建构，其思想逻辑是明晰的："辞让之心"的涵养，以对受难者和弱者的情境为基点，从恻隐扩充的仁爱之德中汲取动能，从反省、识羞的角度对争夺不让保持警惕，从而将对受难者和弱者让利的善端保有和扩充成更为普遍的辞让情感，成就尚让不争的君子行为风范。孟子立足于普遍性的人我关系论证（陌生人之间亦适用）而彰明辞让，有别于体认人伦而行辞让的进路。

五是淡泊功名利禄。除了体认人我（人伦）关系以修养让德外，儒家也重视树立正确名利观而践行让德。

儒家认为"争饮食，无廉耻……是狗彘之勇也。为事利，争货财，无辞让……是贾盗之勇也……重死持义而不挠，是士君子之勇也"（《荀子·荣辱》），强调"贵礼而贱财""先礼而后财"（《礼记·乡饮酒义》）、"轻财重礼"（《礼记·聘义》）、"贵人而贱禄"（《礼记·坊记》），"尽辞让之义然后受"（《荀子·仲尼》），认为"临事而屡断，勇也；见利而让，义也"（《礼记·乐记》）。君子在面对财货物利时，应当察识羞耻之心，坚守义利之辩，对血气加以节制；应当首先恪守礼仪规范，看轻财货利禄的分量；应当培养"见利而让"的行为习惯，首先不是想着占为己有，而是想着推让出去。经由以义制利、先礼后财、见利而让，儒家力图培养淡泊利禄的情怀，涵养礼让不争的君子人格。

"虽能必让，然后为德。"（《荀子·非十二子》）"既能行之，贵其能让也。"（《大戴礼记·曾子立事》）"儒皆兼此而有之，犹且不敢言仁也。其尊让有如此者。"（《礼记·儒行》）即使有过人之能和通达之行，或诸多素质蕴含仁德，儒家君子依然不敢以仁者能者自居，而是始终保持谦卑心态，因为道德境界具有不断超越的层级，个人修身进德永无止境。换句话说，深知德无完满、学无止境，涵养谦卑的品格，是培养君子在德、能、功有所精进时不沾沾自喜，始终保持让名不夸情怀的重要途径。

六是践履凡俗礼乐。儒家修养让德并不是脱离世俗生活而仅仅从事精神修炼，而是在活泼泼的礼仪生活中达成，即凡俗中成就神圣。射礼看似是君子间的比试，但需通过揖让之仪，避免血气之争，在德礼框架下公平参与，保证"其争也君子"（《论语·八佾》）。其次，既然略带比试色彩的射礼仍需体现礼让之风，则其他交接之礼更当时刻存养"无所争"的心境，体现"致尊让"的要求。并且，儒家延续乐教传统，强调将礼让精神体现于奏乐舞蹈之中，所谓"故乐者，出所以征诛也，入所以揖让也"（《荀子·乐论》）。因此，让之礼乐被视为维护谦和尚让而摈弃莽争的生活方式，是唤醒和强化内在德性的重要途径。

七是积累实践智慧。如上几点侧重德性方面的修养。除此之外，修习让德还需要智性提升。由于在威严与谦让、公义与廉让、循制与忍让之间存在张力，因而让与不让、如何让、让到哪种程度，并不是死守某一具体原则和规范，而是一种实践智慧，需要道德实践的历练和道德经验的积累，从而提升道德判断力而使习让臻于至善。从义理上说，儒家修养让德还有赖于修德者的"智"德参与，尤其是"权"的正确运用。

四、完善"治"的措施

儒家在强调精英阶层践德循礼的同时，也重视利用治道手段在民间兴让。然而，儒家"修己"与"治人"的标准存在差异，前者需要"将自然生命不断地向德性上提"，"决不在自然生命的要求上安设人生的价值"，后者则"首先是安设在人民的自然生命的要求之上"。[①] 可以说，治民更为强调的是统治者的责任问题。因此，养民为始、礼为纲纪、教化为务、刑罚为辅的兴让路径，具有强烈的儒家特色。

（一）惠民富民并彰明礼法

《逸周书·度训解》："民至有好而不让。不从其所好，必犯法，无以事上。民至有恶不让。不去其所恶，必犯法，无以事上。"让利于民、满足民众基本需要、减少争夺的外因，是兴起礼让之风的基础。这一思想源头起于《逸周书》。《论语》尽管强调"道之以德，齐之以礼，有耻且格"（《论语·为政》），但德礼教化（"教之"）的前提是"庶矣"和"富矣"（《论语·子路》）。因此，从义理上说，孔子倡导民间兴让的逻辑起点，不是惩罚民众的争夺无让，而是治民者自我限制权力和富庶民众的举措。

"圣王之生民也，皆使当厚优犹知足，而不得以有余过度。故盗不窃，贼不刺，狗豕吐菽粟，而农贾皆能以货财让。"（《荀子·正论》）"知足"的前提是有所满足、生活优厚，可以佐证教民兴让的起点是惠民富民政策；但所谓过犹不及，沉迷奢华亦非正道。民众节制有度、不迷恋财货、不狡诈贪图私利，需要培育其"知足"的心态，如此才会兴起礼让的风俗之美。

进一步看，民众如何才能知足呢？《礼记·坊记》引孔子语："夫礼者，所以章疑别微，以为民坊者也。故贵贱有等，衣服有别，朝廷有位，则民有所让。"《礼记·仲尼燕居》："若无礼，则手足无所措，耳目无所加，进退揖让无所制。"彰明鼓励与禁止情形的礼法规范，是民众的重要行为指引，使民众察识等级身份而不鲁莽，进退揖让有所据，分内知足而不争。换句话说，知足而有让，需要通过"彰明礼法→制约行为→形成观念"来完成。

（二）躬行表率以感召行让

在养民惠民并建立礼制之后，上位者应做好表率、身教言传、感化民众。这是儒家最为重视的兴让举措，其途径可分疏为如下几种：

---

① 徐复观.中国思想史论集续篇 [M].上海：上海书店出版社，2004:266.

一是在庄严典礼中展现。《周礼·地官·大司徒》："二曰以阳礼教让，则民不争。"《礼记·乡饮酒义》："先礼而后财，则民作敬让而不争矣。"《礼记·聘义》："诸侯相厉以轻财重礼，则民作让矣。"《礼记·文王世子》："世子齿于学，国人观之曰：'将君我，而与我齿让，何也？'曰：'有父在，则礼然。'……'有君在，则礼然。'……'长长也。'"州长于春秋会民习射、太学中太子与众叙礼、诸侯行聘礼，能够彰显礼让精神，潜移默化感召民众敬让不争。

二是君子良好品行得到广泛传播。"君子贵人而贱己，先人而后己，则民作让。""善则称人，过则称己，则民不争。""善则称人，过则称己，则民让善。""先财而后礼，则民利，无辞而行情，则民争。""故君子信让以莅百姓，则民之报礼重。"（《礼记·坊记》）国君、士大夫或有德无位的社会贤良，如能身教甚于言传，在日常生活中谦让不骄、不争功名、淡泊财利，将会上行下效、移风易俗。

三是把礼让作为治家治国法则，在"家国同构"下传导到社会每个单元。"一家仁，一国兴仁；一家让，一国兴让。"（《礼记·大学》）"有国家者，贵人而贱禄，则民兴让。"（《礼记·坊记》）无论是治理家族事务领域秉持尚让不争理念，还是贯彻赏识贤能的选拔庆赏制度，都有利于形成淡泊名利、礼让贤能的民风。

（三）德礼为先与政刑为辅

《礼记·坊记》引孔子语："觞酒豆肉，让而受恶，民犹犯齿。衽席之上，让而坐下，民犹犯贵。朝廷之位，让而就贱，民犹犯君。《诗》云：'民之无良，相怨一方。受爵不让，至于已斯亡。'"制定让而受恶、坐下、就贱的礼制，用教化的方式感召民众兴让，民众依然有犯齿、犯贵、犯君之举。潜台词是离开这些措施其结果将更糟，突显礼教为先的重要性。但另一方面，面对"民之无良"，如《逸周书·度训解》所言"遍行于此，尚有顽民"，此时当如何呢？

这一答案见于开篇："君子之道，辟则坊与？坊民之所不足者也。大为之坊，民犹逾之，故君子礼以坊德，刑以坊淫，命以坊欲。"（《礼记·坊记》）这里借孔子之口提到礼制、刑罚和政令在防范民众失范行为方面的功能。这容易让人联想到《论语》"有耻且格"的论述文段，后者突出德礼为先与政刑的副作用，而前者重在强调两相配合。应当说，儒家尽管凸显德教为先的重要性与必要性，但辅于政刑的手段以应对无良顽民的不让乱举，也是居于现实治理形势的不得已。

第三节　儒家伦理观念的政治影响
——从礼让文化看先秦儒家让国禅让叙述的三重维度

发生于春秋封建公族阶层内部礼让君位的政治现象，相对于君位世袭制而言属非常态事件。这些"让国"史事，被先秦儒家释读（重置背景与放大检视）而成为重要的思想史事件。下文将追寻先秦儒家的评价原则与思想逻辑，刻画《论语》"知权尚让"立场与《公羊传》《谷梁传》"以制评让"视角所反映出成德为务与循制为上的不同倾向，进而说明战国时期从让国到禅让评述的脉络转换，揭示礼让形式与过程的四大功能及其对我们深入理解禅让观念的四个意义，最后从儒家义理系统的角度分析儒家尚让思想三重向度的张力与协调。

一、成德为务——让国之"让"作为独立的德目而得到称道

《论语》讨论让国史事最多的，莫过于伯夷叔齐让国：

> （子贡）曰："伯夷、叔齐何人也？"（子）曰："古之贤人也。"曰："怨乎？"曰："求仁而得仁，又何怨？"（《论语·述而》）
> 子曰："不降其志，不辱其身，伯夷、叔齐与！"（《论语·微子》）

《论语》同时称道伯夷和叔齐让国，原因是此属"求仁""无怨""持志""洁身"之举。显然，殷商时代的事件背景和周代礼制的制度背景暗而不彰，而是突出了儒家的道德面向，凸显了伯夷叔齐的独立道德人格，其丰富意蕴由经典注疏得以发明：

> 使伯夷立，则无父，而天性遂亏；使叔齐立，则无兄，而天伦遂乱。天下岂有无父子、兄弟之国哉？①
>
> 伯夷以父命为尊，叔齐以天伦为重，其逊国也，皆求所以合乎天理之正，而即乎人心之安，既而各得其志焉。②

注疏认为两人让国缘由有所不同：伯夷视遵从父命的孝道高于继承制度，叔齐虽有父命与兄长应允但仍遵循敬兄之悌道。这引入了父子兄弟伦理以诠释道德主体的求仁之志、心安之感与道义之正，扩充丰富了经典的意涵。但至少可以肯定的是，《论语》同时称道伯夷叔齐让国，意味着让国的根本缘由并非出于遵循礼制或僵化规范，而是出于求仁成德（注疏具体化为孝悌之道），钱穆释之为"逃国而去，只求心安"③。这需要充分运用道德判断力（"智""权"），权衡多条原则（礼制、父命、孝、悌），以体恤对方、追求更圆满结果的角度出发而让国，从而"合乎天理之正，而即乎人心之安"。

"泰伯三让"的评价，同样体现出孔子的贵让逻辑：

> 子曰："泰伯，其可谓至德也已矣。三以天下让，民无得而称焉。"（《论语·泰伯》）

注疏诠释泰伯让国之缘由有二，一是顺从君父之意，二是"季历贤"并"有圣子昌"④。而从泰伯让国的过程来看，"太伯心存让国，对父称孝，友爱兄弟，是为'仁心'。观其让国，曲体亲心，委屈周至，泯然无迹，终成善果，

---

① （宋）胡宏.五峰集：卷四[M].长沙：岳麓书社，2008:211-212.

② （宋）朱熹.四书章句集注[M].北京：中华书局，1983:97.

③ 钱穆.论语新解[M].北京：生活·读书·新知三联书店，2002:129.

④ （宋）朱熹.四书章句集注[M].北京：中华书局，1983:102.

是为'仁术'。"①泰伯本为合法继承人，但设身处地地充分为父为弟着想，以自取侮辱的方式放弃权益而让国。与前例相似，原典"至德"的评价突出对道德人格的颂扬，而注疏则补充了"三让"的缘由在于孝友之道。但可以肯定的是，泰伯同样不是把礼制作为让与不让的最终根据，而是成德（注疏具体化为孝友之道）优位于循礼，在权衡中放弃权益，成就自我德性人格。

鉴于让国史事的如上评述，孔门在面对当下的争国情势时也体现出贵让的立场：

> 冉有曰："夫子为卫君乎？"……（子贡）曰："夫子不为也。"（《论语·述而》）

太子蒯聩因得罪君夫人南子而出奔，灵公死后立其孙（即蒯聩之子）辄为定公，后蒯聩依晋国之力与其子争位。在这里，辄的继位得到国君的受命，但以子拒父也有伤孝父之理；蒯聩争位因其原为太子，但有悖于父君之命，也显得并不那么正当。因此，蒯聩与辄如果能够比照伯夷、叔齐诉诸"心安"，在权衡多条规范时选取更利于对方的立场，以牺牲"小我"成就"大我"，形成父子相让的局面，将是一种令人期待的局面。而现实的情境是双方均不相让，尽管一时难以评定是非，但至少双方没有成就仁德的胸襟，其德性定然不能与夷齐和泰伯让国相提并论，正所谓"其不可同年而语明矣"②。在这个意义上说，孔子蕴含着在特定情境下"让"的主张。

那么，孔子贵让是将"让"视为独立德目还是仅为遵循孝悌之道的手段？注疏的思路是，礼让可以践履人伦（孝父、友弟、敬兄），进而心安以成德，这重在强调礼让作为手段的意义。但著者以为，尚让精神并不完全取决于对特定人伦法则的珍视，而是特定情境下的体恤他者与放弃权益，其前提是"智"，其思维过程是"权"，其目标是"仁"，其动力是"求心安"，其伴随理

---

① 阮芝生.论吴太伯与季札让国——《再论禅让与让国》之二[J].台湾大学历史学系学报，1994（18）：10.

② （宋）朱熹.四书章句集注[M].北京：中华书局，1983：97.

由是人伦法则的践履（让国之举不必然出于人伦法则），其结果是追求圆满的境界（成就大我）或事功。

在这个意义上，知权尚让虽然伴随"让"的外显行为，但"让"更是一种内在德性，可看成一个独立德目——如果在遇到难以取舍的选择情境，当事者能够知权尚让、成就更大仁德就是有德的体现。

孔子贵让的立场也佐证于新近出土文献：

> 子曰："延陵季子，其天民也乎？生而不因其俗。吴人生十七年而让札，偭乎其雁，延陵季子侨而弗受。延陵季子，其天民也乎？"子贡（《上博楚简·弟子问》）

泰伯和季札让国稍有不同：泰伯让国是合法继承人施让，赞为"至德"；季札让国则是守分顺上而公子让国，赞为"天民"。存而未解的问题在于，季札是因为守节、顺上、循礼、贵义而得到夫子肯定吗？若此，"知礼""不违礼"似乎更为贴切，因为这更为贴近夫子品评人物的风格，"天民"的赞词岂不显得溢美？其中的缘由，只能说是夫子对"让"本身所展现的内在德性的高度赞赏，而并非出于礼让背后是遵循某一人伦法则还是具体制度。

概而言之，相较于春秋思想背景，《论语》贵让的立场是思想连续的体现，但重要贡献在于将"让"德置于"仁"德范畴之下，视为君子高尚的内在德性，强调政治生活中相互宽容忍让，诉诸"心安"和"权"的方式来展现德性的软力量，化解潜在纷争与伦理困境，维系和乐的伦理与政治秩序，同时把如何让、让到哪种程度这一实难有具体标准的问题在经权思维、仁智结合的模式中加以解答。

二、循制至上——遵循礼制规则评说让国与否的正当性

与《论语》成德为务不同，《公羊传》《谷梁传》则更为聚焦刚性礼制的

规则与维系秩序的制度手段，其让国事件的评说更趋近周代封建政治的制度背景。

先看评价甚详的鲁隐公让国的评说：

> 凡隐之立，为桓立也。隐长又贤，何以不宜立？立适以长不以贤，立子以贵不以长。桓何以贵？母贵也。母贵则子何以贵？子以母贵，母以子贵。（《公羊传·隐公元年》）

在《公羊传》看来，继承规则当是"立适以长不以贤，立子以贵不以长"，"子以母贵，母以子贵"。仲子地位高于声子，故而尽管隐公长而桓公幼，但桓公贵而隐公卑，所以桓公当立。在这个意义上，隐公起初"辞立"，后因桓公幼小而摄政，适时把君位让回给桓公，道义上是应当的，是遵守礼制而有德的体现。

> 让桓正乎？曰不正。《春秋》成人之美，不成人之恶。……桓弑而隐让，则隐善矣。善则其不正焉，何也？《春秋》贵义而不贵惠，信道而不信邪。孝子扬父之美，不扬父之恶。先君之欲与桓，非正也，邪也。……已废天伦，而忘君父以行小惠，曰小道也。若隐者，可谓轻千乘之国，蹈道则未也。（《谷梁传·隐公元年》）

《谷梁传》的这段论述，我们可以从三个层面来理解：第一，惠公希望拥立桓公是不正当的，意味着在正室无子时依尊卑还是长幼定继承顺序，《公羊传》《谷梁传》存有分歧；相应的，隐公让国的性质类型（守分顺上而公子让国，还是合法继承人让出君位）的理解也存在差异。第二，《谷梁传》提出一个权衡原则：制度高于父命以成父之美。因此，隐公在先君之意邪而不正的情况下，不能盲从父命而让位桓公。第三，"《春秋》贵义而不贵惠，信道而不信邪。"隐公是合法君位继承人，如果让位于桓公，即是成父之恶而陷父于不义，因此隐公施让之举，相对于桓公弑杀兄长之恶而言是善的，但"已废天伦""忘君父"，只能算是"轻千乘之国"的"小惠""小道"之行，不能算是"贵义""信道""蹈道"之举。

尽管《公羊传》《谷梁传》二传就隐公是否该让存在分歧，对礼制具体内容的理解存在差异，但共同之处在于：他们重在继承规则的礼制层面，厘清各自身份加以正名，从公子继位的合法性（"礼"）角度说明施让与否的道德正当性（"正""道"）。这一评价原则，亦见于季札让国的评断：

> 吴无君无大夫，此何以有君有大夫？贤季子也。何贤乎季子？让国也。其让国奈何？谒也、余祭也、夷昧也。……故君子以其不受为义，以其不杀为仁，贤季子。（《公羊传·襄公二十九年》）

寿梦试图废嫡而立幼，有违"立適以长不以贤"；诸樊传弟而不传子，虽属遵从父命，但也不合礼制。因此，季札从一开始到后来的多次辞让不受，虽不合父亲的意愿，却是不违礼而守节的体现，所以《公羊传》称许"其不受为义"。并且，吴国本属夷狄，"无君无大夫"，季札让国则可视为重视礼义操守的文明之举，于是"有君有大夫"。这一评论，说明《公羊传》称许季札"不受为义"的分量之重。

《公羊传》《谷梁传》对子继父位的原则是遵循礼制与节义，对隔代继承的态度也是明确的：

> 蒯聩为无道，灵公逐蒯聩而立辄。然则辄之义可以立乎？曰可。其可奈何？不以父命辞王父命，以王父命辞父命，是父之行乎子也。不以家事辞王事，以王事辞家事，是上之行乎下也。（《公羊传·哀公三年》）

> 何用弗受也？以辄不受也。以辄不受父之命，受之王父也。信父而辞王父，则是不尊王父也。其弗受，以尊王父也。（《谷梁传·哀公二年》）

与《论语》贵让、难定是非、态度隐晦相比，《公羊传》《谷梁传》的回答则显得直爽，因为其确立了"不以父命辞王父命"，"不以家事辞王事"在处理父子争国案件中的礼制原则。前者确立了在家族传承链条中尊远祖高于近祖的原则，后者则保证了王事相对于家事具有一定程度的独立性和优先性。在这一制度安排下评断卫国政治，则蒯聩即位是正当的，以此拒父也是正当的。进一步推理，蒯聩让国，就显得不尊王父命和不敬王事。

从思想史上看，《左传》《国语》等春秋文献不仅称道守分顺上的公子让国，而且对合法继承人让国并无微词。《论语》视"让"为君子德性，强调以体恤他者的情怀展现德性的软力量来化解潜在纷争与伦理困境，维系和乐的伦理与政治秩序。而在《公羊传》《谷梁传》的思想世界里，尽管"让者，《春秋》之所贵"（《春秋繁露·竹林篇》），但"让国"之"让"并没有成为独立的德目，让国的道德正当性之评价标准不在施惠行让行为本身而是礼制，其前提在于不损害刚性制度，否则其施让就只能是小惠和小道，因而对守分顺上之让国持褒扬态度，而对合法继承人的让国则不称许。可以说，其更为趋近封建政治的制度背景，但与《左传》《国语》和《论语》贵让的思想风尚存在差异。

三、礼仪为基——礼让形式在政治场域的体现和延续

《论语》之后不仅有聚焦刚性礼制的规则与维系秩序的制度手段的讨论，更有发扬礼让风尚的思想者。这不仅是"让"观念得以广泛传播的核心载体，也使他们讨论礼让天下、君位的所谓"大让"时叙述礼让（让之仪节）形式与过程。

民国以来论及先秦禅让之论著很多，论者多专注事实之有无、观念之流变、派别之多元、实践之辨析。仅从观念角度而论，"禅让"实则有三个要素构成：一是在世袭制的背景下弘扬不世袭，即《唐虞之道》所谓"禅而不传"[①]、《子羔》所谓"昔者而弗世也"[②]；二是尚贤、礼贤、尊贤、举贤而让贤，即《唐虞之道》所谓"尊贤故禅"[③]；三是礼让。论者多聚焦继替规则（禅位与世袭）及贤能治理之功而很少关注礼让形式与过程及其功能，因而对禅让观念的理

---

① 荆门市博物馆.郭店楚墓竹简 [M].北京：文物出版社，1998:157.

② 马承源.上海博物馆藏战国楚竹书：二 [M].上海：上海古籍出版社，2002:184.

③ 荆门市博物馆.郭店楚墓竹简 [M].北京：文物出版社，1998:157.

解似乎不够全面，而且辩说源于儒家还是墨家之论似乎都觉得禅让如腾空出世之观念。然依著者拙见，"禅让"观念中的三个要素实有渊源。

就前两个要素来说，这实际上是转换了"让国"的评述脉络：（1）让国范围之拓展。由于世族的瓦解、阶层的流动、礼制的松动、私学的兴盛、平民视角的开启，儒门进一步拓展了让国于贤的运用范围——从《论语》评述公族内部之让国（泰伯、伯夷、叔齐等，实是让国于"父兄昆弟及国子姓"）推广到让国于天下——蕴含着"不传（子）""不世袭"的意思。（2）让国缘由之聚焦。基于"礼崩乐坏"加剧与重建秩序之思想诉求，儒门进一步扬弃了封建周礼（嫡长子继承制等）的羁绊，弘扬贤能者治世安民之功，使他们聚焦于让国缘由（遵循礼制、让贤、父命或权变求仁）的其中之一端，重点诠释尊贤与让贤。这种转换之下，先秦儒者从关注公族范围之让国（泰伯、伯夷、叔齐等）过渡到对天下范围之让贤（禅让）的历史追忆与思想诠释上来。当然，从尧让天下运用于燕国的让国实践（燕王哙效仿尧禅让而让国于子之）来看，让国与让天下依然被视为具有观念结构的一致性。

"禅让"观念的礼让要素，则是礼让文化源远流长、润泽其间的结果。从禅让传说的叙述来看，禅让包含着天子让位与贤者礼让两层含义，前者如《子羔》："尧见舜之德贤，故让之。"[①]《唐虞之道》："禅也者，上德授贤之谓也。"[②]，后者如《尚书·舜典》："舜让于德，弗嗣。"《容成氏》："尧以天下让于贤者，天下之贤者莫之能受也。……禹乃五让以天下之贤者，不得已，然后敢受之。"[③]《孟子·万章上》："尧崩，三年之丧毕，舜避（按：避让礼让之意）尧之子于南河之南。……舜崩。三年之丧毕，禹避舜之子于阳城。……"这不仅见于前引儒家文献，《韩非子·外储说右下》载潘寿游说燕王的礼让逻辑（"让天下——贤者辞让不受——皆有美誉"的禅让过程)，《韩非子·八说》和《五蠹》从争让的脉络讨论禅让、《庄子》把"让天下""让国"视为"大

---

① 马承源.上海博物馆藏战国楚竹书：二 [M].上海：上海古籍出版社，2002:190.

② 荆门市博物馆.郭店楚墓竹简 [M].北京：文物出版社，1998:158.

③ 马承源.上海博物馆藏战国楚竹书：二 [M].上海：上海古籍出版社，2002:257、263.

让"（大量文段把它与"让禄""让名""让利"混而论述），乃至汉代禅让遗风，均可以看到礼让要素在禅让叙述当中的重要分量。

著者以为，禅让中礼让形式与过程在儒家看来具有四大功能：

一是展现德性风范。《孟子·尽心下》："好名之人能让千乘之国。"行假让而旨在博取名声，如燕王哙让国于子之，儒家耻之。与其他相让礼节一样，禅让过程中的礼让过程虽然具有形式的面向，但必然要出于纯正动机，在来回揖让相辞的言行中展现谦让恭敬贤能的情怀、固守德义与淡泊名利的节操、君子温文尔雅的品格，并能使彼此在人际交往中得到来自他者的尊重而获得尊严，让彼此交往变得和谐完美。

二是实现协商式推举。贤者"弗嗣""五让以天下之贤者"，能够让更多贤能者（包括圣王之子）获得被举荐的机会，并且在相互礼让、相互比较中实现自然协商和协调，进而选拔更贤能者担当天子或国君之位。这使得协商式推举在权力继替中透过完善的礼仪而实现，避免因为贪恋乃至争夺权位而导致的纷争局面，维系臣僚朋友之义，促进群体和睦。

三是获得继位正当性。贤者"弗嗣""五让以天下之贤者"、避让先王之子，能够让民意在受禅者与其他贤能者之间、受禅者与先王之子间做出选择，用民众亲之贵之的方式显现天意、民意、个人贤德，如《孟子·万章上》所言"天与之，人与之"，消解传子与传贤的对立，获得继任的道德正当性和政权合法性。

四是教化感召民众。礼让过程能够不仅使禅位者获得让贤之美誉名声，而且受禅者"五让""不得已，然后敢受之"也能够获得淡泊名利、不贪权位、礼让贤能的赞扬，以德服人，天下大治。

鉴于此，我们得出四点新的认识：（1）"禅让"固然包含了"不传子""尊贤"的理念，但它必然基于礼让的形式与过程（出自真心实意的礼仪）而表达出来，或者说礼让的形式与过程是实现让贤而不传子的必要途径与行为程式。（2）礼让形式与过程，是天子禅让与贤能礼让的德性光辉示于民众并发挥教化感召功能的必要手段，这也正是汉代帝王登基时余存礼让遗风之缘由。

（3）禅让之所以成为政权顺利交替的方式之一（其他最重要方式当然是世袭），是通过礼让形式与过程来完成的——因为透过礼让形式与过程能够实现协商式推举和获得继位正当性。

第（4）点认识则是：剔除礼让形式与过程来理解禅让观念将不仅不够全面，也有碍于我们理解后续禅让争议之异中之同。儒家禅让学说分为记述禅让、鼓吹禅让和反对禅让三派①，但贯穿其中不变的是对礼让形式与过程的肯定——鼓吹禅让一派自不必说（如《子羔》："尧见舜之德贤，故让之。"），褒扬禅让传说但无意否定世袭的记述禅让一派，如《孟子·万章上》引孔子曰："唐、虞禅，夏后、殷、周继，其义一也。"这里"其义一也"的理由就在于"举荐—避居—民受—天意"的礼让过程能够实现协商式推举和获得继位正当性，从而达到禅让与世袭的统一；即使是被视为反对禅让一派，《荀子·正论》认为"天下有圣而在后子者，则天下不离""圣不在后子而在三公，则天下如归"，视天子权位继替为"以尧继尧"的自然过程，也重在反对在位者老衰或临终时指定继任者，而并不反对甚至似乎需要通过候选人礼让过程来达成——因为具有继位可能性的相关者只有保持克制与淡泊，在不争与退让中才有民意选择的时间与空间。

概而言之，我们从政治继替制度的层面在尚贤的背景下讨论禅让的道德性和合法性的同时，还应关注"禅让"当中的礼让要素及其背后的礼让文化。它使让国到禅让的评述脉络转换变得前后连续而不突兀，使效法上古禅让天下运用于战国当下让国实践的思维过渡变得可能。礼让形式与过程是实现让贤理想的必要途径，是展现德性光辉和教化感召功能的必要手段，是实现政权顺利交替的重要方式之一。礼让形式与过程被儒门各派别广泛认可，并被部分儒者用于消解传贤与传子的对立。

---

① 彭裕商.禅让说源流及学派兴衰——以竹书《唐虞之道》《子羔》《容成氏》为中心[J].历史研究，2009(3):11.

四、道德、制度与礼仪的张力与协调

从思想史演变角度而言，先秦儒家呈现出成德为务、循制为上、礼仪为基的不同思想倾向。其实，从儒家义理系统的角度而言，如上三种倾向保持着思想张力，需要在动态中努力寻求三重向度的协调。

首先，德、制关系的理解在不同文献有所不同，但又凸显了儒家关怀的两个向度。其实，尚让为德与以制评让，正是预示着儒家在循制与践德之间的思想张力。循制与践德在通常情况下自然是殊途同归，共同维系秩序和增进修养。然而在两者相悖的特殊情境下，一是通过礼制的损益形成新规范以合乎仁的精神，二是在特殊情境下诉诸知权达变的道德智慧。仁智互补，经权并举，其正面效用是避免礼制与原则的僵化，允许找寻最佳方式，实现更大的仁德。然而，礼法等刚性制度辅翼于强力正是维系人伦秩序的基础，过度的行权而离经有可能走向叛道的反面，危害秩序的维系和德性的践履。因此，先秦儒家也要警惕违礼而行让的负面效应。

循制与践德的张力与协调在汉儒那里就已表现出来。例如《春秋繁露·玉英》："是故让者，春秋之所善，宣公不与其子，而与其弟，其弟亦不与子，而反之兄子，虽不中法，皆有让高，不可弃也，故君子为之讳。""让"是崇高德性而不可弃，体现了董子与《论语》之同，但又点出其"不中法"，遵循了《公》《谷》以礼制评判行为的视角。董子把"让国"的合法（礼制）性与道德性加以分离讨论，既不以合法性否定行为的道德性，亦不以行为的道德性掩盖其对礼制的背离，反映出调停《论语》与《公》《谷》的立场，体现了协调循制与践德张力的努力。

其次，德、仪（礼仪）互为表里并发挥政治功能是儒家思想的重要特征。道德的持守需要通过个人的行为（相对固定化的行为程式就构成了礼仪）展现出来。个人行为又能够强化其遵循道德的意识，并且，治民阶层通过个人行为展现的德性光辉，能够产生上行下效，以德服人，天下大治的政治效果。这也正是"让于德，弗嗣""五让以天下之贤者""避居""不得已，然后

敢受之"等一系列仪节与过程具有教化感召民众、体现德性风范、强化德性修养的内在价值，并被儒者在叙述中蕴含褒扬的原因。但与此同时，《孟子·尽心下》："好名之人能让千乘之国。"行假让而旨在博取名声，如燕王哙让国于子之，孟子耻之。儒者所警惕的，是要防患礼仪与德性的脱节——具体来说是要避免礼让之仪流于形式（不能领会礼让之仪的内在意义），出于虚情假意（并非真心相让），甚至隐藏着不可告人的私心和阴谋（假让以图利）。可以说，儒家视礼仪为展现德性光辉的外在形式，但又要求以德性保证礼仪践履，才能使礼仪与德性在张力中得以协调，保持内在的一致性，发挥教化感召的政治功能。这种德、仪的张力与协调，在《孟子》那里已有所体现。

此外，礼仪作为固定化的行为程式，不仅具有展现和修养内在德性之功能，有时还发挥着其自身的独特功能。礼让过程运用于产生继承人时具有实现协商式推举和获得继位正当性的功能，有助于消解传贤与传子的对立。这正是通过礼仪本身具有的特定程式与过程来达成的，因而被调和禅让与世袭的部分儒者所重视。

第四节　儒家伦理观念的当代审视
——以传统礼让文化的创新发展为例

在梳理了先秦儒家"让"观念的基础上，本节则推广到整个儒学传统和立足现代转型的角度考察"让"观念的思想流变与观念结构，从现代转型的角度审视传统礼让文化的价值转换与当代培育路径。

一、礼让文化传统的历史塑成

从礼让传统的塑成来看，它至少包括如下三个历程。

（一）观念兴起与义理建构

如前所述，"让"是春秋时期出现频次最高的八项德目之一。先秦儒家对礼让的倡导丝毫不亚于前，并在文化承续和义理重构中推陈出新，揭示了礼让的义理结构——"教学相长、修养让德→彰明礼义、躬行礼让→和乐安治、无讼俗美"，构成了儒家君子的共同体知；"养民惠民、示范感召、政刑为辅→民间兴让→和乐无讼"的治民思路，具有强烈的儒家特色。

与先秦儒家在"德·礼·政（政与治）"的脉络下诠释礼让文化不同，《老子》秉持"道法自然""上善若水"的角度倡导"利物不争"的人格，视"不争"为顺应自然天道而使人免于怨咎灾祸和保全自我的明智之举；同时批判礼乐文明塑造下的尚贤、贵货、多欲、巧智人性，提出"虚其心，实其腹，弱其志，强其骨。常使民无知无欲"以化解"争"的治理策略。《庄子》中《天运》《盗跖》《让王》等篇嘲讽禅让与让王，不仅鄙视沽名钓誉的假让之举，而且不视大让为美德，而把"让"看成洞察天道人生后的"不以事害己"的正确选择，是追求逍遥自得的生活方式。《韩非子·八说》《忠孝》和《五蠹》则将上古揖让风俗视为人少物多、国事操劳无利的产物，强调"世异则事异"，在物寡位重的当下，好利的人性使礼让难以推行，"当大争之世而循揖让之轨，非圣人之治也。""父而让子，君而让臣，此非所以定位一教之道也。"韩非反对礼让、强化等级、利用赏罚，体现了应对社会现状而提出新治理方式的努力。

（二）制度环境中的观念承续

老庄批判假让、利物不争、免于怨咎的思想，对古人谦和礼让人格有正面效用。而儒家礼让文化契合柔性调节的人伦结构，因应家国治理之需，批判法家治理思维，成为政治精英援引的重要思想资源，开启了汉代以来礼让观念与制度互动历程。

一是"礼让为国"之治国方略的巩固。"及秦不然，其俗固非贵辞让也，所尚者告得也；固非贵礼义也，所尚者刑罚也。"（《大戴礼记·保傅》）"臣愚以为宜一旷然大变其俗。孔子曰：'能以礼让为国乎，何有？'……"（《汉书·匡张孔马传》）他们传承儒家礼让传统，清除法家批判礼让和秦政之弊的影响，反对"不本礼让而上克暴"的"俗吏之治"，推崇"教以礼让""先之以敬让"，旨在促成民间"和睦亲爱"，避免"贪遂争讼生分（争讼分异）"以"消除怨咎"（《汉书·赵尹韩张两王传》《地理志》）。"礼让息争"与"重刑尚暴"的辩论，逐步确立汉代以来"欲民无讼，先要教民，使遵行礼义，忍让谦和"①的治道传统，并细化为具体礼教措施。

二是"尚让息讼"之调处制度的建立。与治国方略密切相关，汉后中国逐步形成官方与民间调处的制度设计，形成尚让息讼、定纷息争的司法传统。②然而，先秦儒家崇尚礼让不争，源于珍视人伦亲情，"强调相互的义务，提倡准则的对等"③，并肯定君子宽容和忍耐情怀，保证人伦生活的融洽和谐与精神愉悦，实现"无讼"的社会理想。但在具体调处中，虽然保留了诉诸亲情、淡泊物利、尚让化争的思想内核，但由于政治目标的优越性，调处重心从防患未然、疏导纷争转而为厌讼、贱讼、灭讼导向，从德性自觉为基础、旨在贵和求乐转而以权力介入为后盾、息事宁人与止争定纷为务。④这突显出思想观念在社会政治实践中的落实、磨合与妥协。

三是明晰威严与谦让的界限。虽然礼贤下士本是以上下等级为前提，但从《荀子》《韩非子》到《吕氏春秋》，再到《白虎通义》，并将之与《论》《孟》对比来看，强调等级的意识比彰显谦让之风显得更为加重。尤其是《白虎通义·礼乐》："朝廷之礼，贵不让贱，所以有尊卑也；乡党之礼，长不让幼，所以明有年也；宗庙之礼，亲不让疏，所以有亲也。此三者行然后王道得。"《史

① 梁治平. 寻求自然秩序中的和谐 [M]. 北京：中国政法大学出版社，1997:217.
② 张晋藩. 中国法律的传统与近代转型 [M]. 北京：法律出版社，2009:324-347.
③ 刘贻群编. 庞朴文集：第二卷 [M]. 济南：山东大学出版社，2005:100.
④ 张晋藩. 中国法律的传统与近代转型 [M]. 北京：法律出版社，2009:324-347.

记·袁盎晁错列传》："陛下谦让，臣主失礼，窃为陛下不取也。"这意味着权力介入下"三纲"确立后，谦让更多限于言语的不高傲和地位匹敌者之间谦卑礼让。

四是庆赏制度下的廉让评价。《史记·万石张叔列传》和《汉书·万石卫直周张传》记载王绾有功却常让他将、周文所赐甚多时常让，史家与帝王评价为"廉"，延续着春秋以来称颂淡泊辞让名利的大传统。然而，《荀子·强国》却斥责子发赏当其功下的辞让属于"私廉"，后在《吕氏春秋·先识览·察微》《淮南子·道应训》《说苑·政理》和《孔子家语·致思第八》中以故事新编方式（孔子与子贡的对话）再次呈现，强调赏当其功合乎公义，过行礼让抬高道德标准而使受赏者蒙羞，造成赏罚法度难行、功效不彰而有害善治。其实，多数人可得仍让才会出现这一情形，但实际却是可得仍让并非强制性要求，高尚品性者实属少数，人们视可得而受为常态而非不德。因而后一评价视角在后世鲜见回应，称颂廉让才是思想界的主流，体现了人性与现实情势对观念阐发的制约。

（三）礼让文化的诠释与传播

经由礼让观念的制度化及其在制度环境中的磨合，礼让文化以更为鲜活形式呈现于古人世界中。后续思想诠释、普及传播并与生活深度融合，促进了礼让传统的塑成。

总体来看，家国治理需要下的官方认同、经典注疏与思想辑录、史书文集的记载与评点（前述汉代如此，汉后亦如此），是礼让文化成为思想主流的关键载体。传说故事与调处案例的挖掘、口耳相传的民间教育、基层规约的广泛制定，完成了经典要义的通俗化与普及化，使礼让文化得到普遍理解与大众传播。学修并重的立德传统、明伦息争的日常生活、人际交接的礼仪习俗，完成了经典要义的生活化，得到士人夫和民众的普遍且持续践履。藉此，实现了礼让文化的精神传承、思想丰富与传统强化。

在其中，如下三点尤为值得关注。

一是事例挖掘与故事流传的意义。"孔融让梨"的故事载于从《世说新语》

《后汉书》直到《三字经》等诸多文献，成为教导民众谦让明礼、让利不争的生动范本，得到来自学与政的助力而成就了一段佳话。又如安徽桐城"六尺巷"遗迹、"礼让"牌坊和"千里家书只为墙，让他三尺又何妨"的"让墙诗"，记录着清代康熙年间宰相张英规劝家人的礼让故事，成为一笔重要的物质文化遗产。可以说，有别于调处与惩处，真实故事与生动案例更具正向倡导与激励，经由民间教育与大众传播而使礼让要义深入人心。

二是观念诠释与修养进路的丰富。如朱熹用"谦逊"释"让"①，"固逊"释"三让"②，"慈"释"让"的原因③；更把"四书"看成整体而经典互释，释"礼让为国"时言："辞让之端发于本心之诚然，故曰'让者礼之实'。"④释"四端说"时曰："辞让，情也。……礼，性也。……心，统性情者也。……四端在我，随处发见。"⑤释"伯夷叔齐让国"时认为："其逊国也，皆求所以合乎天理之正，而即乎人心之安，既而各得其志焉。"⑥其中"心统性情"的论说结构，诉诸"心安"与"理得"的标准，"礼之实"的论断，强调修习礼让应当"随处发见""发于本心之诚"，均是理学思想下的深度诠释。

三是礼让文化与基层规约融合。《南赣乡约》载："息讼罢争，讲信修睦，务为良善之民，共成仁厚之俗。"清圣祖玄烨为推广乡约提谕旨16条，其中包括"和乡党以息争讼……明礼让以厚风俗。"《杭川乡约》序文指出其功能为"淳厚之风日兴，礼让之俗日作，则梁氏是约其有关乎世教，岂浅鲜哉！"⑦在思想家与官方的认可与推动下，基于家族邻里生活易有矛盾但需和谐互助的需要，礼让息争纳入乡约、族规、家训之中。它具有先于调处、防患未然

---

① （宋）朱熹. 四书章句集注 [M]. 北京：中华书局，1983:51.

② （宋）朱熹. 四书章句集注 [M]. 北京：中华书局，1983:102.

③ （宋）黎靖德. 朱子语类 [M]. 北京：中华书局，1986:357.

④ （宋）黎靖德. 朱子语类 [M]. 北京：中华书局，1986:666.

⑤ （宋）朱熹. 四书章句集注 [M]. 北京：中华书局，1983:238.

⑥ （宋）朱熹. 四书章句集注 [M]. 北京：中华书局，1983:97.

⑦ 张中秋. 乡约的诸属性及其文化原理认识 [J]. 南京大学学报（哲学. 人文科学. 社会科学版），2004(5):51-57.

的功效，成为民间生活的重要价值指引。

二、传统礼让文化的内在结构

从文化结构论角度来看，传统礼让文化呈现在精神——制度——物质诸层面，即礼让文化的载体。一是礼让的价值意蕴、思维方式、修养进路和社会心理，体现于经典诠释、史事传播、文辞诗赋、语言风格之中；二是礼让的制度形式：治国方略、司法调处、社交礼仪、乡约族规；三是礼让的物化样态，如前引文化遗迹等。其中，传统礼让文化以精神文化为核心并体现其文化特色。

（一）礼让的思维方式：克制不贪、卑己尊人、先人后己、合义行权

克制不贪的思维前奏。《礼记·乐记》："见利而让，义也。"《荀子·仲尼》："财利至，则善而不及也。"在面对有形或无形好处时，先贤告诫我们要培育克制不贪的思维习惯：不可首先想着向前占有获取，而且首先退而克制不当贪欲，想想自己是否配得上赏赐，保持淡泊不争的心态，把机会留给权益相关者，最终察识礼义评断归属。

卑己尊人、先人后己的互动思维。在人我交接（人伦互动）之中，《礼记》强调"君子贵人而贱己，先人而后己，则民作让。"（《坊记》），"善则称人，过则称己"（《坊记》），"卑己而尊人"（《表记》），"先事而后禄"（《坊记》）。先贤往往"敬""让"并提，对己而言要谦逊礼让，对人而言即是恭敬尊重。在人际交往涉及利益时，更要有"先人而后己""先事而后禄"的思维，首先想着承担自己责任，把好处留给他人，把个人利益放在后面。

合义行权的思维结果。在面对有形和无形好处时充分表达礼让情意之后，先贤提出了合义行权的标准决定权益归属：（1）不合乎道义的权益应当放弃，即应当"让而受恶""让而坐下""让而就贱"（《礼记·坊记》），"子之让乎父、弟之让乎兄"（《荀子·性恶》），恪守伦理礼分，礼让而不争；（2）对合乎身

份道义的权益一般情况下可以接受，即"尽辞让之义然后受"，特殊情况下（如对方相争时顾全大局，如体恤弱者、恩惠于人、治国需要）则诉诸心安与理得，倡导（非强制）礼让可得之物。

（二）礼让的价值意蕴：崇和尚乐、求仁循礼、淡泊贵谦、惠爱敬人

崇和尚乐为旨归。子曰："听讼，吾犹人也。必也使无讼乎！"（《论语·颜渊》）《礼记·经解》："礼之于正国也……敬让之道也。故以奉宗庙则敬，以入朝廷则贵贱有位，以处室家则父子亲、兄弟和，以处乡里则长幼有序。"《荀子·正论》："农贾皆能以货财让。风俗之美，男女自不取于涂，而百姓羞拾遗。"《颁行社学教条》："致力于德行心术之本，务使礼让日新，风俗日美，庶不负有司作兴之意与士民趋向之心。"① 先贤倡导礼让，消极角度言是为了化解潜在的纷争、斗辨、暴乱和人祸；积极角度言是为了促进良性互动、维系群体和睦、实现社会安治；是为了移风易俗、识羞崇德、社会清明；同时在其中安身立命，感受人伦之乐，享受精神愉悦。

求仁循礼为引领。《大戴礼记·文王官人》："小施而好大得，小让而好大事……如此者，隐于仁质也。"孔子称颂泰伯三让为"至德"（《论语·泰伯》），称许伯夷叔齐让国为"求仁而得仁"（《述而》）。先贤淡泊名利、礼让他者、鄙视假让，客观上奉献他人，但并非简单的利他主义，而是志在成就德性大我，"合乎天理之正""即乎人心之安"的践行仁德②。《礼记·礼器》："三辞三让而至，不然则已蹙。"《礼记·礼运》："圣人之所以治人七情，修十义，讲信修睦，尚辞让，去争夺，舍礼何以治之？"循礼行让有两个层面，一是践履辞让之礼仪程式，意在表达谦卑逊让、辞让名利的君子风范，属艺术化的情感传递、物质交换和人际交往方式；二是重在体知蕴含人伦规范（父慈子孝等）之礼义，体认人伦之情而自觉践行礼让。

淡泊贵谦为内核。《论语·八佾》："君子无所争，必也射乎！揖让而升，下而饮，其争也君子。"《荀子·仲尼》："必将尽辞让之义然后受。"《论语·先

---

① （明）王守仁.王阳明全集[M].上海：上海古籍出版社，2011:677.

② （宋）朱熹.四书章句集注[M].北京：中华书局，1983:97.

进》："为国以礼，其言不让，是故哂之。"《荀子·宥坐》："功被天下，守之以让。"在对待爵位职位、财货物利等有形好处时，先贤崇尚"无所争"的人格，严守利义之辨，强调在利益面前保持淡泊心态，勿争不义之利，提倡礼让可得之物。在对待揖让时的优先机会、他人的敬重等无形好处时，应当言语谦逊、举止谦卑，不夸耀、不骄傲地抬高自己，首先想着把名誉、尊重、地位留给他人，然后再根据等级名分确定尊卑先后。

惠爱敬人为辅翼。《逸周书·酆谋解》"三让：一近市，二贱粥，三施资。……与周同爱，爱微无疾。"跟"六尺巷"故事一样，这体现了体恤他人，关照弱势的情怀，它是让利于人（民）的重要原因。《论语》称颂的泰伯让国，源于尊敬君父、惠爱兄弟、免人为难的仁心，伯夷叔齐让国跟孔融让梨更是体现了兄弟敬重与友爱。应当说，践行礼让尽管源于个人成德之内在需要，但也同样伴随着对他者尤其是弱者的仁爱、恩惠、敬重。

（三）礼让的修养进路：心诚志正、内求外学、感通人我、由礼入圣

心诚志正为前提。《孟子·尽心下》："好名之人能让千乘之国。苟非其人，箪食豆羹见于色。"《荀子·仲尼》："彼以让饰争，依乎仁而蹈利者也，小人之杰也。"《礼记·表记》："是故君子恭俭以求役仁，信让以求役礼……让于贤，卑己而尊人，小心而畏义。求以事君，得之自是，不得自是，以听天命。"儒家尽管不否定以德服人与得君行道的正当性，但拒斥以让饰争的伪善。真正的君子，应当是察识天命，超越外在得失，以成就君子人格为要务，自觉自愿和动机纯正地践行礼让。

内求外学为路径。主张本心性善，或缘情制礼者，强调礼让的善良情意是先天固有且属人兽之别的标志，需要如孟子所言通过"存心""自反""扩而充之"功夫，向内探求修明心性，以辞让之心开出礼让行为。主张圣人理性制礼、化性起伪者，强调"有师法之化，礼义之道，然后出于辞让，合于文理"（《荀子·性恶》），即通过后天教育习得礼义，克制争夺之血气，自觉遵循社会规范，成就礼让君子风范。

感通人我为核心。感通人我而有礼让的途径有二，一是体察人伦之情。即

感受血缘亲情和拟亲情的存在，超越傲慢与利益算计的小我，从而"讲信修睦，尚辞让，去争夺"，呈现诸如兄弟父子经由调处重修于好，俱让而还的温馨场景。二是感知人我共在。君子体认到他者、社会（非特定的人伦关系与熟人社会）并非异质存在，而是与我和谐为一。一般情境下，礼让既是给予他者尊重、敬意和恩惠，也在互动中获得自尊，属德性修炼、成就人格的过程。特殊情境下，如在面对弱者时，更应该推扩恻隐之情、不忍之心，感同身受他人困厄，主动让利施惠，成就仁爱之德。

由礼入圣为场域。修养让德并不是在脱离世俗生活而仅仅从事精神修炼的方式而完成，而是在凡俗中走向神圣。所谓的凡俗成圣，就是在人际互动的日常生活中，透过揖让进退的礼仪程式，或者在面对功名利禄时的事上用功，保持高尚格调、成就圣贤品格。换句话说，古代君子把行礼看成是道德实践的场域，培养实践者礼让不争的价值信念、思维习惯、行为模式与人格操守。

（四）礼让的社会心理：恶争息讼、重伦轻利、友善互动、内敛不争

恶争息讼的心态。在互爱互助又相互干扰的熟人社会中，所谓"清官难办家中事"。为了维系家族与社会的安定和谐秩序，古代调处制度以厌讼、贱讼、灭讼导向，息事宁人与止争定纷为务。古代社会鼓励宽容、忍耐和不争的行为，即使是合乎道义的权益，如果对方强争，诉诸礼义规劝或论说无效，也不主张以争制争。这不仅是诉讼成本的考量，更是立足社会结构、念及亲情、顾及秩序的考虑，形成不要过度较真、不必过度厘清权益、适度舍弃权益以顾全大局的普遍心态。

重伦轻利的倾向。在人伦与物利的关系上，《礼记》强调"先礼而后财"（《乡饮酒义》）、"轻财重礼"（《聘义》）、"贵人而贱禄"（《坊记》），不可"先财而后礼，无辞而行情"（《坊记》），强调淡泊不争的心态，以人伦和乐为重，避免追逐利益而遮蔽人伦。在民间调处之时，有识之士也重视唤起双方察识伦理身份，看轻利益算计，不因蝇头小利而不顾人情，不因强分对错是非而伤害人伦，从而重修于好，尚让息争。

友善互动的期待。尊卑地位和利益分配由伦理身份所决定，意味着从结果看必然一方有得一方无获，但崇尚礼让的文化礼仪"使实际不能享受优先权的人在他者的谦让中获得心理上的满足"，"我们又都在心理上期待着这种哪怕仅仅是仪式意义上的谦让"①。这种文化心理，强调充分展现对他者的友爱与善意，并期待收获来自他者的友善与尊重，在良性互动的礼仪生活中获得精神愉悦。反之，获益者不具礼让情怀，违背礼让程式，会给对方某种程度的冒犯，在心理上不自然与不舒适。

内敛不争的取向。尽管儒家提出"其争也君子"，强调节制血气之争下参与公平竞争，但这种公平竞争的领域与深度是较为有限的（如射礼），大多数情形下应当是"君子无所争"。中国古人形成崇尚内敛谦和的人格取向，强调德才兼备以待赏识举荐，对名利应该保持一种超脱淡泊的心态，对商业投机与官场钻营持负面评价，因而与近代商品市场经济兴起后倡导的竞争意识有所区别。

三、文化自信指引下的价值转换

杜维明先生认为，"正义和公平、同情和恻隐、礼让、责任以及社会团结"构成了儒家的核心价值。②我们应该以尊重、对话、借鉴的姿态看待自身的传统文化价值，既要看到"西方所代表的理性以及自由的价值，法治、人权和个人尊严，成为人类多半都接受的价值"，也要看到其中的"困境"与东方文明尤其是儒家文明的独特资源。③只有确立本民族文化的高度自信，对传统文化进行创造性转换与创新性发展，礼让传统的思想资源才能呈现其当代价值与世界意义。

---

①　梅珍生.论恭敬与谦让的礼学意蕴 [J].江汉大学学报（人文科学版），2008(3):53-58.

②　杜维明.中国要走人类接受之路 [EB/OL].（2015-11-12）.https://www.rujiazg.com/article/6849,儒家网.

③　同上。

（一）当代弘扬礼让文化的时代背景

基于亲情人伦形成熟人社会形态、崇尚礼治以维系群体和谐、推崇仁义道德和构筑友善习俗以调适个人行为，是古代社会弘扬礼让文化的重要土壤。随着社会结构、制度体系、思想追求、价值规范乃至礼仪习俗的变迁，我们应当在察识古今之异的基础上探究当代弘扬礼让文化的时代背景和前提基础。

首先，从观念层面来探讨当代弘扬礼让文化的时代背景。

当代弘扬礼让文化的前提是洞察古今之异，尊重"个性"与"平等"的现代意识。站在礼让传统的现代转换视角看，现代社会结构与传统伦理社会有所不同。礼让精神既可以调整熟人关系，更重要的是要促进陌生人之间的友善互动。前者需要挖掘父慈子孝、兄友弟恭等传统伦理蕴含的双向互动关系，强调代际之间、同辈之间的人格平等，理解现代社会下个性意识的觉醒，更加尊重生活隐私，尊重时代发展和生活环境差异引发的思想观念差异，减少家庭、亲戚与邻里互扰和生活空间过于狭小下琐事引发矛盾的根源，在相互体恤中求同存异，在互谅互让中妥善处理各种矛盾和纠纷。后者需要强化自由与平等意识，构建现代社会中陌生人交往的准则规范，尊重他者基于自由平等的合法权益。在此基础上倡导体恤他者尤其是关爱弱者的礼让意识，倡导见利思义、先人后己的让德修养，弘扬尊老爱幼、礼让长者的美德。换句话说，我们要在自由、平等和尊重的基础上弘扬让德，切忌依仗诸如老弱身份胁迫他人礼让的道德绑架。

当代弘扬礼让文化的目标是追求"文明"与"和谐"的"共同体"价值。古代倡导礼让文化，透过疏导纷争与移风易俗，旨在提升文明水准，维系群体和谐与社会安治，并在其中安身立命，感受人伦之乐。从当代的视角审视，我们应当传承用精神文明的方式维系群体和谐和感受人伦和乐的理念，但应强调"和而不同"的意识，构建"社群""命运共同体"的信念。一方面，我们要构建个体自由发展而来的和谐，合法权益得到维护的和谐，人人乐于维护秩序的和谐，因而礼让不争不应是简单的放弃是非曲直，粗暴的息事宁人，刻意说教一方尤其是弱势一方放弃权益，而是应该弘扬协商精神，发扬互谅互让的传统，彼此关照对方的合理关切和正当利益，通过整体利益与长远利益最大化而找到利益的平衡点，以理性文明而非暴力冲突的方式化解纠纷和矛盾，维护共同体的和谐与秩序。并且，在协商中，在经济社会地位更具优势的一方更要保持克制，在利益分配上展现见利思义、先人后己、关爱他者的让德修养。

当代弘扬礼让文化的关键是强化"仁爱"与"包容"的道德关怀。儒家将让德整合嵌入仁义结构当中，突出"求仁"（仁者品格，为仁由己）、"循义"（道义上应当）作为践行礼让的更深道德根源。而其中的"仁"意味着个人人格完善与自我实现中成就他者，蕴含着爱人、恩惠、体恤、适度包容他人过失等意涵。当代倡导礼让，需要尊重由家及国、由亲及疏的涵养仁爱的文化传统，又要激发个体对"命运共同体"的体知，感通人我一体，培育更具普遍性的仁爱情怀，更具包容性的开阔胸襟。如此，个体生活既能够体恤他人困厄，适度包容他人过失，淡泊一时得失，在避免冲突对抗、和谐有序的环境下和乐生活，感受仁爱的天伦之乐和友善的人际关系，也能够在与他者交往中成就道德人格，时刻展现礼让风范，体悟修身养性的精神愉悦。

其次，从制度层面而言，当代弘扬礼让文化应基于"公正"与"法治"的现代制度，在依法治国与以德治国的有机统一中弘扬协商调解的柔性调节功能。

礼让文化着重调整人我关系和权益分配，在古代，其践行的前提是基于刚性制度——它源于血缘亲情而来的身份和等级，以及维系等级身份的伦理规范，其构建基于"义"的准则，重要载体则是"礼"。但是，由于刚性制度不能应对所有的道德实践，在制度规范没有明晰具体情况而发生纷争的时候，需要柔性的道德力量"让"来加以调节。在这个意义上，古代倡导礼让并不意味着取消公正制度构建的重要性，反而是作为其运行的制度环境，使礼让文化成为刚性制度的有效补充。而站在礼让传统的现代转换视角看，古今社会对"公正"的价值追寻是相通的，只是在具体的内涵和实现路径的理解上同中有异。

在全面依法治国作为治国方略的当代，最重要的制度工具是法治，需要从礼治传统向法治传统的转换，故弘扬礼让文化的前提是要接受"公正"与"法治"的现代理念及其制度环境，完善健全民法典体系，增强对物权债权等权属归属的法律评价标准的认同，减少精细化社会的今天由于权属不明导致纠纷矛盾的发生。但另一方面，由于时代快速发展和社会事务日趋复杂化精细化，法律制度和法治体系对新兴事物会有一定的滞后性，也难以穷尽所有的社会生活情境，而且现代司法实践的经济和社会成本也较高，这又为在依法治国和以德治国相统一的框架下倡导互谅互让、友好协商提供了空间。正所谓"法治之外还应该有一种礼让"，但也不能陷入"特别突出礼让而忽视法制"的另一极端，而是"这两方面必须同时共有"。①

再次，从习俗层面而言，当代弘扬礼让文化应基于"友善"与"谦和"的社会氛围。作为礼仪之邦的重要遗产，人际互动中的礼让程式，属艺术化的情感传递、物质交换和人际交往方式，蕴含着友爱他者、善待他者、尊重他人、谦卑为人、温文尔雅的精神风范。这种友善互动的期待与内敛不争的取向，依然作为重要的风俗习惯和行为方式，潜移默化中影响着当代中华儿女。我们尤其应该扫除当前社会中存在的不良戾气，纠偏一些极端化的思想倾向，珍视和弘扬优秀传统文化中的良习美俗，促进不同社会群体间的友善沟通、理性对话，以和平的方式、友善的态度、耐心的商量，循序渐进的解决过程，化解社会中的纷争。

（二）礼让文化的价值重建

礼让文化在当代要得到传承，需要在现代价值观念、制度环境和社会氛围中加以探究，继而推进礼让文化的价值重建。

构筑礼让道德规范。礼让规范在具体情境中体现有所不同，其对行为约束的强弱也不同，形成从道德底线到高尚修为的礼让道德规范体系。（1）面

---

① 杜维明. 中国要走人类接受之路 [EB/OL]. （2015-11-12）.https://www.rujiazg.com/article/6849，儒家网.

对不合道义的机会与好处，应当放弃而不争，属强约束的行为规范，否则就是不德。如斑马线上机动车礼让行人，基本等同于强制性规范（制度的刚性规定）。（2）权益均等下让利于弱者与急需者，如让座于行动不便的老者，在道德上具有较强的应当性，但有所违反却不能强力制裁，属体现社会文明进步的柔性要求。（3）面对合乎道义的权益，尽辞让之义而后受，或者表达卑己尊人的风范，属于普遍遵循的风俗习惯，反之容易使对方感觉不舒服或轻微冒犯。（4）面对与他者或其他群体发生某种利益纠纷时，秉持友善的态度加以协商，属于值得倡导的解决纷争的理性举动。当然，选择司法诉讼等方式亦不可厚非。（5）面对本可拥有的权益，基于更高的道德目的而先人后己或最终不受，属于具有强道德意蕴的高尚德行。或者面对他人强争时的适度忍让（以直报怨与以德报怨之间），体现了个人的良好修养与胸怀。雷锋精神的可贵之处，或许也正在于此。当然，如若不让，则不应受到指责。如果说德性人格的追求依然没有过时，当代社会人可以从恪守道德底线开始，逐步实现人格的提升，达到自我实现。

嵌入现代道德谱系。克制私欲、淡泊名利、先人后己、卑己尊人、友善互动、化解矛盾、崇尚和谐，都是当下精神文明建设的题中之义。我们要阐述礼让文化与当代先进文化的一致性关系。其次，如前所述，礼让文化应该与公正法治的现代制度相适应，与个性、自由、平等、权利的现代理念相协调，使追求共同体利益与尊重个人权益、群体和乐与个体自由发展并行不悖，注重从传统人伦关系到现代人际关系的转换，尽量消除减少人我互扰与纠纷根源。同时，礼让文化应与仁爱、体恤、施惠、包容的道德关怀相配合，与友善、谦和、尊重的社会氛围相促进。此外，在倡导公平竞争的商业社会中，应当积极肯定竞争意识在提升社会经济效率中的重要意义，成为制定规则的重要指引；同时肯定基于共赢、合作基础上的利益协商，通过适度让利达到劳方与资方的利益平衡，达到合作伙伴之间的利益平衡；并且肯定一次分配之后基于仁爱慈善意识的让利行为。

创新礼让制度形式。（1）司法调解制度。作为有别于司法审判的一项补充制度，当代中国的调解制度传承了"以德（礼让精神）治国"的思想，司法人员运用自己的知识权威并在尊重事实与法律责任的情况下鼓励双方友善协商，肯定在维护自身多数权益和体恤对方的情况下适度礼让，换取双方的和解与尽快理赔。可以说，它在化解纷争与矛盾中用小成本换取了大效益。我们应该在"文化自信"的基础上总结实践经验，创新调解形式并积极阐发其跨文化的普遍意义。（2）礼让柔性规则。礼让精神可以写入特定共同体的守则、规则、章程等当中，成为人际交往的社交礼仪与行为指引，体现在邻里生活、社团生活、社区生活之中，尤其运用于日常矛盾与纠纷的缓和与化解之中。（3）协商礼让机制。传统社会的礼让更多体现于人与人的关系之中，当代社会的礼让精神是否可以创造性地体现在群体间的协商礼让之中？有别于西方利益集团谈判更多诉诸权力对抗与权利博弈思维，我们实际也可以调动多元主体参与调解与协商，劳资双方、阶层之间、地区之间乃至国家之间的谈判可以基于共赢与合作的理念，在友善互信和体认对方关切中彼此让步而达到利益再平衡，形成利益多元格局下不同社群之间的友好协商与妥协礼让机制，以更文明的方式、更小的社会成本达到利益平衡的目标。

彰显礼让现代价值。通过调节利益分歧、调整人伦关系，达到增进群体和谐、感受相处之乐的目标，这是古代礼让文化的主要价值。它与当代法治和当代道德所追寻的价值目标是一致的。礼让在当代社会的调节手段和纠偏作用，也是透过促进"共同体""社群"的和谐并维护个人的长远与根本权益来达成的。例如，案情案值较小时的人民调解，相对于诉讼程序而言是更有效率和更合算的，在物质成本、制度成本与时间成本考量下它是深具价值的制度补充。利益多元格局下不同社群之间的友好协商，有别于西方简单的权力对抗与权利博弈思维，能够在友善互信和体认对方关切中彼此让步而达到利益再平衡。彰显礼让情怀以防患权利过分诉求所导致的锱铢必较，有助于情理法的协调。适度忍让能够成为人际交往的"润滑剂"，避免冲突的升级。崇尚礼让的风俗习惯，能够彰显礼仪之邦的良好风范。先人后己的情怀、让利于弱者或急需者，更是可以推进社群的和谐与发展。可以说，弘扬礼让文化不仅受益于中国，也对其他文化具有普遍性的借鉴意义。

四、小结：儒家伦理观念的思想演进与现代转型

儒家文化源远流长、博大精深。儒家的道德观念，多数可归为伦理道德之德的范畴，如仁、义、忠、恕、孝、信，等等。为了在传统的研究论域上能够有所推进，做点绵薄的贡献，本书以"让"观念的内涵和流变考察为案例，探究儒家伦理观念的思想演进与现代转型。虽然以"让"观念难以涵盖儒家伦理道德之全貌，但也有助于揭示儒家伦理道德观念的思想渊源、观念建构、政治影响、发展流变和现代转型的基本规律。

（一）儒家伦理观念并不是凭空产生，而是具有深厚的思想渊源

"让"观念在西周春秋时期即已流行。西周封建秩序的构建蕴含着强烈的防患纷争的意识，而随着封建秩序的危机不断加深，守分让上可视为对危机及社会秩序的巨大变迁所造成的挑战的回应。相比之下，让下情怀的兴起则缘于血缘纽带下的封建伦理和"民之父母"的观念，源于对践行让下情怀所附带的社会政治功能的洞察。推敌能让则是春秋最为重视的"让"的类型。在国际国内相争不断加剧的情势下，推敌能让与释礼共同构成了化解纷争的重要途径。此外，西周春秋时期也开始出现让位于贤的情形。它是在官爵世袭的制度安排下作为世族推举执政大臣的一种补充而得到提倡的。而让国于贤能的动议，则表明国家危机的加深、嫡庶制的日益松动和"让贤"观念的影响日深。

推而广之，正像陈来先生在《古代思想文化的世界——春秋时代的宗教、伦理与社会思想》一书所示①，在诸子百家兴起之前，中华文明具有漫长的成长期，尤其是到西周春秋时期已经具备了完善的典章制度和丰富博杂的思想

---

① 陈来.古代思想文化的世界——春秋时代的宗教、伦理与社会思想[M].北京:生活·读书·新知三联书店，2009:366.

观念。这是包括儒家在内的诸子百家兴起的文化背景。儒家伦理观念并不是凭空产生，而是具有深厚的思想渊源。并且，本书还想强调的是，西周春秋时期观念的丰富性、多元性、博杂性，既是礼乐逐渐崩坏而思想走向开放多元的反映，给儒家思想的萌芽提供了思想养料，也赋予了儒家观念重建以历史和思想文化的意义。

（二）西周春秋与儒家观念之对比，揭示先秦儒家对伦理观念加以义理建构的基本进路

先秦儒家传承春秋尚让传统并推陈出新：从礼治秩序的构建、社会理想的追寻、安身处世的需要阐释礼让的功能；通过揭示让仪的内涵、重塑让礼之要义、协调德制的张力，力图使让之礼仪重新焕发生机；转而关注让的根源、施教促让的方式与君子修养让德的方法来夯实根基，同时还通过惠民富民并彰明礼法、躬行表率以感召行让、德礼为先与政刑为辅等治道手段而期望民间兴让。"教学相长、修养让德→彰明礼义、躬行礼让→和乐安治、无讼俗美"，构成了儒家君子的共同体知。"养民教民、德主刑辅→民众躬行礼让→和乐无讼"的治民思路，具有强烈的儒家特色。

引而伸之，先秦儒家以寄托"政"的关怀、重塑"礼"的规范、夯实"德"的根基、完善"治"的措施等层面来重新建构"让"观念，体现出思想连续中有突破的特征。这个理论模型也还可以尝试用于分析儒家对其他伦理观念的重建。儒家对西周春秋文化背景下对诸多观念的传承创新，在"政""礼""德""治"诸层面加以思想建构并整合成思想体系，体现了先秦儒家对伦理观念加以义理建构的基本进路。这是儒家思想完备、影响深远的秘诀。

（三）探究政治场域中的儒家伦理和儒家伦理的政治实践，揭示"伦理政治型"文化的具体特征

先秦儒家在重置背景与放大检视中述评让国史事。《论语》将"让"视为宽容利他的德性软力量，在经权互补、仁智结合中化解潜在纷争与伦理困境。

《公羊传》《谷梁传》则强调施惠行让之正当性源自遵循礼制，对合法继承人违制行让并不称许。战国时期让国向禅让的脉络转换，依然保持着观念结构的一致性，但礼让形式与过程在禅让叙述中被凸显。它在实现让贤理想、政权交替、德化天下上具有重要意义而被儒家广泛认可，并被部分儒者用于消解传贤与传子的对立。儒家成德为务、循制为上、礼仪为基的三重向度存在思想张力，需要在动态中努力寻求协调。

引而伸之，在"伦理政治型"文化中，我们要看到儒家试图以伦理道德去规范政治的努力——如让国之"让"作为独立的德目而得到称道，试图以淡泊名利、知权行让来化解纷争；看到伦理道德观念（礼仪文化）在政治实践和政治论述中的无形影响——如"禅让"当中的礼让要素及其背后的礼让文化；也要看到政治现实对思想观念的制约作用——如遵循礼制规则评说让国与否的正当性。在道德、制度与礼仪的张力与协调中，儒家"伦理政治型"文化得以不断的演进、调整与丰富。

（四）儒家伦理观念的现代转型与价值重建的基本思路

观念兴起与义理建构、观念与制度互动、文化诠释与传播，塑造了礼让文化传统。传统礼让文化以价值意蕴、思维方式、修养进路和社会心理为核心并体现其文化特色。当代弘扬礼让文化的前提是洞察古今之异，尊重"个性"与"平等"的现代意识；目标是追求"文明"与"和谐"的"共同体"价值；关键是强化"仁爱"与"包容"的道德关怀。当代弘扬礼让文化还应基于"公正"与"法治"的现代制度，在依法治国与以德治国的有机统一中弘扬协商调解的柔性调节功能；应基于"友善"与"谦和"的社会氛围。礼让文化的价值重建，需要着力构筑礼让道德规范，嵌入现代道德谱系，创新礼让制度形式，彰显礼让现代价值。

推而广之，文化自信指引下儒学伦理道德观念的守正创新，要在充分的传统哲学研究基础上，充分勾勒儒家伦理的历史形态和发展脉络，从价值意蕴、思维方式、修养进路和社会心理等层面彰显其文化特色和核心价值，进而洞察古今观念之异、制度之异、习俗之异的基础上，求古今在道德建设目标、道德关怀之同，寻古代观念、制度、习俗与当今社会之互补，进而在损益发展的基础上构建体现传统美德的具体规范、嵌入现代道德谱系、创新制度形式、融入日常生活，弘扬儒家伦理的时代价值。

第四章　儒家智德思想的哲学诠释与道德意蕴

　　伦理道德之德与理智之德，是儒家德性论的两个重要方面。这个思想传统从孔子"仁智并举"即已开端。儒家对智慧之德有诸多论述，不仅直接谈及"智"（知），也还涉及"智者不惑""知权达变"、明于"理义"而进于"智"等诸观念，涉及"蔽""愚""疑""惑""偏""差""谬"等负面经验的化解。本书选取智德相关的诸观念为考察对象，在历史场域的现实关切中揭示儒家智德观念的思想起源与现实意义，在史事传播和注疏传统中阐明儒家智德观念的生动表达与深入思辨，在当今学术分析方法下阐释儒家智德观念的思想结构与丰富内涵，在道德哲学的理论架构中探讨智德（知权达变、重智）在儒家道德哲学建构中的意义及其实质。限于个人能力，为了让如上重大问题的讨论更加具体，本章依然采取典型思想史案例探究和核心观念梳理诠释的方式展开，但业已能够勾勒儒家智德观念的基本面向。

第一节 儒家智德思想的现实关切
——以孔门师徒为政思想的分歧看"智者不惑"为例

《论语·先进》载:"政事:冉有,季路。"冉有在孔门弟子中以政事著称。在整部《论语》关于冉有的 16 节记载中,除了冉有的神态描写(《先进》)、孔子对其个性的评论(《先进》)、冉有对于"夫子之道"的认识(《雍也》)各 1 处外,其余 13 处均涉及冉有为政。其中冉有坦言政治抱负(《先进》)、询问如何治民(《子路》)、试探孔子对于卫国政治的态度(《述而》)各 1 处;孔子称赞冉有的政治才能有 3 处,即"求也艺,于从政乎何有"(《雍也》)、"政事:冉有、季路"(《先进》)、"冉求之艺"作为"成人"的重要条件(《宪问》);肯定中略带否定的评论有 2 处,即称其可为千室之邑宰的能力但不许其"仁"(《公冶长》)、为"具臣"而非"大臣"(《先进》)。这 5 处评论均是就冉有的优秀才能而言,不涉及具体的政治事件。剩下 5 处则为孔子对冉有参与的具体政事的质疑、批评或愤怒,即季氏祭祀泰山而不止(《八佾》)、为子华母请粟(《雍也》),为季氏敛财(《先进》)、谋于季氏之私事(《子路》)、季氏将伐颛臾而不止(《季氏》)。

与其他弟子相比,《论语》所刻画的冉有形象有着非常显著的特征。孔门高足颜回,尽管孔子对其德行、好学、不愚等品质赞美有加,但在个人建功立业方面则没有建树;擅长言说的子贡,按照司马迁"常相鲁卫"(《史记·仲尼弟子列传》)的记载,他的官职极高,但《论语》中关于他惠民教民、治国安邦方面的事迹记载较少,而主要突出他在答疑解惑、游说列国、货殖致富等方面的非凡才能；以勇著称的子路，虽然同为季氏宰，对于孔子的诸多政见和行动有着自己的判断，但最终仍服膺于孔子而占到了孔子思想的一边；而仲弓、子游、子夏、原思、子贱、高柴等为政的情况则只是提及而已。相比而言，冉有长期担任季氏宰，《论语》没有关于仁、礼、修身、好学之类思想的相关探讨的记载，而参政事迹则较为丰富。他屡因杰出的政治才能深受孔子称赞，在处理具体政事上却屡遭批评，但他立场坚定，对于规劝辅佐大夫有独特看法，不仅没有因为孔子的批评而主动辞官，也没有因为孔子的批评而主动反省悔改的记载。事实上，孔子与冉有在应对僭礼和武力征伐的情势和选择出处原则上存在的差异，体现出孔门思想世界的两个维度：坚守政治批判和追寻贤人政治的理想主义态度与接受当前政治现实而采取务实行动的现实主义态度。孔子尽管激烈批判冉有，但也不得不走向另一反面——固守理想而终不得志，带着困惑和遗憾告别于现实政坛。

本书以为，孔子的感叹和困惑，是崇高政治理想与世俗政治现实遭遇下的产物，是先秦政治生态下思想家遭遇的普遍问题，反映出儒家在现实道德实践中如何运用道德智慧、解决现实问题的内在关切。

一、礼坏现实与正名理想

　　季氏旅于泰山。子谓冉有曰："女弗能救与？"对曰："不能。"子曰："呜呼！曾谓泰山，不如林放乎？"（《论语·八佾》）

按："旅"为祭山之名。《礼记·王制》："天子祭天下名山大川，诸侯祭名山大川之在其地者。"《礼记·祭法》："诸侯在其地则祭之，亡其地则不祭。"故祭山有天子之祭，有诸侯之祭。泰山在齐鲁的边界地带，鲁国国君按祭礼以诸侯身份可参与祭祀。然当时礼崩乐坏，季氏作为鲁国大夫，竟然主祭泰山，其违礼僭越之举不言而喻。事实上，季氏僭越之举远不止一次。《论语·八佾》记载："孔子谓季氏：'八佾舞于庭，是可忍，孰不可忍也？'"舞蹈奏乐，按照礼乐制度，天子用八佾，诸侯用六佾，大夫用四佾，季氏僭越已经不止一级。

子曰："名不正则言不顺，言不顺则事不成，事不成则礼乐不兴，礼乐不兴则刑罚不中，刑罚不中则民无所措手足。"（《论语·子路》）孔子崇尚安治和谐的太平盛世，期望通过"正名"，使国君、大夫、百官、民众依循周礼各尽其职，各安其所，进而使政令落到实处、利益得到保障、万事顺利实施。而就现实政治而言，春秋衰世中的政治动乱与伦常失序，就是由为政者"不正"所带来的，他们缺乏对礼乐制度的敬畏心，任由自我欲望的放纵与扩张，危及社会政治秩序的稳定，损害民众的生计。因此，作为政治秩序的象征，"周礼"被孔子置于了崇高的地位，赞之曰："周监于二代，郁郁乎文哉！吾从周。"（《论语·八佾》）。他的赞美不能理解为对某种礼节、仪式的偏好，而是对于周代社会政治结构加以维持的重要体现。季氏旅于泰山，以大夫身份行诸侯乃至天子之礼，表面来看是对国君乃至天子威仪的侵害，实际上则是敬畏心的丧失与欲望的放纵，危及社会政治秩序。从这个角度加以理解，孔子的愤怒和谴责有其理由所在。

冉有作为孔子杰出的弟子，对于孔子的政治理想理应有着较深的了解，但他却以"不能"回答孔子，何也？《读四书义说》的解释极具启发性：

> 大夫行诸侯之礼故是僭，但当时已四分鲁国，鲁君无民亦无赋，虽欲祭不可得。季氏既专鲁，则凡鲁当行典礼皆自为之，旅泰山若代鲁君行礼耳，亦不自知其僭。冉有诚不能救也，欲正之，则必使季氏复其大夫之旧，鲁之政一归于公然后可，此岂冉有之力所能？故以实告孔子，孔子亦不再责冉有而自叹也。[①]

"礼乐征伐自诸侯出""乱臣执国命"，不仅周天子的威严不复存在，诸侯的权力也纷纷下落到大夫之手，这是春秋末期天下大势，鲁国也不例外。《左传·襄公十一年》载：鲁"作三军，三分公室而各有其一"，自此季孙、叔

---

① 程树德. 论语集释 [M]. 北京：中华书局，1990:152.

孙、孟孙三家势力强盛盖主。《左传·昭公五年》载："舍中军，卑公室也……四分公室，季氏择二，二子各一，皆尽征之，而贡于公。国人尽属三家，三家随时献公而已。"为此鲁昭公与季氏家族曾争夺政权，但以失败告终。鲁昭公死于外时，"赵简子问于史墨曰：'季氏出其君，而民服焉，诸侯与之；君死于外，而莫之或罪，何也？'对曰："……天生季氏，以二鲁侯，为日久矣。民之服焉，不亦宜乎！鲁君世纵其佚，季氏世修其勤，民亡君矣。虽死于外，其谁矜之？'"（《左传·昭公三十二年》）由此可见，季氏家族在与鲁君争夺政权的斗争中，善于争夺民心，取得民众的支持，因而宋国乐祁云："政在季氏三世矣，鲁君丧政四世矣。无民而能逞其志者，未之有也"（《左传·昭公二十五年》）。季氏大夫执政的政治局面，在鲁国一直延续下来。

在季康子时期，鲁哀公不能掌握实际的政治权力，也没有民众的拥护和支持。站在儒学的立场，改变当前局面的办法，一则通过规劝季氏维护国君威仪，恪守大夫本分，即所谓"季氏复其大夫之旧，鲁之政一归于公"，这只能寄希望于季氏道德观念的提升，二则通过辅佐国君，期盼国君的强大而驱除权臣，即所谓"此逐君侧之恶人"（《公羊传·定公十三年》），维护国君尊严。就后者而言，在鲁国长时期大夫执政的政治背景下，冉有面对一个没有权力、赋税和臣子支持的国君，即使拥有再大的政治才能，恐怕也显得心有余而力不足。而就前者而言，在权力世界里，极少个人或利益集团会在没有外在压力的情况下，愿意主动放弃既得利益，故冉有即使怀有孔子的"正名"理想，其道德劝说的结果恐怕也只能像孔子一样，周游列国而终不得志，闷闷不平而去位而归。冉有以实告孔子，答之曰"不能"，诚然是一种关注政治现实的务实态度。

二、武力攻伐与以德安人

《论语》中故事情节详尽的章节极少，"季氏将伐颛臾"一节为罕见之一例。按照周初"分封建国"的礼制,"别了为祖,继别为宗"(《礼记·大传》),由此按照宗法建立一个以血统为纽带的统治集团。封国与宗周的关系,政治上是天子与诸侯的关系,宗族上却是"别子"与"元子"的血缘关系。从"封建"政治的观点来说,凡是周室所封的,或是前代遗传下来,被周室所承认的各国,应当流注着"亲亲"的精神;并安于封建的地位和国土,以维护相互间的和平关系。

孔子反对"季氏将伐颛臾"的理由可归结为三:一是从周代礼制来看,《集解》引安国注:"颛臾,宓羲(即伏羲)之后,风姓之国。本鲁之附庸,当时臣属鲁。"[1]可见颛臾是周代祖上分封的邦国,季氏攻伐颛臾破坏了和平安定的政治秩序,并非正义之举;并且颛臾为光复其社稷,可进行无限期的斗争,这样反过来也不利于鲁国国内的安定。二是从现实层面来说,颛臾是在鲁邦内且附属于鲁的小国,先王授权他主持东蒙山的祭祀,愿让他与鲁国历世交好。故颛臾实际上并没有足够的实力对鲁国形成威胁,攻伐之举也违背了先王律令,不守信用于颛臾。三是从治理模式来看,关涉诸侯之国与大夫之家的兴衰安危的根本因素,孔子认为其实不在于周围国家的武力威胁,而在于能否实行为政以德、养民惠民、修己安人的王道政治。在此王道国度中,财富分配公平合理,民众团结协作、社会和平安定,将会吸引远方的贤士良民前来归服,自然也就没有社稷危殆灭亡的担忧。冉有的错误则在于违背了这一治国安邦的理念,操劳于攻占讨伐,而不知用力于国内治理,可谓舍本而逐末。

我们再看冉有的回答。开头"不欲"的回答是出于避免遭受孔子批评的考虑,带有些许狡辩意味,这可以从反面说明冉有其实是深知孔子的用兵主张的。冉有实际的想法是后面的回答——"今夫颛臾,故而近于费。今不取,后世必为子孙忧。"冉有对于颛臾的情况可谓了如指掌,认为颛臾的城墙防护非常坚固,而且地理位置非常靠近季氏的采邑费城,从维护季氏长远的安全利益出发,应当乘机将其消灭。可以看到,在诸侯国兼并消亡的大势下,冉

---

① 程树德. 论语集释 [M]. 北京:中华书局,1990:1130.

有并不接受为维持周礼而停止攻伐的道德律令，而是完全站到了季氏的一边，着眼于长远的现实安全利益和政治利益。

事实上，由宗法所建立的封建制度，是以宗法中的"亲亲"达到"尊尊"的目的，以"尊尊"建立统治的体制，奠定政治的秩序。但由于时代的推移，宗族血缘关系日益疏远，"亲亲"原则对于维护封建政治的精神纽带作用日益减退，在面临重大的现实政治利益冲突之时，这一政治秩序难免面临着重大的考验，从而使得权力下移，让有智谋能力的人物真正掌握了权柄。从这个角度来说，固守周代血缘宗法制度，实际上并不可能在现实中奏效，随之而来的国家之间的攻伐是现实封建政治发展的必然。作为众多国家的一员，为了维持自身的安全，采取消除周边的政治实体，使其真正归附于自身，实际上是当时情势下极易让人想到的一种自我保全之策。

孔子维护自我安全的方式是"以德服人"——希望自我德行修养、美俗美政而感化他国，使其归顺。这可以说是一个非常美好的政治理想。依此对照，政治世界的现实情况则往往是，一个政治实体愿意归顺，不在于其出于赞誉而对另一政治实体的顶礼膜拜，而是认识到自身力量的弱小，难以长期抵挡强大的压力。眼前的现实是对理论最好的辩护。在众多居于功利原则的现实政治面前，冉有不接受一个远离现实的政治设想，也应该视为是一种合乎理性的选择。从这个意义上说，冉有与孔子在评估周代政治结构的价值、维系诸侯国安全利益方面存在着分歧。

三、得君行道与政治批判

季氏富于周公，而求也为之聚敛而附益之。子曰："非吾徒也。小子鸣鼓而攻之可也。"（《论语·先进》）

此事在《左传·哀公十一年》《国语·鲁语下》中有相关补充。[①] 综合三

---

① 程树德. 论语集释 [M]. 北京：中华书局，1990:774.

则材料来看，孔子反对季康了征收重赋的理由有二：一是上位者应该恪守礼制规范，修身节俭，如此则薄赋而足，若奢侈浪费、荒淫无度，则搜刮民力仍不可足。当前季康子的用度不节俭，故征收田赋不是解决用度不足的关键所在。二是上位者当爱民惠民，征收田赋应遵循什一之彻法，并应根据田地的肥瘠、收成、劳力多寡而调整赋税。而事情的结果是，冉有不能制止季氏广收重赋的政令，并作为季氏宰积极执行此一制度，为季氏家族聚敛大量财富。

从历代注疏来看，冉有被指责的方面主要有四：其一，"冉求之失不待于聚敛而后见，自其仕于季氏，则已失之矣。盖当是之时，达官重任皆为公族之世官，其下则尺地一民皆非国君之有，士惟不仕则已，仕则未有不仕于大夫者。冉求于此，岂亦习于衰世之风而不自知其非欤？"①冉有不可仕于大夫，而当仕于国君，故冉有为季氏服务的开始就有所失。其二，孟子曰："求也为季氏宰，无能改于其德而赋粟倍。"（《孟子·离娄上》）皇疏所引缪协曰："季氏不能纳谏，求也不能匡救。"②臣下当规劝主上形成养民惠民的德行，形成节俭的生活方式，而冉有不能尽到辅臣的规劝义务，使季氏的错误法令不能得到有效纠正。其三，冉有在意见不能得到采纳的情况下，帮助不义的季氏，使得"权臣越强，公家越弱"③，可谓是助纣为虐。其四，在季氏违背儒学养民惠民的基本价值取向的情况下，冉有贪恋权位，不愿去位，不合乎儒家的出处原则，即"惟以仕为急，而从季氏之恶"。④

然而，如果站在冉有的立场，恐怕也有不得已的苦衷。

就第一点指责而言，毛奇龄在《四书改错》中列举孔子、冉有、子路、仲弓等孔门师徒出仕于季氏的实例加以批驳⑤，因此可以认为，是否出仕于季氏，取决于个人对于鲁国政治现实的接纳程度和对季氏品格的评价。在无道

① 程树德.论语集释[M].北京：中华书局，1990:776.
② 程树德.论语集释[M].北京：中华书局，1990:776.
③ 程树德.论语集释[M].北京：中华书局，1990:776.
④ 程树德.论语集释[M].北京：中华书局，1990:776.
⑤ 程树德.论语集释[M].北京：中华书局，1990:777.

政治的现实状况下，冉有等众多孔门弟子出仕于季氏，一定抱持着一种良好的愿望而希望有功于社会政治。在儒家的政治理念中，民众的支持和权力合法性是紧密联系在一起的，为季氏家族效力，如果能真正有助于争取民心，使鲁国的整体国力有所提升，其实也不失为一种有为之举。

就第二点指责而言，如前所述，季氏个人的主观判断实际上直接左右着鲁国政令的推行，如果说季氏旅于泰山的目的更多的是为了满足其虚荣的话，那么其施以重赋而富贵其家，恐怕就是为了满足实实在在的物质利益和政治利益了，前者冉有尚且不能阻止，后者的难度显然更大。而且从《左传》和《国语》的相关记载来看，孔子在政策推行前就表示出强烈的不满，冉有深知孔子的反对立场，对季氏应进行过相关的规劝工作。因此，从冉有的角度来看，问题焦点在于：面对季氏违背儒家政治理想的政令，应该选择离开还是继续服务？

实际上，就自身素质而论，冉有在答夫子时曾言："方六七十，如五六十，求也为之，比及三年，可使足民。如其礼乐，以俟君子。"（《论语·先进》）冉有对国土辽阔国家的民众过上物质丰富的生活而表现出十足信心，并愿意为此竭尽全力。在这个角度言，居于政治无道的现实和自身能力的评估，冉有做出不去位的选择，并非完全出于保全个人权位的考虑。从反面而言，既然季氏不能采纳不可重征田赋的意见，如果冉有像孔子一样，坚持抱负不能施展则去位的出处态度，果断辞行，那么，季氏不会因此改变立场，而是选用另外一人充当宰臣职务，执行原已制定的赋税政策，其效果实际和冉有不去位没有本质不同。从务实而有建设性的角度来看，冉有的不去位，虽然在征收田赋上背离了儒家的政治理想，但依然存在通过不断规劝而调整的可能性，更为重要的是，由于冉有与子路的尽力辅佐，虽然季氏难免有无道之举，但终究把它控制到了最小的程度，正如《韩诗外传》和《黄氏后案》所说：

> 大夫有争臣三人，虽无道，不失其家。季氏为无道，僭天子，舞八佾，旅泰山，以雍彻，孔子曰："是可忍也，孰不可忍也。"然不亡者，以冉有、季路为宰臣也。故曰：有谔谔争臣者，其国昌；有默默谀臣者，其国亡。

《韩诗外传·卷十》[1]

> 季氏为无道，然不亡者，以冉有、季路为宰臣也。仲弓为季氏宰，意在救失，拨乱而反之正，观问政及夫子所答可知也。"（《黄氏后案》）[2]

就政治的实际效果而言，冉有在季氏家族效力二十余年，尚有众多可指责之处，但实际上在更大的程度上维护了民众的利益。从这种意义上说，冉有的选择与孔子的出处观有所背离，但不失为一种理性务实的从政态度，在孔门众多弟子中突显出来。

四、仕隐之间的纠结与智者不惑的达成

在上文的分析中，著者搁置对孔子政治理想与冉有政治实践的价值评价，回归当时社会的现实状况，联系孔子与冉有不同的生活经历、具体身份、思想信念，试图站在当事人的立场，找寻其价值评论和行为选择所凭依的极其可能的内在缘由。可以看到，《论语》中的相关记载刻画出冉有立足当时政治现实并采取务实行动的政治家形象，他不高调称颂周礼维系下的社会政治秩序，而是接受当时礼崩乐坏的既成现实，投身于大夫之门而竭力为其效力，赞同攻伐的方式增强国家的政治实力，在政治理想遭受现实挫折时不轻易放弃，依然身居宰位而图长远利益。他的现实主义的行动选择往往背离了孔子设想的君子为政的道德原则。而就孔子而言，周礼维系下的社会政治秩序是天下安治的重要保证，他坚守"正名"思想，批判破坏周代政治制度的种种非礼僭越行为，期盼上位者推行富民惠民的王道政治，强调参政君子的竭力讽劝职责，坚持在政治理想不能得到实现时主动去位而另择明主的君子出处原则，以保持君子的品节和对社会现实政治的批判向度。可以看到，坚守政治批判和追寻贤人政治的理想主义态度，与接受当前政治现实而采取务实行

---

[1] 程树德. 论语集释 [M]. 北京：中华书局，1990:792.

[2] 程树德. 论语集释 [M]. 北京：中华书局，1990:382.

动的现实主义态度，构成了孔门师徒思想人格的两个向度，形成了强大的思想张力。

站在孔子的立场，冉有的为政态度有着众多的不可取之处，然而，孔子的困惑也正源于此。政治理想的实现，必须通过掌握政治权力方有可能。从当时的政治现实来看，获取政治权力的方式有如下四种：禅让、世袭、夺取、授权。禅让在尧、舜、禹三代以后就已在政治继替中消失，身为宋国没落贵族后裔的孔子没有继承王位的可能，在权力下坠的时势下以智谋夺取权力的行为又遭到孔子的严厉批判，故孔子只能转向当时拥有政治权力的国君大夫，只有得到他们的赞赏、信任和授命，方有可能推行他的王道政治的一系列主张。正如史华慈所说："君子不会通过运用武力，也不会通过建立意在推翻已有权威的权力机构来实现他的目的。他要么成功地将其影响灌输到他那个时代的统治者身上，要么一事无成。"[①]

孔子固守周代分封建国后形成的社会政治结构，维护这一制度下身处其位的人的政治权威，并极力规劝其恪尽职守，安于本分，故孔子致力于"正名""复礼"，其褒贬国君大夫皆都以"仁""礼"为准绳。可惜的是，在"礼崩乐坏"的情势中，天子威仪不复留存，各国忙于争霸，行仁和知礼的为政者实在太少，孔子感慨"吾未见好德如好色者也"，周游列国的他，要么受优待而不见用，要么委任遭嫉而不能久，要么国君不修德行仁而愤愤去位，崇高政治理想始终未能得到有效的落实，只得频繁奔走于诸国而终不见大用。

知其不可而为之，何不知其不可而退隐？子曰："贤者辟世，其次辟地，其次辟色，其次辟言。"（《论语·宪问》）辟地、辟色与辟言，实际是对国君大夫的无奈的妥协，但这种妥协不是彻底丧失对所有为政者的信心，而是仍然怀抱着得国君大夫赏识的一线希望，希望通过另择明主的方式实现自己的政治抱负。"乘桴浮于海"（《论语·公冶长》）、"欲居九夷"（《论语·子罕》），表明孔子周游列国而不得见用的失落心境，但仅仅是一时的负面情绪，实际

---

①　[美]本杰明·史华慈.古代中国的思想世界[M].程钢，译.南京:江苏人民出版社，2004:114.

上并没有真正付诸实行。孔子欣赏的是"邦有道,不废;邦无道,免于刑戮"(《论语·公冶长》)的退避方式,其"辟"主要是辟地、辟色与辟言,而非辟世。

一面是不甘放弃的出仕救世理想,一面则是寻求国君任命方能施展才华的政治现实,孔子的宿命只能是在现实政治中憧憬、追寻和挣扎,不可能彻底抛下政治而相忘于江湖,亦不可能像冉有那样搁置理想而彻底拥抱世俗政治。孔子尽管毫不留情地对冉有展开激烈的批判,但他也不得不走向问题的另一个反面——固守理想而终不得志,"凤鸟不至,河不出图,吾已矣夫"(《论语·子罕》)地失落哀叹,带着困惑和遗憾告别于现实政坛!

孔子之叹与孔子之惑,是崇高政治理想与世俗政治现实遭遇下的产物,故并非孔子个人所遭遇的思想困惑,而是先秦政治生态下思想家遭遇的普遍问题。其后,不仅有儒学内部《郭店楚简·六位》"为父绝君,不为君绝父。门内之治恩掩义,门外之治义掩恩",强调家庭邻里民间生活第一性,不必在参政不如愿的情势下久久不能释怀的思想回应,亦有《庄子·人间世》从寻求见用于世到追求无用之用,从政治世界之外的生命世界寻求生命价值的深刻反思。面对一个现实政治世界,儒道思想资源的互补,成为化解思想精英们内心焦虑、哀叹、困惑的重要方式。而这,或许也正是孔子之惑在不同时代的延续。其中的彷徨与无奈,或许只有思想者自身有着最深切的体会。而正是有着这些政治和道德困惑,才推动着思想家不断求索,运用智德去找寻更加心安理得的化解方式,更好地维系儒家文明建构的道德和政治理想。

第二节　儒家智德思想的观念结构
——以孔孟"权"观念的类型学分析为例

本书以孔孟原典关于"权"观念的论说和案例为基础,借用类型学的分析方法，对儒家重要范畴"权"加以整体考察。本书探讨之"权"观念，意指若干道德原则之间、规范之间、原则与规范之间的比较和评估。作为思维活动，"权"包含三个预设和四个构成要素。行权的内在准绳是"义"，可以分为具体规范的损益、角色转换、取大舍小、诉诸更高原则等运用模式。它在促进思想创造、观念更新、制度建构方面具有重要意义。

一、作为道德判断力的"权"

"权"作为儒家道德哲学的重要范畴，黄式三《论语后案》曾有过这样的概括："经传言'权'有二义，孟子言'权然后知轻重'，言'执中无权'，此权赅常变言也。言嫂溺援手，以权对经言也。"① 如此看来，儒家之"权"，在传统学者眼中已将其疏解为二：一有比较、衡量、评估的含义，要求在具体情境中正确落实道德原则；二有权宜、变通的意义。就后者言，"权"和"经"构成一对范畴。《公羊传·桓十一年》："权者，反乎经者也。反乎经，然后有善也。"《广雅》："经，常也。"柳宗元《断刑论》："经也者，常也；权也者，达经也。""经"大致相当于明确提出的、具有普遍性的原则 / 规范。"权"则是在具体的情境下，对固定的原则 / 规范有所取舍或调和，以此达到心安理得，合乎更高远的道德理想。

"权"观念的如上两种理解，涉及道德判断力运用时的不同侧重。一是源于道德原则的抽象性。儒家伦理学与西方规范伦理学和原则伦理学的不同在于：它没有完全明晰的戒律，重在提出引导行为方向的原则，它的落实往往不是一个知性或理论的问题，而是根据不同的道德情境，通过道德判断和选择，来加以具体实施的问题。如孔子强调"有道则现，无道则隐"，但"有道""无道"的含义与严格区分，不能通过概念定义的方式给出，而需要人的生活经验和对道德原则的体悟来加以把握。于是，面对具体的政治世界，人

---

① 程树德. 论语集释 [M]. 北京：中华书局，1990:627.

难免游离于"有道""无道"的评价,产生困惑而难下判定,此时需要人结合正面和反面的诸多事实进行比较和评估,进而做出参与政治或退隐江湖的选择。

第二种含义的"权",则是由于道德情境的具体特殊性,需要对多条原则/规范如何调和作出判断。其与前者的不同之处在于,前者主要关注某一原则如何具体落实,要求人对外在情境的诸多事实加以分析和评估;而后者则主要涉及若干原则/规范之间的比较和评估,关注的重点在原则/规范本身的冲突。这种意义上的"判断力",是本书着重论说的"权"。它大致可以分为三类:

一是人接受某一原则,原则导出某一行为规范,并且得到历史传统和文化经典的支撑,但在新的情境下,规范对原则构成挑战。如《论语·阳货》中宰我对"三年之丧"的质疑:"三年之丧,期已久矣。君子三年不为礼,礼必坏;三年不为乐,乐必崩。旧谷既没,新谷既升,钻燧改火,期可已矣。"从宰我的立场来看,"三年之丧"的目的在于维护周代的礼乐制度,但实行三年之丧的结果则直接导致了对礼乐制度的损害,目的与手段之间的直接冲突,促使宰我提出修改丧礼制度的主张。

二是人同时接受多条相互独立的原则,但面对某一情境时,原则之间发生了冲突,因而一时困惑而左右为难。如《孟子·告子下》:"任人有问屋庐子曰:'礼与食孰重?'曰:'礼重。''色与礼孰重?'曰:'礼重。'曰:'以礼食则饥而死,不以礼食则得食,必以礼乎?亲迎则不得妻,不亲迎则得妻,必亲迎乎?'屋庐子不能对。"在这里,礼的原则与饮食以维持生命的原则,两者具有独立性,不能将其归入更高的原则的统摄之下。此时需要结合具体的情境,在两个原则之间做出评价,分清轻重。

三是人接受某一原则,原则导出至少两条规范,在通常情况下并不对立,但在某种场合下,若干规范虽与原则并不冲突,但规范之间发生了冲突。如《孟子·离娄上》:"不孝有三,无后为大,舜不告而娶,为无后也,君子以为犹告也。"子对父的孝,可引申出两条规范:一是儿女婚事当依父母之命,媒妁之言。二是儿子尽孝，最重要的是繁衍后代，延续家族血脉。在舜遭遇不慈的父亲瞽瞍的情境下，舜若告诉父亲，则不得娶妻而繁衍后代，进而不得尽大孝；若不告而娶，繁衍后代而尽大孝的目的能够实现，但却采取了不告而娶这种不孝的手段。如上两条规范的冲突，需要舜针对两种可能结果加以评估并做出选择。

二、"权"的思维结构

孔孟的权变观念，虽可作如上不同归类，但仍有其相通之处。下面合而言之，就其反映的人的思维结构略作探察。[①]

首先，权变居于三点预设：

一是肯定道德主体的作用。原始儒家居于礼乐制度和仁义原则而建立的价值系统，是指导人的行动的根本准则，但它有别于规范伦理学，即不是建立在严密的逻辑体系上的层层推演，有时难免发生冲突，同时众多原则/规范背后预设了没有明说的前提，而并不是无条件成立的，因而在复杂的道德情境下，孔孟都不赞同固执于某一原则/规范，而是要人根据具体的情境，发挥人的思考分析的知性思维，诉诸人的内在善良本心，做出令人心安理得的选择。

二是人具有做出选择的必要时间和空间。借用心理学"隐"与"显"的自然标准[②]，权变显然是人的意识领域的、理性推理层面的精神活动，属于"显知"的范畴，通常具有足够时间对情境、结果等加以评估。即使是遇到"嫂溺"的情境，也不是采取诉诸人当下的直觉反应的方式，而是在短时间内加以理性评估。故权变成立的构成要件之一，在于主体具有必要时间加以思考。另

---

① 陈少明先生在《解惑》一文中曾探讨过这一问题，下文即在此基础上加以探究。参看陈少明. 经典世界中的人、事、物 [M]. 上海：上海三联书店，2008:149.

② 贺麟. 知行合一新论 [M].// 贺麟著. 五十年来的中国哲学. 北京：商务印书馆，2002:132.

一方面，诸如士兵置身于如火如荼的激烈厮杀之时，虽然可能因敬畏生命与获得胜利的不可兼得而内心挣扎，但他在战场上只能服从上级命令，而没有能力在上述两者中做出取舍。故道德主体没有能力加以选择，也不存在权变。

三是并非两可选择，也不逃避选择。如当前交通规则，中国规定汽车靠右行驶，而英国则规定左侧行驶，这两种规定虽有差别，但均能达到交通秩序井然的效果。这一现象溯源到制订交通规则的初始，则立法者选择汽车靠右行驶或靠左行驶，都没有众多的理论支撑，因而是两可的选择情境。此时不存在面对选择时的权衡，而只能算是随机决定的结果。又如陷入情网的女孩时常问男友："如果我和你的母亲同时落水，你会先救谁？"这种情境的设立目的在于测试男友对自己的爱恋程度，男孩可视为伪问题而悠然应之，但若持认真的态度，则通常会令人难以在情感上接受这种困境，也难以从理性上做出孰重孰轻的判断，因而更多的男士选择了"不知道"的回答。这种放弃探讨和逃避选择的方式，也不能说是权变。

澄清了权变发生的预设前提，现在再正面言说它的思维结构。它至少包括四个构成要素：一是"知"，二是"惑"，三是"思"，四是"择"。

所谓"知"，一是对"背景"而言。作为社会化的个体，道德主体具有独特的生活体验，受到社会文化的熏陶，形成了自身的价值观念、精神信念、生活情趣，进而构成其理性思考和情感发动的背景。二是对具体情境和原则／规范的认知而言。道德主体对当前的自身选择处境有一自觉，原有的作为背景的若干道德原则／规范也由于与情境相关联，被置于人的意识之中，使人对此有清晰的认识和了解，并且清醒认识到若干原则之间、同一原则下的具体规范之间、原则与规范之间的冲突。

意识到冲突，容易让人产生困惑。原本单独的原则／规范，由于社会文化无形地被给予，往往内化于人而缺乏深入的反思，但却发挥着指导日常实践的重要功能。但当这些原来不相干的原则／规范同时成为某一情境下的指引时，原则／规范本身的冲突打破了原则／规范与行动之间的简单对应关系，在人面前展现出左右为难的行动选择。即每种选择都能够得到某一原则／规范的支撑，但人不能同时贯彻逻辑上抵触的行为，因而产生无所适从的感觉，这就是思想上的困惑。

从笃信到困惑，也就引发人之"思"，这是"权"的活动的核心环节。这里的"思"，一是就人的理性能力而言，即"学而不思则罔，思而不学则殆"之"思"，凸现人的分析思考的理性能力；二是就人的良知良能而言，即"心之官则思"之"思"，凸现人的善良情感的发动。就化解困惑而言，人一方面可以运用分析思考能力，对原则、规范、情境加以详细考察，厘清其关系，衡量其轻重，进而找到自认为合理的选择；另一方面可以诉诸人的情感，力图寻找一条能够让自己心安的途径。此时，选择即使并不圆满，也能够让自己感觉释然、无愧、无悔。

通过"思"找到具体解决途径后，也就需要对原则／规范加以取舍或调和，体现在外在行为上，就是选择的实施。自此，一个完整的由内而外的活动系列终于完成。

三、"权"的运用模式

在如上类型化分析中，提到了"思"在"权"的活动中的核心作用。换句话说，儒家看似变通的行为，背后依然有一个来自善良情感或者理想思考的坚强理由的支撑。"权"既是对原则／规范的突破，成为化解道德困境的重要方法，同时它实际上又贯穿着一条突破原则／规范的"原则"。下面结合先贤化解道德困惑的方式，从形式上和内容上探寻一下权变背后的"章法"。

（一）具体规范的"损益"以更好地贯彻原则

对于原则与具体规范之间的冲突，孔子采取了"损益"的态度加以化解。以践行礼制为例，孔子所说的"礼"，一方面指既有的君臣之礼、葬礼、祭礼、婚礼等众多的社会礼制和礼俗，但另一方面，由于"仁"观念的提出，认为"人而不仁，如礼何？人而不仁，如乐何"（《论语·八佾》），又把"礼"赋予了"仁"的内涵，要求"礼"不断经受理性和善良情感的检验。于是，孔子认为："殷因于夏礼，所损益，可知也；周因于殷礼，所损益，可知也。其或继周者，虽百世，可知也。"(《论语·为政》) 历代礼制的发展，既有所承袭，又有所损益，变中有常，常中有变。所谓"常"，就是根植于"仁"的精神的"礼"的原则，所谓"变"，就是由"礼"的精神导出的众多具体规范，应该在具体的社会历史条件下加以实事求是的考察，继承其适宜的部分，去掉有悖于"礼"的精神的部分。这一例子表明，保留和遵循原则，对具体规范加以取舍，是化解原则与具体规范之间的矛盾的重要方式。

回过头来看"宰我问三年之丧"的例子，宰我思考的前提其实是要更好地维护礼乐制度，改制的根据在于原则与具体规范之间发生了冲突，构成了一个需要权变的情境。从这个角度上说，宰我的权变其实符合孔子提出的对"礼"加以损益的主张，有他的正当理由。若要正面反驳宰我，需要澄清的是"三年之丧"是否真的造成了对礼乐制度的损害，这更多的不是价值问题，而是一个事实问题。

但在文本中，孔子采用了循循善诱的方式，逻辑上存在两种可能：一是孔子认为"三年之丧"不导致礼崩乐坏的结果，即原则与具体规范之间不构成冲突，因而宰我的认识不能成立，无需权变。在这种可能性中，孔子和宰我需要深入辩论的就是事实问题，各自举例加以论述，最终对宰我的质疑加以澄清。二是孔子认为"三年之丧"一定程度上会影响到人对其他礼乐规范的践履，但不履行"三年之丧"，则不能尽儿女之孝，违背了"孝"的原则。因此，孔子需要做出权衡的，是尽孝的原则与践礼的原则，这就变成了第二类型的权变。孔子通过问答需要传达给宰我的，就是希望他能够在尽孝的原则与践礼的原则之间进行更加深入的思考，分清孰轻孰重，真正找到心安理得的平衡之点。在这种可能性下，孔子对宰我的反驳与宰我立论的根据并不在同一个层次上，一方面不能消除宰我居于原则与规范冲突而加以损益的质疑，另一方面也让宰我没有理解到孔子循循善诱的用意所在。

（二）角色转换让某一原则失去制约作用

对于多条原则相冲突的情境，孔孟的处理方式比较复杂。其中一种情形是，道德原则跟人的身份和角色有着重要的关联，其成立依赖于一定条件。于是，当面临多条原则冲突时，可以通过自己的主动放弃，改变自身的身份和角色，让某一原则不再发挥作用，从而找到能够两全的途径。如《孟子·尽心上》记载：

> 桃应问曰："舜为天子，皋陶为士，瞽瞍杀人，则如之何？"孟子曰："执之而已矣。""然则舜不禁与？"曰："夫舜恶得而禁之？夫有所受之也。""然则舜如之何？"曰："舜视弃天下犹弃敝屣也。窃负而逃，遵海滨而处，终身欣然，乐而忘天下。"

"亲亲"与"尊尊"原则，是构建整个政治和伦理秩序的最核心原则，因而当两者发生冲突时，如何取舍就显得尤为困难。具体到这个例子就是，舜作为天子，当公正无私，信任臣下，让皋陶尽其能而秉公执法。作为儿子，应当尽孝，让父亲过上老有所养、精神愉悦的生活，不可让他受到惩罚。在舜父瞽瞍杀人，犯下重大罪行的现实面前，这两条原则发生了激烈的冲突。孟子接着为舜提出了理想的化解之道：舜在天子之位的时候，尊重固有的政治秩序并履行在位所应承担的职责，允许皋陶依照法律对瞽瞍加以逮捕。然后主动放弃天子之尊位，按照"在其位，谋其政"的原则，此时舜不再需要履行天子之职，不需承担协助官员惩治犯人的职责，于是可以私下背负父亲而逃，到偏远的海滨之上生活，终身保持快乐的心境。在这里，通过自己的主动放弃（当然，舜可退出"君"的角色，"子"的角色则是不可转换的，这又体现了身份角色的放弃实受制于已有价值观念），舜既贯彻了"亲亲"的原则，也不与"尊尊"的原则相悖，从而使两条原则同时得到贯彻。

（三）权衡轻重，取大舍小

更多的情形下，人的角色往往难以改变，道德原则的制约作用难以解除，因而面对诸多原则的冲突，需要在原则的权衡上下功夫。这可以分为两种情形：一是证明当多条原则发生冲突时，原则可以依据制约作用的强弱排出一个系列，从而对诸多原则加以取舍。如孔子曾说："无求生以害人，有杀身以成仁。"（《论语·卫灵公》）孟子亦主张："生，亦我所欲也；义，亦我所欲也。二者不可得兼，舍生而取义者也。"（《孟子·告子上》）在这里，孔孟在充分尊重人的生命价值的基础上，提出了仁义原则绝对优先于人的求生的原则。一条原则的郑重提出，意味着当时并未得到普遍的贯彻，即对于大多数人而言，在面临生死与仁义之道的持守时，依然需要的是两者在内心的激烈厮杀。化解这种内心挣扎的方法之一，就是承认某一原则的绝对优先性，按照这条原则加以行事。

二是认为抽象原则难以排出系列，但在某一情境下，则可以区分其大者与小者，此时人应当弃小存大。这是孔孟思想中最为常见的权变形式。如前面提到的"任人有问屋庐子"的例子，孟子的回应则是："不揣其本，而齐其末，方寸之木可使高于岑楼。金重于羽者，岂谓一钩金与一舆羽之谓哉？取食之重者与礼之轻者而比之，奚翅食重？取色之重者与礼之轻者而比之，奚翅色重？"在他看来，礼的原则和取食以维持生命的原则都是非常重要的，但导出的具体规范则有轻重之别，如依礼进食的规范相对于孝敬父母的规定则是制约性较弱的规范，不食就饿死的情形相对于肚子不饥的取食显得重要得多，而某一原则的弱规范与另一原则的强规范之间并不可相提并论，故拿生死大事与依礼进食的小节相对比，并不是笼统地比较礼的原则和取食以维持生命的原则，应当存食之重而舍礼之轻。又如《孟子·离娄上》："嫂溺不援，是豺狼也。男女授受不亲，礼也。嫂溺援之以手者，权也。"男女授受不亲的规定与敬重兄嫂的规范，都是应当认真遵循的重要规范，在一般情境下并不冲突，但在此危急时刻，敬重兄嫂所要求的危难时刻的扶持，相对于男女授受不亲的规定相比，显得更为重要，故应当积极向嫂子施出援手。

（四）以更高的原则作为评判标准

对于某一原则下的若干规范相冲突的情形，可以回归到更高的原则上来，以这个原则作为评价准则，分析哪条规范的贯彻更符合原则的精神，从而化解规范之间的冲突。如上文提到的"舜不告而娶"的例子，遵从父母之命是孝，担当繁衍后代的责任是孝，反之，不遵从父母之命是不孝，不能娶妻育女也是不孝，面对这种困境，舜只能回归到对"孝"的精神的理解上来，"不孝有三，无后为大"，因而不能繁衍后代是大不孝，一时违背父母之命相比之下则是小不孝。从这个原则性规定出发，只有不告而娶，才能尽大孝，更为符合"孝"的原则。故孟子认为，舜的不告而娶，"君子以为犹告也"。

又如孔子评论"管仲不死而相桓公"（《论语·宪问》）的例子，孔门师徒质疑和解惑的评价标准都是"仁"。子路居于武士道德，认为他苟且偷生不符合当时普遍公认的社会规范，恐怕非仁者所当为，子贡则更进一步，认为桓公得国而害杀兄弟，管仲作为子纠之臣不能死，又毫不退隐而侍奉害杀子纠之君，出处没有原则，非仁者所当为。而孔子则在此基础上又提出了一条规范：即成就功业、造福万民也是"仁"。管仲使"桓公九合诸侯，不以兵车"，"一匡天下，民到于今受其赐"，以和平的方式会合诸侯，解决争端，避免了周边夷族的侵扰和奴役，传承了文明的生活方式，使老百姓免受战争的伤害，符合孔子倡导的仁者为政以德的理想。与子路和子贡所提出的不仁的理由相比，管仲的变通成就了更大的仁，更为符合"仁"的原则，故不轻易许人以仁的孔子评价管仲"如其仁"。

（五）作为"权"之准绳的"义"

如上四种运用模式，仅仅是一种"理想类型"的处理方式，并且它只针对道德主体本身如何进行权衡变通而言，不涉及主体间如何传递信息进行权变的问题。①因而现实的情况显然远为复杂。但如上分析，正如"宰我问三年之丧"的例子所体现的那样，实有助于今人理解经典中的故事构造及其深

————————

① 孔孟强调价值的统一性和可传递性，同时承认道德主体间认知和体悟的差异性，因而部分人心安理得的生活选择，在另外一些人看来则可能是需要"权"的情境。如师与弟子的对话，就是其中的典型。施教者为了化解受教者的困惑，需要运用众多施教方式，发挥人格魅力，借助必要权威，诉诸情感认同，重视道理理性。因此，困惑的化解与权变的实施，众多情形下往往跃出"自我"的领域，需要借助外在力量加以完成。

层意义，探讨古代经典中说理的有效性问题。当然，这一梳理均是从形式上立论，实际并未触及多条原则／规范加以权变背后的内在依据问题。

纵览来看，所谓原则／规范本身加以取舍的内在依据，在儒者的思想世界中，即是所谓"义"。《孟子》中，"义"与"仁"并称而赋予丰富内涵：一则"羞恶之心，义之端也"（《公孙丑上》），视为四端之一，人性内在固有之良知良能；二为"舍生取义"（《告子上》）之"义"，视为德性生命不可或缺、永久保持和不断追求之价值；三是"人之正路"（《离娄上》），喻为道德实践中的正确行动之道；四曰"大人者，言不必信，行不必果，惟义所在。"（《离娄下》），突出道德行动中依据情境而行，因时因地因人而异，运用道德判断做出合乎理想的选择。如上之论说，不难看出"义"的内涵抽象与高度涵摄，并且作为道德行动不可逾越之准绳，参与到每一当下的道德判断和选择中来。换句话说，"义"，并非某一富有具体准确内涵的道德原则或规范，但又是时刻不离道德实践的内在准绳，实可视为"不是原则的原则"。

"义"为"权"之准绳，然义与不义，又当如何裁断？在儒家的内在思想脉络中，它直接指向道德法则的最终依据问题。《中庸》："天命之谓性。"《春秋繁露·人副天数》："人受命于天。"朱熹："义者，天理之所宜。"[1] 阳明："夫良知之于节目时变，犹规矩尺度之于方圆长短也。"[2] 王夫之："经者天下之体也，权者吾心之用也。"[3] 传统中的重要范畴"天""心""理""良知"，都试图对道德法则的最终依据作一解答。讲求心性论的儒家，基本都在"天人合一"架构下挺立了人的主体地位，强调道德判断和内在良知的裁断能力，同时又坚持"义"不是对某个道德主体而"宜"，而是"天理之宜"，具有超主体的权威。因此，儒家之"义"的运用，也即"权"的正确实施，实际最终诉诸具有通感能力的人的道德情感和道德理性，结合具体情境加以实践，希望找寻令人心安理得的道德理想。

---

① （宋）朱熹.四书章句集注 [M].北京：中华书局，1983:73.

② （明）王守仁.王阳明全集：上册 [M].上海：上海古籍出版社，1992:50.

③ （清）王夫之.读四书大全说：上册 [M].北京：中华书局，1975:247.

四、"权"对道德哲学建构的意义

从比较哲学的视野来看，儒家"权"观念的运用模式，容易联想到西方伦理学中"二难选择"的命题。真正的"二难选择"，意指面对两个或者更多的选择之时，一方面既无前例可依，也无原则可循，另一方面则是不同选项呈现于主体意识之中的无差别性。它可能是由于已有道德原则对具体情境的无规定性，也可能如存在主义者萨特那样强调人的"处境的自由"、绝对的自由。"二难选择"常见的一个案例就是：纳粹士兵强迫一个波兰母亲，要求其在两个儿子中选择一个，放弃另一个儿子的生命。然而，若此一情境发生于传统儒家社会之中，则由于"长幼有序"的原则而撤销了"二难选择"的构成要件，也由于儒家笃信"经"的普遍有效性（价值理想、哲学真理对人的"本质"的限定），能够通过对不同的原则／规范加以纵向的层次化、横向的程度化的排序，从而选择无愧、无悔、正确的行动。因而，儒家的"权"，不能简单类比为"二难选择"的处理方式。

其实，芬格莱特在《孔子：即凡即圣》一书中，保持着西方学者从事中国学研究时固有的对不同文化传统差异性的敏感，对儒家的道德选择与西方伦理学的"选择"的区别作了概括。在他看来，道德责任、罪过、获得的（果报的）惩罚和忏悔等观念，与选择的观念构成一个密切相关的复合体，而在儒家中并不存在，也就不存在"真正"的选择。"人们不是遵循大道，就是偏离大道。要选择大道之外的任何其他'路线'，都不是真正的道，而是一种失败，因为走上这条路线意味着人性还存在着弱点和缺陷。如果我们所说的选择就是根据行为者的力量从几个同样真实的选择中挑选一个选择的话，那么，无论孔子的思想学说还是概念意象，都没有给选择留下空间。"[①]芬氏说明了儒家坚信至高无上的道德真理的存在，道德主体应当时刻接受道德法则和道德理想的指引，且通往真理的大道一定存在最优方案，这是他的睿智洞

---

① ［美］赫伯特·芬格莱特.孔子：即凡即圣 [M].彭国翔，译.南京：江苏人民出版社，2002:19.

见。然而，他其实并没有能够很好地理解儒家"经"与"权"的辩证统一关系。儒家虽然坚信"大道"作为道德真理不可动摇，并且在采取不同行动方案时有高下优劣之分，但这一方案并不是现存的严格规定好的规则，不能像康德在任何情况下都绝对依照道德规范行事，而是必须在具体情境中借助道德判断和选择能力加以实施。因此，儒家虽然提点了道德原则的方向，笃信"一条没有十字路口的大道"，但践行道德真理的过程中，高超的道德判断能力和做出无愧、无悔、正确的选择，是道德实践中时刻不能或缺的要素。在这个意义上，芬氏认为孔子的思想学说和概念意象没有给选择留下空间，其实是用西方的经验来理解儒家，难免由于文化的隔阂而产生偏差。

儒家既然认为道德判断和选择有高下优劣之分，这就意味着在面对道德困境时不能采取两可的选择方式。这一态度，实际成了思想创造的内在动因。以后文所探讨的"管仲不死而相桓公"为例，为了在个人修身与济世安民、固守原则与知权达变、普遍原则与个体差异之间，找寻到使人心安理得的平衡支点，后世思想家可谓是殚精竭虑，各显神通，有的说明具体情境、个体身份与价值规范的适用范围不相符合，有的重构面对道德困境下历史人物的良苦用心，有的辨明面临价值冲突时的取舍顺序，有的主张价值原则体现方式多元，有的注重行为选择的不同后果的对比分析。如此，《论语》中包含的未经充分反思和挖掘的范畴，通过故事改编、思想史评注等方式，加以显题化和精细化，成为激发思考的不竭源泉，体现出思想创造的生命力。

其次，从观念更新的角度来看，对不同的原则/规范作精致的排序。至少产生了两方面的积极效果。一方面，知权达变的智慧在孔孟日常生活中的运用，照顾到了道德实践的复杂性，使原来的"经"能够不断经受理性、情感和现实情境的检验，保证道德原则/规范的贯彻不至于走向僵化，也能够让它在不同历史条件下得到不断调整。另一方面，由于孔孟掌握了更高的权衡智慧，获得了众多弟子的拥戴和敬重，他们的分析、比较、权衡、变通，成了化解冲突的重要典范，随着历史的推移，原来的一时权变，由于有着理性的论说和情感的支撑，渐渐成了众人接受的一条适应于特殊情境的新规范，上升为"经"的层次。"经"与"权"的适当的张力，保证了儒家道德能够在不同的情境下得到较好的贯彻。

再次，从思想观念与制度建构的互动来看，层次化和程序化的排序方式，促进了观念与制度的精细化。以"忠"与"孝"的关系为例，在"家国同构"的思想观念和制度安排下，"忠"与"孝"本应是协调的，甚至"孝"能够成为"忠"的基础，而在现实政治环境下，两者的不和谐乃至激烈冲突也时常发生。前面舜背父而逃的例子，以及郭店楚简《六位》所云："为父绝君，不为君绝父。门内之治恩掩义，门外之治义掩恩。"①都可以看出家庭邻里民间生活相对于公共政治生活的优先性，反映出原始儒家"孝"优先于"忠"的基本立场。而在儒家制度化的实践中，有条件的"亲亲相隐"，以及宰相当辞官而服三年之丧等制度安排，也继承了"亲亲"原则的优越性，但由于政治权力的客观介入，加之两个原则导出的具体规范有小大之分，诸多不能"相隐"的情境也存在于社会制度之中，如从《左传》开始的"大义灭亲"、《白虎通》所说的"诛不避亲"，唐以后刑律"同居相为容隐"条下面的"若犯谋叛以上者，不用此律"等表现出来。这一状况，充分体现了思想观念与制度建构的互动，在这一过程中，"权"是贯穿始终的思维模式，不仅推进了思想观念的层次化与程序化的排序，也实现了社会制度的层次化、分类化与具体化。

第三节　儒家智德思想的传承路径
——以"管仲不死而相桓公"的思想史评注为例

本书以"管仲不死而相桓公"的思想史事件为例，侧重选取注解孔子评

---

① 李零. 郭店楚简校读记 [M]. 北京：中国人民大学出版社，2007:171.

论较有代表性的思想文献，分析该史事的传播方式与诠释向度，阐明《论语》圣经地位对于思想史诠释的影响力量，探寻思想家居于辩护立场进行答疑解惑的多种可能方式。"管仲不死而相桓公"所引起的争议，涉及如何化解道德困境的问题。思想家一方面尊重个体差异和情境的特殊性，允许以达权通变的方式处理道德实践中的困境，另一方面又对放弃道德原则的行为时时保持高度的警惕。因此，在个人修身与济世安民、固守原则与知权达变、普遍原则与个体差异之间，他们需要找到使人心安理得的平衡支点，形成了儒家智德思想在史籍传播、经典注疏中绵延不绝的传承。

一、孔圣以"仁"评管仲

"管仲不死而相桓公"，载于《左传·庄公九年》《史记·齐太公世家》和《史记·管晏列传》：故事发生于周庄王十二年，雍廪杀无知，齐国一时无君，先前避乱而客居他国的公子小白与公子纠，均欲回国继承君位。此时管仲、召忽事子纠，鲍叔事小白。管仲暗中射击小白，但因其巧智而得免，小白于是智走捷径而提前归齐，继承君位，是为桓公。后子纠遭杀，召忽从主死节，然管仲归齐请囚，经鲍叔举荐而贵为齐相。桓公因得管仲辅佐，九合诸侯，一匡天下。

这一事件，引发了孔门师徒间的探讨：

> 子路曰："桓公杀公子纠，召忽死之，管仲不死。"曰："未仁乎？"子曰："桓公九合诸侯，不以兵车，管仲之力也。如其仁，如其仁。"（《论语·宪问》）

> 子贡曰："管仲非仁者与？桓公杀公子纠，不能死，又相之。"子曰："管仲相桓公，霸诸侯，一匡天下，民到于今受其赐。微管仲，吾其被发左衽矣。岂若匹夫匹妇之为谅也，自经于沟渎而莫之知也？"（同上）

管仲在《论语》中有褒贬不同的评价，孔子曾在《八佾》篇 22 节批评他

"器小、不俭、不知礼",此处子路居于"忠"观念,认为苟且偷生不合乎"仁";子贡则更进一步,认为管仲作为臣属既不死子纠,又不退隐而侍奉毒杀子纠之君,出处没有原则。而孔子的回答可谓非常微妙:他回避了对这一行为作直接评价,而是对管仲的另外行为加以赞誉,即管仲以和平的方式会合诸侯,解决争端,使民众免受战争的伤害,同时高举"尊王攘夷"的旗号,有助于华夏民族的团结,避免了夷族的侵扰或奴役,传承了文明的生活方式。在这个意义上,不轻易许人以仁的孔子评价管仲"如其仁"。

在《论语》中,"仁"的含义有广狭之分。在著者看来,广义之"仁"可分为三个层次:价值理想(实践"仁"的目的,包括君子内在德性的圆满、社会依礼乐而和谐安治等)、偏重形式的总括性价值原则(克己复礼、爱人、忠恕)、具体规范(具体德目、针对不同个体的规范),贯穿其中的,则是价值判断和道德实践(运用价值原则和规范灵活应事)。故它既是一个道德实践体系,也是一个价值评价体系。就后者言,不同评判者的运用方式有时会存在差异:(1)可以居于具体情境做出评判,也可以根据直接结果或后续影响做出评判;(2)可以对某一行为做出评价,也可以综合众多行为做出评价;(3)可以居于某一原则或规范对人物行为做出评判,也可以诉诸价值理想,运用多条原则或规范综合权衡。

从这个意义上说,子路、子贡均是针对行为选择时的当下情境,搁置后来的历史贡献,也不运用实际后果证明前面行为的正当性;针对"管仲不死而相桓公"这一具体行为,不针对管仲一生事迹加以总评价;评价标准分别为"忠"观念和君子的处世原则,属于"仁"的第三层次的具体价值规范,无须进行多条规范的权衡。

孔子的回答则有待分疏。首先,从回答弟子的目的来看,孔子可能是就事论理,循循善诱,勉励弟子树立崇高理想而有功于社会政治,而不在于对历史人物做出精确、全面的客观评判,更无意在这一语境下提供一条生死选择的普遍原则。其次,纵使孔子的评价是深思熟虑的,那么,孔子搁置"不死而相"的价值评价,而是综合了其他众多行为,肯定管仲对当时社会和文明传承的卓越贡献，这一评价可以理解为就赞美道德品质而言，但也可能被解释为仅就历史事功而言①。再次，既然孔子采取的是间接回答，那么，孔子是认同管仲还是召忽？当面对类似情境时该作何选择？最后，如果在"仁"的评价体系中，可以肯定事功，不拘小节，那么，在何种意义上可以与注重修养的要求协调？如何在坚守原则与知权达变之间找到平衡支点？后儒只有解开如上疑惑，方能更好地指导日常生活实践。

另外，如果说管仲"不死而相"和建功立业分属两个事件，前者先于后者，但两者不具因果必然关系。从解读者的角度来看，孔子的推理类型可从三个方向加以诠释：第一，孔子诉诸"仁"的价值理想，认为管仲有违君子出世原则，但与后来历史功绩相比而言，后者之得足以弥补前者之失，综合权衡仍可许之以仁。第二，孔子认为管仲没有违背道德原则，死与生、相与不相，可以自由选择，而后来取得了重大的历史贡献，故就后者行为许之以仁。第三，如果从主死节或生而不相，则不可能取得后来的历史功绩，成就仁者的功业，故以结果推理管仲不死的正当性，赞同管仲"不死而相"的行动选择。

二、"独尊儒术"前的史事传播

除《论语》外，不少周代到汉初的文献对此事也有记载。②若加以类型化划分，至少可归为三类：一是侧重事件的记载，如《左传·庄公九年》关于此事的记载，显得较为平实，着重事件发展过程的简单叙述，鲜见作者的价值预设。二是侧重评论，如前引孔子"如其仁"的评价。三是叙事与评论寓于日常议政论事中，如《淮南子·泛论训》中，作者认为桓公有非凡之气度，赦免管仲小过，委以重任，遂有齐国一匡天下之伟业。与此相对，当今圣上

---

① 如（宋）程颐言："但称其有仁之功也。"（《二程遗书·卷第二十二上》）

② 本书涉及诸多史料，曾参看程树德.论语集释[M].北京：中华书局，1990:981-996.

不能勉劝大臣立大功，却苛求其行小节小善，非贤明君主所当为。借古讽今，持论有据，说理深刻。

就功能言，叙事以明史，史事的记载变得连贯生动；引典以致用，保持史料之生机，扩大史事之影响；评论以明理，加入思想观念、价值取向、内在情感于其中。他们各有侧重，但均是史事传播的重要方式。就思想价值言，史事重要的不是惊心动魄的宏大叙事，不是居于论说需要的简单引用，而是其包含未经反思的范畴，成为激发后人思考的源泉，体现出思想创造的生命力。[①] 因此，在这些方式中，尤以价值评论，赋予史事以思想价值为甚。

综合诸多史料来看，不同典籍的评价视角亦略有差异。有的侧重评论桓公：如《公羊传·庄公九年》，居于周代嫡长子继承的原则，批评小白篡位，认为子纠应成为国君。《谷梁传·庄公九年》居于周代"亲亲"之原则，批评小白不让，杀兄为罪恶之举。《公》《谷》之诠释，质疑桓公之意溢于言表。而有的则侧重品评管仲，这至少包含着如下三个诠释向度：

（一）以道德评管仲

在《孟子·公孙丑上》中，孟子坚守王霸之辩，借曾西之口评论管仲"功烈如彼其卑也"，认为他背离"仁政"的原则，非品德贤良之人。故曰："管仲，曾西之所不为也，而子为我愿之乎"，不屑之意尤为明显。《荀子·大略》载："子谓子家驹续然大夫，不如晏子；晏子，功用之臣也，不如子产；子产，惠人也，不如管仲。管仲之为人，力功不力义，力知不力仁，野人也，不可为天子大夫。"王先谦对此作注云："虽九合诸侯，一匡天下，然不全用仁义也。"[②] 管仲重视功效和智谋，但行为不合乎"义"与"仁"的道德原则。

（二）以事功释管仲

在《管子·大匡》中，召忽认为"受君令而不改，奉所立而不济"，是道义所当为，若"废吾所立，夺吾纠也，虽得天下吾不生也"，而管仲则认为：

---

① 陈少明. 经典世界中的人、事、物 [M]. 上海：上海三联书店，2008:48.

② 王先谦. 荀子集释 [M]. 北京，中华书局，1988:500.

"夷吾之为君臣也，将承君命，奉社稷，以持宗庙，岂死一纠哉！夷吾之所死者，社稷破，宗庙灭，祭祀绝，则夷吾死之。非此三者，则夷吾生。夷吾生则齐国利，夷吾死则齐国不利。"在管仲看来，管仲虽为子纠臣，当为其效力，但有为之士志在有功于国家社稷，而不是无条件地为所事者尽忠死节。这就把为社稷、宗庙、祭祀而建功立业的事功原则提到了第一位。

（三）以知权达变原则论管仲

《战国策·齐六》中，仲连在诱导燕将休战时，引用管仲故事，认为管仲不死子纠有苟且偷生之嫌，身陷囚笼则是奇耻大辱。但过于看重小节，难以建树大功；不堪忍受小辱，难以成就威名，有识之士贵在小节与大体之间做出权衡。管仲之伟大在于能够不拘小节、忍辱含耻，立志发奋而建功立业，以此重塑个人威望，从而名扬天下，光耀邻邦。

三、汉唐思想家的具体分疏

"管仲不死而相桓公"的思想史事件，在汉代"独尊儒术"以后依然得到经学家、史家、大臣等的广泛探讨，他们融入自身观念和立场，试图化解内心的困惑，指导君子的实践，增强议政论事的说服力。而在其中，先秦诸多评注，为他们的论说提供了借鉴，尤其是孔子的见解得到思想界更为广泛的传播和认同[①]。

（一）突出鲜活史事下的个性差异

《论语》的两则对话，其诠释方式之一是汉人基于先秦文献的故事新编。《说苑》和下面将提及的《孔子家语》的故事就是典型：

---

① 尽管也存在不同评说，如《列子·力命》（本书认为今本《列子》成书较晚）："召忽非能死，不得不死；鲍叔非能举贤，不得不举；小白非能用仇，不得不用。"阐明历史人物行为的不得已与必然性。但从文献检索来看，孔圣之评说处于主导地位。

　　子路问于孔子曰："管仲何如人也？"子曰："大人也。"子路曰："昔者管子……是不辩也……是无能也……是不慈也……是无愧也……是不贞也……是无仁也。夫子何以大之？"子曰："管仲说襄公，襄公不说，管仲非不辩也，襄公不知说也；欲立公子纠而不能，非无能也，不遇时也；家残于齐而无忧色，非不慈也，知命也；桎梏居槛车而无惭色，非无愧也，自裁也；事所射之君，非不贞也，知权也；召忽死之，管仲不死，非无仁也。召忽者，人臣之材也，不死则三军之虏也；死之则名闻天下，夫何为不死哉？管仲者，天子之佐，诸侯之相也，死之则不免为沟中之瘠；不死则功复用于天下，夫何为死之哉？由！汝不知也。"（《说苑·善说》）

这则对话工整凝练，但思想观念和价值立场非常鲜明。子路固守某一德目，评判显得不够圆融，孔子则逐条分析进行解惑，说明管仲诸多行为的正当性。这与《论语》中孔子根据弟子身份、个性与爱好，以一种因材施教、循循善诱的方式引导弟子的人格形象和教授风格基本一致——恐与《说苑》一书搜集先秦史料编纂而成有关。书中的孔子，将召忽视为忠义之臣的典范，死子纠使他免于受辱，声名闻于后世。管仲乃国之栋梁，明智之处在于他能够进行准确的角色定位，意识到自己的才能和职责，不死子纠，从而有功于天下百姓，实现君子治国平天下的远大理想，成为儒家所期许的大有作为的仁者。反之，如若有雄才大略而死，则犹匹夫匹妇死于沟壑而无功于天下。在这里，《说苑》从评估管仲行为选择的结果出发，认为不死比从主死节更有价值，从而推理管仲行为的正当性；同时突出了思想人物的身份、才能、性格等个体化的因素，认为管、召才性差异而行为选择可以不同，以此论说各自行为的正当性。

（二）阐明价值规范的准确内涵

《家语》的故事从形式上看与《说苑》非常相似，但内容则有所不同：

　　子路问于孔子曰："管仲之为人何如？"子曰："仁也。"子路曰："……仁人之道，固若是乎？"孔子曰："管仲说襄公，襄公不受，公之暗也；

欲立子纠而不能，不遇时也；家残于齐而无忧色，是知权命也；桎梏而无惭心，自裁审也；事所射之君，通于变也；不死子纠，量轻重也。夫子纠未成君，管仲未成臣，管仲才度义，管仲不死束缚而立功名，未可非也。召忽虽死，过与取仁，未足多也。"(《孔子家语·致思》)

从故事相似程度和《家语》的编纂性质来看，《家语》可能对《说苑》有所借鉴。但编者对《说苑》的解释感到不满意，故加入了新的生死出处原则加以重新解释。这在《论语王氏义说》的直接评论也有所体现，何晏引其文曰：

经，经死于沟渎之中也。管仲、召忽之于公子纠，君臣之义未正成，故死之未足深嘉，不死未足多非。死事既难，亦在于过厚，故仲尼但美管仲之功，亦不言召忽不当死。(《论语集解·卷七》)

《家语》抬高管仲而否定召忽。认为管、召受国君僖公所托，应当为子纠谋，但子纠并未称君，故他们并非君臣关系，也就无需从主死节。后新君初立，管仲反复权衡，最终以国家社稷为重，竭力辅政，惠及万民，实为兼善天下的仁者的正确选择，故"未可非也"。从这一原则审视召忽行为，则显得不明君臣大义，践仁不当，过犹不及，故不足提倡。

从解释策略上说，《家语》和《王氏义说》不接受《说苑》因才性差异而行为选择可有差异的见解，而是在承认君臣之义的普遍制约性的前提下，将两人置于同一道德规范下加以审视。其论说核心在于解释从主死节的准确内涵，即把君臣关系和储君与臣属的关系加以区分，认为从主死节的规范适用于前者而不适应后者，从而阐明管、召面临的具体情境与价值规范的适用范围不相符合，论证管仲选择的合理性。

(三) 强调道德主体的知权达变

尊重个体差异，关注行为情境，是化解道德困境的重要方式，其前提就是对人的道德理性能力有充分自信，这在传统中体现为"知权达变"的观念。在为管仲行为加以辩护的评注中，强调仁智结合、行权辨物，也是其中的重要方式。如徐干论及诸德关系，深具启发性：

> 或曰："苟有才智而行不善，则可取乎？"对曰："……夫君子仁以博爱，义以除恶，信以立情，礼以自节，聪以自察，明以观色，谋以行权，智以辨物，岂可无一哉？谓夫多少之间耳。"（《中论·智行》）

仁、义、信、礼、聪、明、谋、智，是人的内在诸多德目，每种德目均有助于人的思想和行为往一个方向塑造，具有不可或缺的重要意义。个体身上诸德的多寡不同而形成人的个性，众多德目的相互配合则使人的思想和行为变得协调。

> "……召忽伏节死难，人臣之美义也，仲尼比为匹夫匹妇之为谅矣。是故圣人贵才智之特能立功立事益于世矣。"……"仁固大也，然则仲尼此亦有所激然，非专小智之谓也，若有人相语曰'彼尚无有一智也'，安得乃知为仁乎？……此皆蹈善而少智之谓也。故《大雅》贵'既明且哲，以保其身'……"（同上）

徒有才智而无向善之德，固然不能自觉实践道德，但徒有善良意志而无才智支撑，也将不能成就善事。因此，伏节死难，符合人臣的节义，但行此忠德而无聪、明、谋、智，则显得固守某一德目而不知用智通变，犹如匹夫匹妇固守小信而已，故召忽之行不足取。管仲虽明仁义诸德，但不蹈小善，不行小智，能够在面临困境时自察观色，行权辨物，进而能立功立事益于世。与召忽相比，管仲更为明智，故当深嘉。此处论说，突出仁智相合的原则，与《论语·雍也》章 26 节中孔子回应宰我能否从井中仁人的疑虑，有异曲同工之妙。

（四）诉诸情感认同的力量

臧旻为增强奏折的说服力，亦曾引用管仲故事：

> 徐州从事臧旻上书讼之曰："臣闻士有忍死之辱，必有就事之计，故季布屈节于朱家，管仲错行于召忽。此二臣以可死而不死者，非爱身于

须臾，贪命于苟活，隐其智力，顾其权略，庶幸逢时有所为耳。……"(《后汉书·第五钟离宋寒列传》)

此处臧旻加入了自己的思想观念和情感取向，重构了管仲的内在心理挣扎，认为管仲受到世人的不理解和侮辱，承受着巨大的心理压力。不死而相的选择，非出于一己之私，非出于对修道行仁的放弃，而是内有苦衷，顾其权略而忍辱负重，希望将来能够有所作为。从寻求认同的策略来看，既然管仲不死的动机不是贪生怕死，而是为了实现更高的价值理想，自然其行为也就少了一些指责，而会得到更多人的同情乃至认同。可见，重塑情境，以情动人，也是为历史人物加以辩护的重要策略。

（五）主张价值原则体现方式多元

唐人编纂的《晋书》中，司徒王导居于当时政治案件的考虑，在释"人臣之节"时曰：

> 昔子纠之难，召忽死之，管仲不死。若以死为贤，则管仲当贬；若以不死为贤，则召忽死为失。先典何以两通之？明为忠之情同也。死虽是忠之一目，亦不必为忠皆当死也……固知死与不死，争与不争，苟原情尽意，不可定于一概也。(《晋书·列传第二十八》)

如果不考虑具体情境，仅以"死为贤"或"不死为贤"作为普遍规范，则不能对死与不死两种选择同时称道。但是，如果在道德评判中关注行为情境，把"忠"的观念视为抽象的道德原则，而非一成不变的死或不死的僵化规范，允许道德原则的多种体现方式，那么，道德实践只要"原情尽意"，与道德原则的精神不相背离，就应当视为正当，"不可定于一概"。这里强调价值原则的抽象性，允许行为选择的多样性，反对僵化固守具体规范，以此化解对管仲选择的质疑。

四、宋学护教立场下的整体诠释

如上五则材料，仅仅是截取汉唐间较有代表性的评论，重在突出具体分疏的论说风格下诸多不同的角度。如果说如上个别评注还不能看到其明显受到《论语》的影响，那么及至宋代，孔子解释的权威性则明显增强，理学家将《论语》故事纳入其思想体系中加以整体诠释，变得更为丰富和系统。检阅程朱著作的相关条目，发现他们对该事件的解释基本相同。[①] 限于篇幅，本书仅以伊川之论述为例，分析其解经之特色。

> 桓公、子纠，襄公之二弟也，桓公兄，而子纠弟也。襄公死则桓公当立，此以《春秋》知之也。《春秋》书桓公则曰齐小白，言当有齐国也，于子纠则只曰纠，不言齐，以不当有齐也，不言子，非君嗣子也。《公》《穀》并注四处，皆书纳纠，《左传》独言子纠，误也。（《二程外书·第六》）

按：子纠与小白，宋以前文献要么不提孰长孰幼，要么说子纠为兄而小白为弟。但伊川解释与之相反。其论证主要依据《春秋》笔法，观其微言大义，同时认为《左传》有误，进而说明小白得国正，子纠争国非。其中缘由，从《集注》注《论语·宪问》章18节引程子语中，可略见端倪：

> 程子曰："……故圣人不责其死而称其功。若使桓弟而纠兄，管仲所辅者正，桓夺其国而杀之，则管仲之与桓，不可同世之仇也。若计其后功而与其事桓，圣人之言，无乃害义之甚，启万世反覆不忠之乱乎？如唐之王珪、魏征，不死建成之难，而从太宗，可谓害于义矣。后虽有功，何足赎哉？"（《四书章句集注·卷二十九》）

弟之尊兄，为道义之正；嫡长子继承，为国君继承之原则。故管、召行为的正当与否，取决于能否规劝其主敬兄行悌并遵守嫡长子继承制，而后者又取决于桓公和小白的长幼身份。若依传统说法，则子纠为正，管仲去正而

---

① 《四书章句集注》解《论语·宪问》17、18 节，亦引程子语，也可以从侧面看出程朱解释此事件的相似性。

事不义，则其功再大，也与王珪、魏征一样不合道义，作为道德的守护者的孔子在大是大非面前不苛责，反而称赞"齐桓公正而不谲"（《论语·宪问》），则显得有损圣人形象。因此，伊川力辩史实，视小白为兄而子纠为弟，则子纠争国，管、召助其争国，均不合道义。管仲后能幡然悔悟，将功赎罪，由不义而归于正，亦合乎改过迁善的原则。这样，孔子不加苛责，无损圣人形象。伊川考辨史实，采取以意解经之方式，其结论值得商榷——毛奇龄已在《论语稽求篇》中引《春秋》三传、《荀子》《史记》等史料加以驳正——但若就动机言，伊川背后有维护圣人形象的苦衷，有着阐明天理亘古不易的思想观念，则程子之辨析又在情理之中。

伊川的另一独特解释是关于"如其仁"的理解：

> 孔子未尝许人以仁。或曰："称管仲如其仁，何也？"曰："圣人阐幽明微之道，只为子路以'子纠之死，管仲不死，为未仁'，此甚小却管仲，故孔子言其有仁之功。此圣人言语，抑扬处当自理会得。"（《二程遗书·卷第十八》）

侧重内圣，注重修养，时时不忘端正君子道德动机，以严格的道德观念评述人物行为，这促使伊川把外在事功与内在德性区分开来，认为孔子对于外在事功之赞扬，不代表称许管仲之品德。从思想源头上说，这一解释可能受到《孟子》的启发。孟子固守王霸之辩，以道德动机和内在品德品评人物，劝勉人君行仁政，斥责管仲以力假仁，称霸天下。孟子对管仲的态度，恐与孔子有别，但宋时孟子思想地位大为提升，需将《论》《孟》解释为不相冲突之思想体系，故以《孟子》之意解《论语》，将"如其仁"解释为"言其有仁之功"。

有了如上区分，程子解释了孔子称许管仲的原因：

> （伯温）又问："孔子称管仲如其仁，何也？"曰："但称其有仁之功也。管仲其初事子纠，所事非正……失于初也。及其败也，可以死亦可以无死。与人同事而死之，理也。知始事之为非而改之，义也。召忽之死，

正也。管仲之不死，权其宜可以无死矣。故仲尼称之曰'如其仁'，谓其有仁之功也。使管仲所事子纠正而不死，后虽有大功，圣人岂复称之耶？若以圣人不观其死不死之是非，而止称其后来之是非，则甚害义理也。"（《二程遗书·卷第二十二上》）

与人同事而死之，这一忠诚的原则深具普遍性，能够指导普遍的道德实践，应该成为人普遍遵循的正道常理。管仲之不死，为明智之士的权宜之用，但不具普遍的指导意义。故程子将召忽从主死节视为"理""正"，而把管仲去恶从善、将功补过的行为视为"权而宜"。既然管仲在子纠死后"可以死亦可以无死"，故孔子可以不苛责，进而直接对管仲后来的行为做出评价，称许他所取得的功业。这进一步明确了孔子的推理评价思路，认为孔子的评价不是对两个事件的简单权衡，而是在管仲的选择没有违背道德原则的基础上，对他后来取得的历史贡献做出正面评价。

从以上分析可以看到，伊川对《论语》思想的内涵把握得更为系统，呈现出如下显著特征：一是伊川具有护教学的立场，以此裁断史料之真伪，维护和塑造圣人的正面形象；二是把大一统社会下的"忠"观念及嫡长子继承制视为天理而不可动摇，非常重视对桓公、子纠孰长孰幼的辩论。由此认为管仲的选择不违道义，但魏征不死建成而事太宗之行为需加贬斥；三是突显了宋儒重内圣修养的解释向度，通过仁之品德与仁之功的区分，确立了内在品德和道德动机在人物评价体系中的核心地位。四是进一步明确了孔子的推理评价思路，让读者领会"圣人阐幽明微之道"。

最后再来看王夫之的评注：

夫子不辨管召之不宜党弟以争国，想来初不以此宽仲而鄙忽。盖齐之难，起于襄公之见弑，则为襄公之子者，俱有可反国以存宗社之义。非国家无事，长幼有定序，而纠故作逆谋以争兄位也。……当其始时，齐大夫且不知小白之存亡，而况为管召者，亦安得舍现在可奉先君之子，而远求其兄于不可知之域哉？迨其后，桓公已自莒返，而鲁与召忽辈乃犹挟纠以争，斯则过也。先君之贼已讨，国已有君而犹称兵以向国，此则全副私欲小忿，护其愆而侥幸富贵，以贾无益之勇。故曰匹夫匹妇之为谅。若王、魏之于建成，则兄弟当父在之日而构大难，俱为不仁不义，而建成则高祖所立之冢嗣也，已受父命而正大位，非纠比矣。王、魏受命于高祖为宫僚，则义不容于不死。……（《读四书大全说·卷六》）

当国家危难之时，宗社之义高于嫡长子继承制的原则。故在齐国动荡无君的危难之际，作为国家大臣，管、召不知小白存亡，当出于社稷安危的考量而辅佐身边的先君之子尽快回国继承君位，故无兄弟相争之说，孔子起初也就不"宽仲而鄙忽"。当先君之敌已除，新君也已拥立时，则管仲、召忽皆应积极辅佐小白，以图国家安定富强，不可出于对子纠的个人恩义，辅助其以暴争国而另生祸乱。故孔子评论召忽为"匹夫匹妇之为谅"，称许管仲"如其仁"。与之相比，王、魏之选择看似与管仲同而实则不同。因为身处国泰民安之时，王子与大臣当恪守"长幼有序"之伦常，维护嫡长子继承制。建成封为太子，王、魏当竭力辅佐，与其同进退，共生死。世民杀兄而试图继承王位，显得不仁不义。

与程子相比，王夫之也有为圣人辩护的思想动机，故两者护教学立场相同。他继承程子"桓公兄，而子纠弟也"的观点，但并不认为管、召在助子纠回国时有与兄长争国的动机，也不对仁之品德与仁之功加以明确分辨，这又与程子的看法不同。王夫之区分了国家安定与国家危难两种情况，提出危难之时国家利益至上、保国救国的大义优先于王位继承制度的原则，这可能是由于清军入关的时代背景和深处亡国之痛的自身处境，影响到他对经典的解读视角。另一方面，王夫之同样坚持：在国家安定时，王子与大臣应恪守严格的忠义原则，这又继承了宋儒的普遍观念，坚守严格的道德立场。

五、解道德之惑的多种方式

"惑"是一种古老的精神现象，它涵盖普遍日常经验、复杂的知识与精神生活（情感、道德、信仰问题）的层面。①"管仲不死而相桓公"所引起的争议，涉及如何化解道德困境的问题。这与坚持严格的道德立场——不能允许只顾外在事功而无视内在德性修养——紧密相关。在具体实践中，思想家一方面尊重个体差异和情境的特殊性，允许以达权通变的方式处理道德实践中的困境，另一方面又对放弃道德原则的行为时时保持高度的警惕。因此，在个人修身与济世安民、固守原则与知权达变、普遍原则与个体差异之间，他们需要找到使人心安理得的平衡支点。

道德之惑，也与道德原则的抽象性与道德情境的复杂性有关。因此，对管仲选择加以辩护，可以从道德规范与实际运用的关系上加以澄清：一是如《孔子家语·致思》与《论语王氏义说》，澄清价值规范的准确内涵，从而说明具体情境与价值规范的适用范围不相符合，论证管仲选择的合理性。二是如程子的解释，澄清事件中人物的身份地位，从而阐明小白继承君位符合"嫡长子继承制"，进而说明孔子无须根据这条规范加以贬斥管仲。三是如《晋书·列传第二十八》，将抽象原则与具体规范做出区分，允许行为选择的多样性，反对僵化固守具体规范。四是如《说苑·善说》，把客观的价值规范与主体的素质、能力、性格联系起来，认可在某些特定场合，不同能力或地位的人行为选择可以不同。

解道德之惑还可以从道德评价的规则上入手。其方式也可以至少分为如下几类：一是从道德动机上做出评价。如《后汉书·第五钟离宋寒列传》，重构历史人物的内心思想世界，说明在面对道德困境下历史人物的良苦用心，希望以此激起读者的情感共鸣，从而得到尊重和认同。二是区分同一价值原则下的若干规范，辨明面临冲突时的取舍顺序。如《读四书大全说·卷六》，强调宗社之义高于嫡长子继承制的原则，从而化解同时面临多条规范无法同

---

① 陈少明. 经典世界中的人、事、物 [M]. 上海：上海三联书店，2008:149-166.

时贯彻所产生的困惑。三是从行为选择的不同后果的对比分析中加以评价。如《说苑·善说》的解释，管仲不死则功复用于天下，死亡则不免为沟中之瘠，相比而言前者显得更好，故管仲的选择是值得肯定的。四是认为坚持原则时可以存在例外，诉诸更高的价值理想而知权达变。如《中论·智行》，强调仁智结合，不蹈小节小善，以实现更高层次的"善"。

另外，从历代评注中，我们不难发现经典与历代解释间的互动关系。一方面，《论语》具有不容置疑的权威地位，孔子"如其仁"的评价，为儒家历代评注奠定了思想基调，即使对于外在事功给予较低评价的宋儒伊川，也不能无视孔子的正面评价，而只能对文意进行迂回曲折的解释，纳入自己的评价体系中。另一方面，无论是大一统社会下的忠君观念、孝悌观念、道义观念、王位继承制度、从主死节的规范、建功立业的追求；还是伊川突出内在德性修养的良苦用心，王夫之维护民族大义的忧患意识；抑或汉唐思想家对史事加以具体分疏，程朱往普遍化和抽象化方向诠释的评注特色，无不通过思想史事件的评注体现出来。这些时代背景、思想观念、价值立场、论说风格的加入，增强了故事的思想性和经典的生命力。

第四节　儒家智德思想的德性面向
——以道德哲学视野下戴震重"知"哲学体系新诠为例

在儒家思想传统中，戴震对"知"（智）的重视是独树一帜的——相对于心性儒学传统而言，戴震对"知"（智）的强调恐怕更趋近于荀学。为了消除"意见当理"的理学流弊，戴震重视化解"蔽""愚""疑""惑""偏""差""谬"等负面经验，通过后天道德之"学"、切近人伦日用之"事"，发挥"心"的分析裁断能力和感通能力，从而消除人事之隔和人我之隔，明于"理义"而进于"智"。戴震哲学的旨趣，不在为经验认知提供哲学基础，而是在道德哲学的框架下突出人的察识、判断和情感的参与，在具体道德情境中得事之情实，从而使行动中正无失。在这个意义上，即使在儒学内部极其重视"知"（智）的戴震哲学而言，依然未能脱离道德哲学的框架，其对道德理性和道德智慧的强调，依然与西方传统的"知识即美德"和西方近代认知科学传统的观念存在差异。

一、"去愚蔽重知"的追本溯源

> 廉洁自持，心无私慝，而至于处断一事，责诘一人，凭在己之意见，是其所是而非其所非，方自信严气正性，嫉恶如仇，而不知事情之难得，是非之易失于偏，往往人受其祸，己且终身不寤，或事后乃明，悔已无及。①

强势者苛责于人，是理学与权力结合并受到权力歪曲利用后的流弊。戴震将其根源划归为二：一是强势者以权谋"私"，即有意识地将个人诉求贯于"理"的名号，借用权力加以实现，结果"负其气，挟其势位，加以口给者，理伸；力弱气慑，口不能道辞者，理屈。"（第4页）；二是出于维护道德尊严的愿望，强势者自以为道德动机纯正无私，于是将自己所见视为真理，对他人施于威吓和惩罚。在戴震看来，前者归为"私"的弊病，而后者是"蔽"的表现。程朱虽然强调了"廉洁自持，心无私慝"，但"自非圣人，鲜能无蔽；有蔽之深，有蔽之浅者，人莫患乎蔽而自智，任其意见，执之为理义"（第3页），故道德动机纯正下的见解，虽然无"私"但往往有"蔽"，依然是"自智"主导下的"意见"，难得事之情实，多有偏失而造成人祸。因此，"私"与"弊"的根源与化解方法不容混淆：

---

① （清）戴震．孟子字义疏证[M]．北京：中华书局，1982:4.

本章以下引文，如无特别说明，均出自该书，直接在正文中标明出处页码。

> 欲之失为私，不为蔽。……天下古今之人，其大患，私与蔽二端而已。私生于欲之失，蔽生于知之失。（第9页）

> 凡异说皆主于无欲，不求无蔽；重行，不先重知。（第53—54页）

戴震从"欲求""意愿"等人的意识的角度加以界定"欲"，与宋儒意指与价值之源的"天理"相对的"人欲"概念不同，故将理学等同于佛、老的"无欲"，实不公允，但理学在道德动机如何纯正上着力甚多，强调去"私"有余而去"蔽"不足。在这个意义上，戴震并不将"蔽"的根源归结为"欲之失"，而是归结为"知之失"，主张去"私"不能代替去"蔽"的功夫，是切中了理学流弊的要害。

除了后天"知之失"引发"蔽"之外，"蔽"还与先天禀赋有关：

> 《论语》言相近，正见"人无有不善"；若不善，与善相反，其远已县绝，何近之有！分别性与习，然后有不善，而不可以不善归性。凡得养失养及陷溺梏亡，咸属于习。至下愚之不移，则生而蔽锢，其明善也难而流为恶也易，究之性能开通，非不可移，视禽兽之不能开通亦异也。（第30页）

朱子主张，"人之气质，相近之中，又有美恶一定。"[1]但戴震反对用气之清浊说明气质之性的善恶，理由是此解不合乎《论语》"性相近"的说法。"限之于始，有偏全、厚薄、清浊、昏明之不齐，各随所分而形于一，各成其性也。"（第25页）"中庸曰：'天命之谓性。'以生而限于天，故曰天命。"（第25页）这种"限""分"而来的人的差异，是"远近等差殊科"，即"智愚"的不齐。先天禀赋偏、薄、浊、昏者，比常人成善的难度大，如果不能借助后天修养功夫就容易导向恶，但这并不意味着"生而蔽锢"之人就是"恶"，也不是一定不能成善。只要在后天习染上下功夫，依然可以去"蔽"而进于"智"。

---

[1] （宋）朱熹注《论语》"唯上知与下愚不移"，朱熹著.四书章句集注[M].北京：中华书局，1983:176.

为了去"愚"去"蔽"，戴震主张发挥人之"精爽"的功用，通过后天之"学"，从而进于"智"：

> 生而下愚，其人难与言理义，由自绝于学，是以不移。然苟畏威怀惠，一旦触于所畏所怀之人，启其心而憬然觉寤，往往有之。苟悔而从善，则非下愚矣；加之以学，则日进于智矣……虽古今不乏下愚，而其精爽几与物等者，亦究异于物，无不可移也。（第30页）

> 是不废多学而识矣。然闻见不可不广，而务在能明于心，一事豁然，使无余蕴，更一事而亦如是，久之，心知之明，进于圣智。虽未学之事，岂足以穷其智哉！（第55页）

"愚"的表现是"难与言理义"，重点不是指人的认识万物的能力或各种艺术才华的缺失，而是缺乏道德情境的辨察能力和居于情境的道德判断能力（后详）。因而戴震讨论"智愚"问题，依然应当在道德哲学的框架下理解。与此相关，就"学"的动力而言，道德之"学"与科学理论知识之获得相比，区别在于前者不是通过感性观察、概念定义和理论建构而完成的，而是"触于所畏所怀之人，启其心而憬然觉寤"，进而"悔而从善"，然后"学"才成为可能。换句话说，"学"需要诉诸施教者的人格力量，借助鼓励、惩戒、解惑等多种施教方式，激发其主动向善行善的意识，反观自身之不足，才会意识到"学"的必要性。

关于"学"如何进于"智"，戴震主张"多学而识"仅是"学"的不可或缺之基础环节，借此"能明于心"才是"进于圣智"的关键。而在戴震叙述脉络中，"心知"与"不惑""智""圣智"相连，"心知之明"的内容，分别指向"理义""条理而不紊"（即"分理"）与"权"（与"义"通）。[①] 因此，"学"需要在"事"中辨察，并使"心知"明于"理义"。"学"之目的是"学以养其良，

---

① "理义者，人之心知，有思辄通，能不惑乎所行也。"（《孟子字义疏证》第28页）"在人为本其心知之通乎条理而不紊，是乃智之为德也。"（《孟子字义疏证》第48页）"虽守道卓然，知常而不知变，由精义未深，所以增益其心知之明使全乎圣智者，未之尽也，故'未可与权'。"（《孟子字义疏证》第52—53页）

充之至于贤人圣人"（第42页），从而"进于圣智"。在这个意义上，戴震复活了传统儒学"道问学"的维度，但所谓的"训诂""闻见之知"，不足概括其"道问学"之全部内涵。如何在"事"上明于"理义"，才是重"知"思想之关键。

二、"事上明理义"的理论指向

在"事"上明于"理义"，从而去"愚"去"蔽"，是"智"的集中体现。那么，它的具体内涵为何呢？细绎原典，可从道德理性和道德情感两个方面来谈。先看前者：

> 理义非他，可否之而当，是谓理义。然又非心出一意以可否之也，若心出一意以可否之，何异强制之乎！是故就事物言，非事物之外别有理义也；"有物必有则"，以其则正其物，如是而已矣。就人心言，非别有理以予之而具于心也。（第7页）
>
> 不出于邪而出于正，则谓以理应事矣。理与事分为二而与意见合为一，是以害事。夫事至而应者，心也；心有所蔽，则于事情未之能得，又安能得理乎！（第8—9页）
>
> 语其事，不出乎日用饮食而已矣；舍是而言理，非古贤圣所谓理也。
>
> （第3页）

所谓"物""事"，不能理解为客体，而是人的理性、情感、意志等参与下的"人之事"，此时的自然万物不再是客观的存在，而是一种供人使用的功能性的存在，"事"更不是与我无关的自然现象，而是一定程度上与意识现象学所说的"意向之物"有相通之处，只是它是在道德实践中达到人与事的融合，故说它是意识领域的，毋宁说是"生活世界"的、生存论意义上的。戴震强调"非心出一意以可否之也""非事物之外别有理义""非别有理以予之而具于心也"，可以看到批判"得于天而具于心"释"理"造成"意见当理"

的理学流弊的思想脉络。在他看来，程朱固执于形而上之"天理"而舍人伦日用，不重视道德情境的观察和分析，结果在日常实践中，自以为智，自信其所见无所失，以"意见"为裁断标准去从事实践活动，此所谓"以理应事"，造成"理与事分为二与意见合为一"。因此，为了化解"意见当理"，戴震主张打破人事之隔，走向"理"与"事"的有机结合。

"非事物之外别有理义也"，初衷是强调"理义"不能离开具体的道德情境而存在，但这并不意味着道德评判根据停留于物事上：

> 举理，以见心能区分；举义，以见心能裁断。分之，各有其不易之则，名曰理；如斯而宜，名口义。是故明理者，明其区分也；精者，精其裁断也。（第3页）

> 理义在事，而接于我之心知……心能辨夫理义……理义在事情之条分缕析，接于我之心知，能辨之而悦之；其悦者，必其至是者也。（第5页）

"理"与"义"，不是附于实体之上的属性，也不是事物内在固有之客观运行规律，而是"心"的"区分"和"裁断"能力主导下的道德评判。它不仅需要关注行为情境为基础，还需要"接于我之心知"，从而发挥"心"的"辨夫理义"的能力，明了"各有其不易之则"和"如斯而宜"。换句话说，戴震"事"上明察"理义"，在于强调道德主体对自身行动情境的具体体察和分析，以及在此情境下运用道德判断能力，找寻合乎情理之最佳方案，从而真正经得起"心"的察省。

因此，戴震在"事"上明察"理义"的智慧，与朱熹的"格物"的重大不同在于：后者重在强调"心"对普遍道德原则的感悟能力，希望"一旦豁然贯通"，达到"吾心之全体大用无不明"[1]，即在具体实践事项中逐步明心中之全德，以成为将来道德行动之动力；而前者则强调化抽象为具体，不可"心出一意"来"强制"具体的道德情境，并需要在具体的情境中发挥道德理性能力，判断"可否之而当"。其思想价值不是为建立经验科学之体系提供思想

---

① （宋）朱熹．四书章句集注[M]．北京：中华书局，1983:7.

资源，而是在道德哲学上对理学流弊加以批判和反思，希望能够重视后天之学，重视道德情境，以得事之情实，在此基础上准确运用道德原则，让道德主体的判断和行动中正无失。

正是看到在具体情境中运用道德判断的重要性，戴震突出了行"权"以得"理义"的重要性：

> 权，所以别轻重；谓心之明，至于辨察事情而准，故曰"权"，学至是，一以贯之矣，意见之偏除矣。（第57页）

行"权"，即是运用分析裁断能力，对道德原则、规范、情境加以详细考察，通过纵向的层次化和横向的程度化的排序，区分不同道德原则和规范的轻重，说明其在某一情境下的制约强弱，以找到正确无实的行动方式。"辨察事情而准"的"权"与"心能裁断""如斯而宜"之"义"，实际含义相通，因为传统儒家所谓"义"，并非某一具体内涵的道德原则或规范，但又是时刻不离道德实践的内在准绳，可视为具体道德实践中不可或缺的道德判断能力。因此，戴震言"义"时往往与"理"并提，且言"理"多而"义"少，但从其对"权"之重视，实际依然强调着儒家向来重视的道德判断能力。

三、"疑惑偏差谬"的非认知品格

"心有所蔽，则于事情未之能得，又安能得理乎！"（第9页）戴震将察识事物相关的负面经验统称为"蔽"，而在具体的论说过程中，又分为"疑""惑""偏""差""谬"（其中"偏"与"谬"，也存在于道德情感领域）。考察它们的义涵和化解方法，同样有助于理解戴震重视道德理性以明察"理义"的理论用心，说明它的非认知品格。

首先来看"疑"与"惑"：

> 明理者，明其区分也……不明，往往界于疑似而生惑。（第3页）

近于清者，明达广大，不惑于疑似，不滞于习闻，其取善去不善亦易。（第42页）

在《疏证》中，"疑"字出现19次，"惑"字出现15次。逐条检别后不难发现，文本中的"疑"或"惑"，不是针对人在感觉和知觉层面对经验现象的"疑"或"惑"而言，而是针对信念信仰层面立论；并且"疑"与"惑"连用，有时意思相通，但有时略有差别：如"今日理在事情，于心之所同然，泂无可疑矣"（第5页），"疑"侧重对某一观点、原则的不信任，"疑"的反向是"信"，去"疑"的方式是证明这一观点、原则的正确性。"理义者，人之心知，有思辄通，能不惑乎所行也"（第28页），"惑"则是对两种和多种观点和选择，不能分清轻重对错，犹豫不决，左右为难，"不惑"则是能够对不同的情境加以区分，并对不同的观点和选择做出决断。此处之"疑似而生惑"，重在"惑"而不在"疑"，是指道德主体视当前情境与过去经验极其相似，其道德规范和行动方式本亦相同，但又明显感到原有行动规则用于新情境，效果不佳而心有不安，因而产生困惑。这种"似而惑"的化解，需要重新察识道德情境，"明其区别"，重新考察道德原则的适用范围。戴震对"疑""惑"的化解，强调人对某一学说、观点、指导原则的"信"，以及在具体的道德情境下正确选取行动原则的"不惑"，两者均非"闻见之知"所能涵盖，而是明察"理义"后的道德智慧。

二是"偏"。"偏"，与"全""正"意反，有"气禀之偏"[①]、"言论之偏"[②]，与"事"相关的，则有"意见之偏""是非之偏"：

不知事情之难得，是非之易失于偏，往往人受其祸。（第4页）
不出于邪而出于正，犹往往有意见之偏，未能得理。（第8页）

"意见"是与"理义"相对而言之伦理学范畴，"意见之偏"，显然是有所"见"，且此"见"往往就"事"的某一方面有深入之察识，并自认为得事

[①] "其限之于始，有偏全、厚薄、清浊、昏明之不齐。"（《孟子字义疏证》第25页。）
[②] "荀子见于……论似偏。"（《孟子字义疏证》第33页。）

之情实，但其实对"事"的其他面向有所疏失，不能准确全面把握道德情境，结果所下的判断和选取的行动方式就有所偏颇。其次，所谓"是"或"非"，不同于"证伪"或"确证"问题，而是道德判断是否在具体情境中正确贯彻了道德原则（"分理"），经得起道德理性的检验（"如斯而宜"），故"是非之偏"，即所得结论违背了"分理"，不能得其"宜"。因此，所谓"偏"，既有对道德情境的察识的不全面不准确，也有由此而来的道德判断和行动方式的偏颇，它的化解，需要在"事"上明"理义"的智慧。

三是"差"与"谬"。《疏证》往往"差""谬"连用，内涵有相通之处。先看"偏差"之"差"：

> 盖人能出于己者必忠，施于人者以恕，行事如此，虽有差失，亦少矣。（第55页）

> 致其心之明，自能权度事情，无几微差失，又焉用知一求一哉？（第56页）

上述引文中，前者指行动的实际效果与原有动机、原有预期的差距，后者指在察识道德情境的基础上，能否对道德原则加以权衡轻重，使原则的贯彻没有偏差，故均不是指实验测量所得之现象与客观实在之间的误差，不是指科学理论与客观法则的差距。所谓"差"，宁说是与真实状况不符而有所失误，不如说是与应然状况不符而心中有所遗憾。

再看"谬"。《说文》："谬：狂者之妄言也。从言翏声。"戴震不仅言及"言之谬" [①]，学说之"谬" [②]，更言及"事"之"谬"：

> 智者自负其不惑也，往往行之多谬。（第46页）
> 欲之失为私，不为蔽。自以为得理，而所执之实谬，乃蔽而不明。（第9页）

[①] "盖言之谬，非终于言也，将转移人心。"（《孟子字义疏证·序》第1页）

[②] "老、庄、释氏之谬，乃于此岐而分之。"（《孟子字义疏证》第17页）

因"自智""意见"所引发之"谬"，同样不是意指对附于实体之上的属性和内在规律的认知有谬误，而是指与道德原则规范下的应然状况不符，似不必赘言，容易望文生义的则是下面一则引文：

> 其心之精爽，巨细不同，如火光之照物，光小者，其照也近，所照者不谬也，所不照斯疑谬承之，不谬之谓得理；其光大者，其照也远，得理多而失理少。且不特远近也，光之及又有明阒，故于物有察有不察；察者尽其实，不察斯疑谬承之，疑谬之谓失理。……故礼义非他，所照所察者之不谬也。何以不谬？心之神明也。（第5—6页）

"察者尽其实"，"所照所察者之不谬"，似有强调对外在的认知的意味。而实际上，"所照所察"之目的，在于得"理"而不"失理"，而所谓"理"，是"分之，各有其不易之则"，而"则"，不是事物之属性或规律，而是"以秉持为经常曰则"（第3页），故所谓察识，实是明了行为情境的千差万别，并找寻正确行动的应然之则。察识之"谬"，就是对当前道德情境把握不准确，将其与类似情境相混淆，并且选择了不符该情境的行为原则，造成了实际效果与原有动机、原有预期的背离。

四、"通情达理"的体知因素

> 理也者，情之不爽失也；未有情不得而理得者也。……天理云者，言乎自然之分理也；自然之分理，以我之情絜人之情，而无不得其平是也。（第1—2页）

"以我之情絜人之情"，即孔子所谓"忠恕"，孟子所谓"恻隐之心"的发动。"心"对自然分理的察识，不仅需要关注具体的道德情境，而且需要打破人我之隔，"以我之情絜人之情"加以"体知"，从而真正"得其平"，让道德行动中正无失。因此，除了利用"区别""裁断""权""辨察"等能力"事上明理"以外，戴震还重视从道德情感的角度加以"明理"：

> 以其心知明于众人，则共推之为智，其去圣人甚远也。以众人与其
> 所共推为智者较其得理，则众人之蔽必多；以众所共推为智者与圣人较
> 其得理，则圣人然后无蔽。凡事至而心应之，其断于心，辄曰理如是，
> 古贤圣未尝以为理也。不惟古贤圣未尝以为理，昔之人异于今人之一替
> 口而曰理，其亦不以为理也。昔人知在己之意见不可以理名，而今人轻
> 言之。夫以理为"如有物焉，得于天而具于心"。未有不以意见当之者也。
> 今使人任其意见，则谬；使人自求其情，则得。……惟以情絜情，故其
> 于事也，非心出一意见以处之，苟舍情求理，其所谓理，无非意见也。
> 未有任其意见而不祸斯民者。（第4—5页）

在"众人""智者"与"圣人"的差等结构中，戴震依然坚守着传统儒
学的樊篱，承认真理的至上性和人的愚智不同而道德实践优劣不同，要求每
个道德主体不能固执于自身的已有见解和感受（当然这种见解也不具真理性
和权威性），需要以圣贤为典范，内在超越和提升。这种"超越"，既是超越
狭隘的"自我"而感通现世的其他个体，也是超越当世而感通历史上的圣贤，
达到天下万世皆以为然。这种"超越"之所以可能，就在于人所具有的"情"，
它既可以反身而求，经受自我良知的检验，化解内在的偏私以得"情"之纯
正，又可以"以情絜情"，让道德主体具有超越自我领域而感通他者的能力，
进而"体知"天下共感共通之"理"。否则，"情之失为偏，偏则乖戾随之矣。"
（第41页）"今使人任其意见，则谬；使人自求其情，则得。"（第4页）"情"
之"偏""谬"，就将阻隔"体知"天下共感共通之"理"，流为"乖戾""任
其意见"的恶果。

"情"所具有的不离"我"又超越"我"的感通能力，并不像亚当·斯密
所说的"想象"与"移情"①，而是一种生存论意义上的感同身受：

> 虽视人之饥寒号呼，男女哀怨，以至垂死冀生，无非人欲，空指一

---

① ［英］亚当·斯密. 道德情操论 [M]. 蒋自强等译. 北京：商务印书馆，1997:1—2.

绝情欲之感者为天理之本然，存之于心。及其应事，幸而偶中，非曲体事情，求如此以安之也；不幸而事情未明，执其意见，方自信天理非人欲，而小之一人受其祸，大之天下国家受其祸，徒以不出于欲，遂莫之或寤也。（第 53 页）

在强烈控诉中，戴震指出了无视"饥寒号呼，男女哀怨，以至垂死冀生"的祸患，这是将我的身体与他人之身体隔断的表现，以致对他人的孤苦无动于衷，麻木不仁。真正的圣贤，应当"曲体事情，求如此以安之"。真正的"心安"之"情"，并不是在舒适的环境中出于理性的换位思考并想象他者的疾苦，也不仅仅是强者对弱者的一种纯粹怜悯，而是同胞疾苦在我身上的共感共鸣，产生一种当下自发的、不必算计的强烈情感，并且具有立刻施之援手的行动意向。因此，生存论意义上的"心安"之"情"，牵涉到一个行动论、责任论的向度。

既然"以情絜情"与"区分""裁断""权""辨察"均对"事上明理"具有重要意义，那么，他们之间的关系如何呢？

心之所同然始谓之理，谓之义；则未至于同然，存乎其人之意见，非理也，非义也。凡一人以为然，天下万世皆曰"是不可易也"，此之谓同然。（第 3 页）

人伦日用，圣人以通天下之情，遂天下之欲，权之而分理不爽，是谓理。（第 54 页）

一人以为然而天下万世也认同，才是"心之同然"，反之，一人以为然而天下万世不以为然，则成为个人之"意见"。故"心之同然"可视为化解"意见"而得"理义"的标准。戴震对孟子"心之同然"的阐发，一方面强调"能于事情不爽失，使无过情无不及情"（第 3 页），另一方面又认为"谓心之明，至于辨察事情而准，故曰'权'"，"举理，以见心能区分；举义，以见心能裁断"。而从先后顺序来看，"理义"之获得，应当立足于"人伦日用"的道德情境，诉诸"通天下之情"的感通能力，跳出狭隘的"自我"领域，从自身成长背景、当下身份、思维定势、固有观念的制约中解放出来，然后才能更好地发挥"权"的道德判断能力。因此，前面提到的后天之学习和在事上"区分""裁断""权""辨察"，需要求取"心安"之"情"的发动，达到道德主体与天下万世的共鸣共感。在这个意义上，戴震所提到的化解"意见"的"心知"能力，不能仅在认识论上落脚，而是应当看到其"体知"品格，在生存论意义上扎根。

五、"由识进智"的必要跨越

清代学术看成是儒家"道问学"的历史阶段，戴震哲学的突出特色在于它的重"知"，这算是当前学界的通见。然而，戴震重"知"的准确内涵、理论指向和思想价值，却依然是一个见仁见智的话题。冯友兰先生言："知识即道德之说，东原可谓持之。"[①]这一断语，似有语焉不详之感，一是"知识"是"knowledge"还是"intellectual"，还是传统词汇中"知"与"识"的复合？二是"即"当理解为"等于"还是"由……而达到"，若主后说，则知识如何进于道德？这两个问题，实际是理解戴震重"知"哲学的关键，不可轻易放过。

余英时认同"知识即道德"之说[②]，认为"东原极不取'理得于天而具于心'之说，而解'理'为客观事物之内在条理，因此他认为不断地从事穷理致知，最后可以使人的认知心变得晶莹明澈，但认知的本身则是一永无止境的历程。""东原之'心'仅是认知之心，因此他的'闻见之知'已不复直接归宿到道德性的'理'上。"[③]但也"并不认为清儒（按：当然也包括戴震）已具有一种追求纯客观知识的精神，更不是说清代的儒者必然会导致现代科

---

① 冯友兰. 中国哲学史 [M]. 上海：华东师范大学出版社，2000:317.

② 余英时. 论戴震与章学诚 [M]. 北京：三联书店，2005:26.

③ 余英时. 论戴震与章学诚 [M]. 北京：三联书店，2005:29.

学的兴起。"① 因而余英时所谓"认知",应是包括对外在事物的察识和道德原则的获得。这算是对冯友兰提出"知识即道德"命题中"知识"一词的充实。

余英时重在探究宋明理学如何过渡到清代经典考证的思想史脉络②,强调戴震对"闻见""学问""博"的重视及其在智识主义的谱系中的位置,学术贡献自然毋庸置疑。但余先生认为"东原之'心'仅是认知之心",实有商榷之处。本书考究戴震对"蔽""愚""自智""自信""意见""疑""惑""偏""差""谬"的界定和化解,不难看出这些负面经验所对应的不是通过闻见所能达到的"认知"之"知",而是中正无失的道德之"智"。戴震虽然重视"闻见之知",但同时应当看到他对"分理""义""权"和"情"的重视,前者仅仅是获得道德知识的基础,后者才是转化"闻见之知"为"德性之知"的关键。"分之,各有其不易之则"的"理",重点不在考察附于实体之上的属性,更不是探寻事物内在固有之客观运行规律,而是强调道德主体对自身行动及行为情境的具体性的体察;"如斯而宜"之"义",更是说明"心能裁断",此"心"绝不能理解为"认知之心",而是凸现了人的道德判断能力,强调在具体情境下找寻合乎情理之最佳方案;与"义"相通,行"权"即是运用分析裁断能力,区分不同道德原则和规范的轻重,说明其在某一情境下的制约强弱,以找到正确无实的行动方式,这也是"心知"所具有的含义,但绝不是"认知之心"所能涵括的;通天下之情以达理,更是赋予道德主体不离"我"又超越"我"的感通能力,并且成了"义"和"权"背后的最终依据,这更是道德实践中不可或缺之因素。

因此,道德知识的获得与客观认知虽然看似有几分相似,但对道德原则的领悟,则必然离不开道德判断能力和感通能力,这绝不仅仅是"认识"的范畴,而是"体知"的不可或缺,两者的结合才是戴震"心知"的准确内涵。戴震突出了察识的意义,自然在"道问学"问题上比宋儒更为重视,但由"知

---

① 余英时.论戴震与章学诚 [M].北京:三联书店,2005:5.

② 见余英时《论戴震与章学诚》,以及《从宋明儒学的发展论清代思想史》《清代思想史的一个新解释》,收入再版《论戴震与章学诚》(北京:生活·读书·新知三联书店,2005 年版)中。

识"而"道德",并不是自然过渡的。它的核心环节,在于"义""权""情"的参与。戴震哲学的旨趣,不能理解为仅对"知识"的重视,还应看到他对"智"的重视。"识"与"智",才构成戴震重"知"哲学的完整内容。

第五章　儒家修身功夫的文化特色与现代借鉴

　　先秦儒学蕴含的"修己以敬""反求诸己""三纲八条目""诚明慎独"等，是儒家功夫论之源，在宋明儒学吸收消化佛老思想资源的基础上加入了更多的个人思辨和体验，深化了儒家对于内在心性问题的探讨，形成了异彩纷呈、各有创见的功夫论论述。从比较文化和比较哲学的角度来看，儒家追求"内圣"与"外王"的统一，且主导的思想进路是由"内圣"之道而实现"外王"。儒家指导现实中不完满的个体通过自我的修身实践而成圣成德，发展出一套躬身实践的功夫论体系，实现了价值体悟、顽强意志、持续实践的统一，是儒家相对于西方哲学最具思想特色的面向之一。站在今天的视角来看，我们既要追溯传统，勾勒儒家修身功夫的思想争鸣与派别特色，要立足比较哲学视野审视儒家功夫论与佛老二家和西方哲学传统的异同，又要探究儒家修身功夫的睿见与盲区，挖掘君子道德修养方法与言传身教的现代价值，彰显其塑造平和心态、为政情怀、高尚情操等方面的积极功能，补强修身功夫之外的其他制度和机制，发挥现代政治学、心理学、社会学等学科的科学方法，更好推进当代道德文化建设。

第一节　儒家修身功夫的派别特色
——以《大学》诠释看朱王义理异同为例

　　朱子在《大学章句》中引程伊川语："大学，孔氏之遗书，而初学入德之门也。"朱子以为，"大学之书，古之大学所以教人之法也。"（《大学章句》）"某要人先读《大学》，以定其规模。次读《论语》，以立其根本。次读《孟子》，以观其发越。次读《中庸》，以求古人之微妙。《大学》一篇有等级次第，总作一处，易晓，宜先看。"（《朱子语类·卷十四》）朱子对《大学》思想之重视，如上可见一斑。他以经传二分之思路重订《大学》篇章结构，补"格物"章，改"亲民"为"新民"，甚至在临终三天前依然孜孜不倦，依然竭力修订《大学章句》，可见他用力之深。阳明批驳朱子，亦在朱子得意之《大学》处入手，笃信古本《大学》，力辩朱子改经补经之非，斥责朱子"支离"之谬，重释《大学》严整结构背后之义理，以《大学问》口授弟子，勉励弟子在事上磨炼，实践这一道德修养功夫，后其弟子钱德洪著以成文，加案语曰："《大学问》者，师门之教典也。学者初及门，必先以此意授。"可以看出，朱王虽然同时重视《大学》文本的解读，但在具体字义的诠释上，争议颇多。

　　正如柯林伍德所指出的那样，"每个人都带着他自己和他的时代的观点来研究历史"，历代注疏家都必然带着一定的"先见"进入经典解释的工作，因而必然打上了深深的时代烙印。作为宗教—哲学形态的解经学，朱王对《大学》的诠释，与侧重文字训诂考据的古文经学不同，它超越文本字义的表面含义，融入更多的时代背景和思想创造于其中，甚至成为"六经皆我注脚"的思想作品。它也以作为政治—社会学的今文经学不同，它极少在具体的两件事物上加以比附，而是从具体到抽象，把文本思想引向更为普遍的义理上来，从而使文本焕发出新的意义，为道德实践提供指南。在这个意义上说，朱熹和王阳明可以说是形成了自己的一套思想体系和修养方法，创立了新的诠释体例和诠释向度，代表了理学和心学两种不同的经典诠释形态。换句话说，朱王在《大学》文本解释之争论，表面上看似乎是具体字义解释上的分歧，但实际上则是义理系统（本体论和功夫论）上的差异。探寻朱王解读《大学》的异同，不能拘泥于具体字义解释的比较，也不必时时执着于比较具体解释与作者原意的差距，而必须上升到探寻义理系统的异同上来。

　　《明儒学案》中黄宗羲曾说："先生（王阳明）之学，始泛滥于词章，继而辩读考亭（朱熹）之书，循序格物，顾物理吾心终制为二，无所得入。于是出入于佛老者久矣。及至居夷处困，动心忍性，因念圣人处此，更为何道？忽悟格物致知之旨，圣人之道，吾性自足，不假外求，其学凡三变而始得其门。"（《明儒学案·卷十》）从阳明的生命历程和思想变迁来看，由于当时《大学章句》成为官方科考定本，诸如"格物""致知""诚意""正心"等范畴及其内在关系，成了思想界、学术界最具生命力的话题，阳明在这一学术气氛下成长，早年用于思考问题的方式和范畴无不受到朱子《大学章句》的影响。[①]阳明遭受"格竹"之疾、后回归《大学》古本，作《大学古本旁释》，后又以《大学问》反驳朱子，这一由浅入深的批驳，其实是阳明不断减少朱子影响、重建自我思想体系的动态过程。阳明的进德之路，也从依循朱子格物致知进路，发展到强调诚意功夫，再到后来强调"致良知"，完成了他思想的重大转变。[②]这一转变历程，主要原因不是通过对文本的反复阅读和训诂所得，而是经过诸如"格竹"之疾、龙场悟道，在历经生死磨难后体贴出来的。这种生命体悟所得的学问，带入了社会背景、个体生命历程、思想特质、性格等方面的因素，打上了深深的个人生活经验的烙印，形成了新的经典诠释路向，表现出与朱子的进德进路有着不少区别。今人研读文本，也很容易注意到阳明大

---

①　陈来.有无之境——王阳明哲学的精神 [M].北京：人民出版社，1991:118.

②　陈来.有无之境——王阳明哲学的精神 [M].北京：人民出版社，1991:160.

量批驳朱子的文段，比较两者之间的差异性。

但另一方面，由于阳明哲学在形成过程中与朱子思想具有千丝万缕的联系，其对朱子的批驳并不代表着对朱子哲学的全面抛弃，而应该理解为是一种扬弃。因而其中的相同或相通之处，亦不可不察——这是下文将要详细分疏的内容之一，现先略说其结论——从中西价值哲学差异性的立场来看，朱王价值哲学的建立基础，不同于基督教强调道德法则来源于上帝对人的启示，也不同于康德伦理学摈弃情感而对普遍的道德法则加以理性认识，陆王尽管代表着主知和主志的不同进路①，但都看重人的内在情感，强调"四端"对于道德修养的重要性。站在儒家与道佛的论辩的角度来看，朱王具有很强的"道统"意识，祖述尧舜，宪章文武，尊师仲尼，自觉排除佛老思想，强调体用一源、涵养与应事并重，在人伦日用中进行道德修养。站在与先秦儒学的传承发展角度看来，陆王一方面自觉从孔孟儒学中吸取营养，强调修身为本，德性生命的完善作为"为己之学"的目的，另一方面，朱王同为宋学解释形态的儒家义理系统，则凸现了道德修养进路和方法在义理系统中的重要分量，强调"内圣"重于"外王"，采用"天理"与"人欲"，"天命之性"与"气质之性""体"与"用"等新概念术语重构儒学的思想体系。

可以看到，义理系统的比较，关键问题在于选取合适的参照系。如果站在中西价值哲学建构，儒家与道佛思想差异，或者站在先秦儒学与宋明儒学的比较立场上看，朱王经典解释形态的区别，将会大大拉近。而如果站在宋明儒学侧重内在德性的完善、内在心性的阐发、道德修养实践功夫的思想主题，则朱王在具体心性概念的解释和道德修养的进路、方法的差异性，将会大大凸现出来，反映出各自思想的特质。因此，我们在关注朱王在相关议题上的争辩的同时，不能忽视同为注重内在德性修养功夫和以"内圣"开"外王"的相通性。朱熹理学和王阳明心学对为学根本目的认识是相同的，即都是为了"明明德"，求"圣人之道"，其根本分歧在本体论上是"性即理"与"心即理"的差别，在功夫论上则是对"格致诚正"理解的差异。

---

① 冯达文.宋明新儒学略论[M].广州：广东人民出版社，1997.

一、"内圣"与"外王"

从《大学》所展现的"八条目"来看，儒学涵盖"内圣"与"外王"两个不可分割的领域。按照学界普遍认同的说法，宋代儒学代表着儒学从"外王"向"内圣"的方向性转变，理学家专情于"内圣"之学的建立，对实际政治似乎抱着一种可即可离的态度，基本上投身于学术和教育事业。这一学术观点的主流地位，与牟宗三的倡导有着密不可分的关系。①而余英时写作《朱熹的历史世界》一书，似乎是针对这一主流观点而发。他从政治文化的角度，认为宋代儒学复兴的原始要求是根据"三代"的理想重建一个合理的秩序，这构成了宋代儒学的根本方向。它一共经历了三个发展阶段：从宋初到仁宗朝为第一阶段，确立了"治道"的大方向，即重建一个以"三代"理想为依归的政治、社会秩序。第二阶段政治文化的高潮则在熙宁变法，这是士大夫从"坐而言"转到"起而行"的时期。而第三阶段则是"内圣"之学的介入，着重发展了儒学中的"内圣"部分，赋予儒学以新貌（但非全貌）。理学之所以能够在第三阶段获得主导地位，在于他们提供了一个很有说服力的承诺：只要在"内圣"之学大明之后，"外王"之道才有充分实现的可能。②

如果按通行观点，宋明儒学把儒学的领地退归到人的"内圣"领域，那么，人的道德人格的完善也就成了修德的最终目的。如果依余英时的观点，努力发展"内圣"之学的目的，在于为重返"外王"奠定稳固的精神基础，那么，成德在"外王"层面上就成了手段，建立外在的合理的社会政治秩序才是最终目的。在著者看来，朱熹作为儒家士大夫，积极入世为官，参与宋代政治活动，试图利用自己或者友人"策对"的机会，用自己的一套道学思想劝服圣上改革建立良好制度。③王阳明身为明代将领，虽仕途坎坷，多次为朝廷立功，也多次被贬和受刑。从朱王的生活经历来看，他们两人都始终

---

① 牟宗三.心体与性体[M].上海：上海古籍出版社，1999.

② 余英时.朱熹的历史世界[M].北京：生活·读书·新知三联书店，2004:400-423.

③ 余英时《朱熹的历史世界》一书已着力阐明这一问题。

不能忘记对社会政治的关切。从道统意识来看，他们都具有很强的为儒学辩护的意识，自觉保持儒家与道家、佛教的区分。在宋初，儒者和高僧都基本认同一个结论：儒家以治道见长，佛教在心性占优。故儒佛根本区分还是极其分明，竭力守护道统的朱王，恐怕不能局限在"内圣"的领域。所以在"内圣"与"外王"之间的关系问题上，即使我们不完全同意牟宗三或者余英时先生的观点，但至少我们可以采取一个较弱的说法：同为儒家士大夫的朱王，他们都兼具"内圣"与"外王"的思想。

首先，朱王思想中"内圣"与"外王"关系的相通性，落实在《大学》文本中，表现为"修身"与"齐家""治国""平天下"的联结关系的阐述上。阳明《大学问》的思想是针对先儒朱熹而发的，文中并未有关于"齐家""治国""平天下"的相关解释，也没有论及他们与"修身"之间的关系，联系整个宋明学术来看，宋明儒者论辩的焦点在于"格致诚正"的解释上，而在"修齐治平"上论说甚少，也没有根本分歧，故我们可以认为朱王对"齐家""治国""平天下"的理解是相同的（至少是相通的），他们接受"内圣"开出"外王"的思路，通过个体道德人格的完善和挺立，在现实社会政治生活中实现天下太平、社会安治的理想。

其次，宋明儒学具有社会政治的切身关怀，在《大学》文本解释中体现在对"亲（新）民"问题的争议。朱熹认为"经传二分"是儒家经典系统的普遍形态，《大学》前面二百余字为经，其余为传文，故对经文加以移动、修改和增补。他认为传文中有"苟日新，日日新，又日新""作新民"等引文，用于解释经中"亲民"，故"亲民"当为"新民"。故他在《大学或问》中曾说："今亲民云者，以文义推之则无理；新民云者，以传文考之则有据……未尝去其本文，而但曰：某当作某，是乃汉儒释经不得已之变例，而亦何害于传疑耶？"应该说，朱熹对经典的修改是谨慎的，也是有一定文献根据。朱熹进而以"新民"解释《大学》文本："新者，革其旧之谓也，言既自明其明德，又当推己及人，使之亦有以去其旧染之污也。"（《大学章句》）朱熹强调推己及人的"恕道"功夫，把"明明德"与"新民"解释成一种"推己及人"的先后关系，即自己德性得到完善以后，也希望他人德性得到完善，故推己及人，通过教化的方式使民除去私欲之弊，让他的德性也得到完善，从而达到"使民自新"的目的。

"新民"主要突出教化民众的功能。但阳明坚持《大学》古本，反对朱熹改经：

> 爱问，"'在亲民'，朱子谓当作新民。后章'作新民'之文似亦有据。先生以为宜从旧本'作亲民'，亦有所据否？"先生曰，"'作新民'之'新'，是自新之民，与'在新民'之'新'不同。此岂足为据？'作'字却与'亲'字相对。然非'亲'字义。下面治国平天下处，皆于'新'字无发明。如云'君子贤其贤而亲其亲，小人乐其乐而利其利'。'如保赤子'。'民之所好好之。民之所恶恶之。此之谓民之父母'之类。皆是'亲'字意。'亲民'犹孟子'亲亲仁民'之谓。亲之即仁之也。百姓不亲，舜使契为司徒，敬敷五教，所以亲之也。尧典'克明峻德'便是'明明德'。'以亲九族'，至'平章协和'，便是'亲民'，便是'明明德於天下'。又如孔子言'修己以安百姓'。'修己'便是'明明德'。'安百姓'便是'亲民'。说'亲民'便是兼教养意。说'新民'便觉偏了。"（《传习录上》）

阳明主张依古本为"亲民"，一是从词性的角度来看，"亲（新）民"之"亲"为动词，"作新民"之"新"为形容词，故"亲"与"作"相对，而不是"亲"与"新"相对。这个层面的反驳，主要是针对朱熹提出的文献证据的；二是从经典文意来看，有不少引文阐发"亲民"之意；三是从义理上讲，"亲民"的含义包含"教"（礼乐教化）与"养"（养民惠民）二义，说"新民"则有所偏，即有"教"而无"养"义。而在《大学问》中，阳明提出，"明明德者，立其天地万物一体之体也，亲民者，达其天地万物一体之用也。故明明德必在于亲民，而亲民乃所以明其明德也。"（《大学问》）他采用"体"与"用"的解释框架解释"明明德"与"亲民"的关系，认为"明明德"主要是在发明本心、识得仁体的层面上讲，而"亲民"则是这种"仁体"的发见，落实为人的养民、惠民、教民的"事"的层面，而不再是"体"的层面。这就与朱熹从先后顺序的解释方式有所不同。从义理系统上说，朱子的解释略显"支离"，而以"万物一体之仁"的"体"与"用"加以解释，显得更为圆通。

徐复观先生认为，阳明从文献上反驳朱熹，是没有力量的，但阳明强调"养民而后教民"，其真正意思在于对当时政治的一种抗议，寄托他隐而未发的政治思想。因为阳明身处严酷的专制政治当中，而越是坏的专制政治，越常以与自己行为相反的道德滥调（新民），作为压榨人民生命财产的盾牌。[①]如果徐先生的论证可以成立的话，那么，朱熹和王阳明关于"亲（新）民"的争论，一方面可以从文献学和内在义理上加以"内在解释"，另一方面则可以从政治诉求的差异上加以"外在解释"——朱熹身处宋代士大夫地位受到较大尊重的政治环境中，儒家"养民惠民"的政策在士大夫的呼吁下，在回归"三代"的良好社会政治秩序的信念支撑下，有较好的落实，而社会政治的难点则在于如何使民众的内在素养有整体的提升，为回归"三代"的理想提供更为坚实的思想基础，故朱熹看重"使民自新"的政治思想。而阳明在极其专制的政治环境中，倡导"亲民"才能具备"养民惠民"的含义，体现儒学的政治批判功能，避免陈词滥调的说教，纠正当时统治者对民众的极力压榨。

二、"明明德"与"止于至善"

宋明儒学的显著思想特色在于他们在"内圣"之学方面的建树，故我们的讨论也应该在朱王的"内圣"之学上多花点笔墨。如前所说，参照系的选取在不同义理系统之比较中具有非常重要的作用。为了讨论的方便，现康德伦理学、基督教伦理、先秦儒家德性伦理作为比照，这分别代表着理性认知、宗教信仰、日常情感为道德奠基的伦理学形态。

---

① 徐复观.中国人性论史[M].上海：华东师范大学出版社，2005:179

有了以上的道德哲学作为参照系，我们再来看看朱王的道德哲学。与上述形态的相似，朱熹和王阳明也极其重视人的道德实践。这反映在《大学》文本的解释上，就是在解释"明明德"时在形式上（而非实质上、功夫论意义上）具有相通性[①]

> 明，明之也。明德者，人之所得乎天，而虚灵不昧，以具众理而应万事者也。但为气禀所拘，人欲所蔽，则有时而昏；然其本体之明，则有未尝息者。故学者当因其所发而遂明之，以复其初也。（《大学章句》）

> 大人者，以天地万物为一体者也。其视天下犹一家，中国犹一人焉。……是其一体之仁也，虽小人之心亦必有之。是乃根于天命之性，而自然灵昭不昧者也，是故谓之"明德"。小人之心既已分隔隘陋矣，而其一体之仁犹能不昧若此者，是其未动于欲，而未蔽于私之时也。……苟无私欲之蔽，则虽小人之心，而其一体之仁犹大人也；一有私欲之蔽，则虽大人之心，而其分隔隘陋犹小人矣。故夫为大人之学者，亦惟去其私欲之蔽，以明其明德，复其天地万物一体之本然而已耳。非能于本体之外，而有所增益之也。（《大学问》）

在朱王思想系统中，宗教信仰没有它的地位，德性问题的探讨限定在人世间，落实于人的日用常行中。在他们的解释话语中，道德规范可以用"天理"加以概括，"天理"与"人欲"相对，"天理"纯然至善，"人欲"则是不善的根源。人秉性纯然至善之"天命之性"与有善有恶之"气质之性"而生，故一方面有修德进善、成就圣贤人格的可能性，但另一方面则由于个人私欲而遮蔽，形成了恶的意识和行为。所谓"明德"，就是根源于天的、人与生俱来的、没有私欲之弊的、纯然至善的"天命之性"，"明明德"，就是要审视自

---

① 徐复观先生认为朱王在"明明德"的解释上没有分别，参看徐复观.中国人性论史[M].上海：华东师范大学出版社，2005:184。朱王均把"明明德"看成为学的宗旨，同时强调去人欲、存天理，在这个意义上，徐先生的观点是正确的。但"明明德"同时也是功夫论的范畴，故朱王"存天理，去人欲"的具体修养方法的差异，其实也是"明明德"的实质内涵的差异。

我，去除人欲，使其不干扰得自于天的善性，从而把人的善性体现出来，把人的道德人格挺立起来。因此，我们可以说，朱熹和王阳明关注的重要问题是人如何成就道德的问题，这构成了朱王为学的基本宗旨，延续了原始儒学的一贯精神。

与康德一样，朱王均强调人的自私、欲望会干扰人的道德实践，认为道德修养当存此天理，灭其人欲。但他们不主张把情感统统排除，纯粹以理性认知的方式来保证向善行为的一贯性和普遍性，这又与康德有着重大区别。朱王同尊"四书学"系统，与汉唐儒者相比更为推崇孟子。孟子思想的重要特色在于对"四端""不忍人之心"的强调，这并不是可以通过纯粹的理性认知把握到的，而是建立在生活经验上的具有强烈情感态度的生命感悟。同宗孟子的朱王，要求人把情感相连的善良端倪充分释放出来，并使人无法逃避道德责任——因为逃避将使人的心灵极度不安。相对于康德伦理学而言，道德情感在他们的道德哲学中均占有分量。

但另一方面，朱熹和阳明对道德情感的重视程度是不同的——这一点对于把握朱王思想实质有更重要的意义。从本体论上说，朱熹以"心之德，爱之理"释"仁"，反对"万物一体"释"仁"（《仁说》），认为"一身之中，浑身自有个主宰者，心也。有仁义礼智则是性。发为恻隐、羞恶、辞逊、是非，则是情。恻隐，爱也，仁之端也。仁是体，爱是用"（《朱子语类·卷二十》），主张"心统性情"说，一方面强调了人的道德情感在发用上的功能，另一方面又强调发用相对的"体"，这个"体"就是"性"，就是"理"。"理也者，形而上之道也，生物之本也。气也者，形而下之器也，生物之具也。"（《朱子文集·卷五十八》）理为形而上，为一，为永恒与不变，为一致，为事物本质之构成，为不灭，为创造之因以及常为至善。气则必须用以阐释形而下，个体性，以及事物之变化。气为器，为多，为暂时与多变，为众殊，为事物结构之构成，为可灭，为创造之具与质料，以及具有善和恶。① "理"与"气"构成一对范畴，"理"除了具有道德规范的意义外，也具有了一种宇宙论的意

---

① 陈荣捷. 朱学论集 [M]. 上海：华东师范大学出版社，2007:7.

义，用于阐明事物生成长养的奥秘，用于说明事物的普遍联系性和个体差异性。宇宙论上的"理"，需要通过人的理性加以把握，它赋予人的道德情感以规定性，保证人的情感发用符合人的道德实践的需要。朱熹将爱之情与性之理结合起来，以体用关系来说明"仁"，也就超越了把道德根基建立在人的自然情感上的孟子道德哲学的思路，而赋予了道德理性一个更加重要的地位。因此，在强调人的理性的重要性这个意义上说，朱子与康德又有某些相通之处。

而就王阳明而言，虽然形式上他也主张"天理"是天命所赋予人的，但他并不认为人的世界外另有一个客观的"天理"，客观的"太极"，而是正如龙场悟道时所说，"圣人之道，吾性自足，向之求理于事物者，误也"，他沿袭孟子的思路，批判把"义"所代表的道德原则看作外在性的错误，认为道德法则并不存在于道德行为的对象上，就像"孝"之理，不是有了一个外在的父亲存在，儿子才会孝敬，而是"孝"根植于我们自身。他通过否定至善之理存在于心外之物，从反面加以论证，把道德法则的根源收归于本心。这其实是进一步挖掘了孟子的主体性立场，认为人人在本然状态下都具有恻隐、羞恶、辞让、是非之心，人性（人的本心）是先验地至善的，因而内在的至善可以成为一切道德法则的根源和基础，人并不需要向外求索，只要通过内在体认，就可以感悟到"天理"的普遍性。阳明这里所说的"心"，并不是朱子所说的"具众理"的认知意义上的"心"，而是道德意义上的纯然至善的本心，这里所说的"理"，也没有了朱子哲学中的"物理"的含义，而完全是道德意义上的伦理。因此，阳明对朱子哲学的批判，使他的义理系统赋予了新的含义。这一根本性的转变，也使"理"不再是外在的强制于人的客观规范，而是我们能够感受到的存在于人性之中的"理"，当人摈弃私欲之弊时，也就能够发现"理"自然合乎本心所发的道德情感。因此，阳明主张"仁者以天地万物为一体"，就人的本然状态而言，人均可以成为"大人"，此时人不受到自私的和欲望的遮蔽，能够超越狭隘的自我，此时，人的恻隐、不忍人之心的善良端倪就能够得到有效的体认，也能够得到充分的扩展，以这种视野关照世界，也就能够跳出自我，打破客观法则与主观体知的隔阂，感受到人与他人、鸟兽、草木、瓦石的某种感通。[①]可以看到，阳明把道德根基建立在人的生命感悟和道德情感上，试图让主体在日常生活和精神体验中感受到道德法则的普遍性，为道德实践提供源源不断的动力。

"性即理"和"心即理"的本体论区别，可以看出朱王对道德情感的重视程度的不同。这同样反映在《大学》"止于至善"的解释中：

> 至善，则事理当然之极也。言明明德、新民，皆当至于至善之地而不迁。盖必其有以尽夫天理之极，而无一毫人欲之私也。(《大学章句》)

> 至善者，明德、亲民之极则也。天命之性，粹然至善，其灵昭不昧者，此其至善之发见，是乃明德之本体，而即所谓良知也。至善之发见，是而为是，非而为非，轻重厚薄，随感随应，变动不居，而亦莫不自有天然之中，是乃民彝物则之极，而不容少有议拟增损于其间也。(《大学问》)

何谓"事理当然之极"？弟子曾做如下理解，得到朱熹的肯定——"谓有物必有则，如父止於慈，子止於孝，君止於仁，臣止於敬，万物庶事莫不各有其所。得其所则安，失其所则悖。所谓'止其所'者，即止於至善之地也。"(《朱子语类·卷十四》)可以看到，朱熹所说的"理"，一是自身与他人所构成的关系（即人伦关系）所规定的理则，这是外在的社会关系所赋予个体的不可逃避的道德责任，具有独立于具体个体而存在的客观性，可以通过人的理性而存在于道德主体当中，二是万物庶事各得其所的"物理"，相当于独立于人类而存在的事物的内在法则，人对它的准确认识是善良道德意愿得以最终实现的重要保证。所以朱熹所说的"理"，既是一，又是多。"至善"也同样既是一，也是多。"明德中也有至善，新民中也有至善，皆要到那极处。至善，随处皆有。修身中也有至善，必要到那尽处；齐家中也有至善，亦要

---

① 见孺子之入井，而必有怵惕恻隐之心焉，是其仁之与孺子而为一体也。孺子犹同类者也，见鸟兽之哀鸣觳觫，而必有不忍之心，是其仁之与鸟兽而为一体也。鸟兽犹有知觉者也，见草木之摧折而必有悯恤之心焉，是其仁之与草木而为一体也。草木犹有生意者也，见瓦石之毁坏而必有顾惜之心焉，是其仁之与瓦石而为一体也。(《大学问》)

到那尽处。至善，只是以其极言。不特是理会到极处，亦要做到极处。"(《朱子语类·卷十四》)所谓"至善"，既指每次对事物加以察识时把握到它的根本法则和内涵，又是指具体的道德实践中察识到人伦关系所蕴含的道德之理，并矢志不渝地做到极好的地步。这其实也就是"格物"功夫需要达到的"事物之表里精粗无不尽，吾心之全体大用无不明"的状态。然而，人伦物理在具体的道德实践中显得复杂多变，人需要不断的"格物"，"至善"是阶段性的，所以人们在每次的道德实践活动中，都需要时刻审视外在之理和自身行为，让人的善良意愿在每次实践活动中完全实现出来。

而在《大学问》中，阳明对朱熹提出严厉批评："后之人（实指程朱）惟其不知至善之在吾心，而用其私智以揣摩测度于其外，以为事事物物各有定理也，是以昧其是非之则，支离决裂，人欲肆而天理亡，明德亲民之学遂大乱于天下。"(《大学问》)阳明认为朱熹所说的"理"，是客观外在的事物内在理则，求得"至善"时采用的"格物"功夫，其实是运用人的浅薄的认识能力揣摩测度于事物，显得琐碎支离，不能增加人们对于"天理"的认识，也不能为人的道德实践提供内在的动力，显得徒劳无功。阳明对朱熹所说的"理"的理解，与"一草一木皆有其理"的含义是相吻合的，但他没有能够把握到朱熹所说的与道德主体相关联的人伦之理，因而含有对朱熹的误解成分。在阳明看来，"天理"不包含外在事物的内在法则的意义，它纯粹是一个道德范畴，不存在于外在事物之中，而只能存在于道德主体之中。"至善"并不是一个客观外在极致的理则，而是人发自内心的一种对道德的体认，没有必要通过向外求索的方式加以把握。道德的根源在于人的内在本心。人的本心根植于天命之性，如若不受后天自私和欲望的习染，人的道德良知自然能够呈现于主体当中，是非善恶也自然见得分明，这就是真正的"至善"，"至善"是心之本体。(《传习录上》)"至善者性也。性原无一毫之恶。故曰至善。"(《传习录上》)因此，我们若要求得"至善"，也就不是通过向外求索的方式去认识"事理当然之极"，也不能停留于求得"至善"的良好愿望，而是需要关注道德主体本身，注重诚其意，致其良知，摒除自私和欲望，让善良本心扩充起来。

三、道德修养功夫

宋明儒学在批判佛教空谈心性的过程中，也深化了儒家对于内在心性问题的探讨，诸如"明明德""格物""致知""诚意"等先秦思想资源，在朱王等思想家那里，加入了更多的个人思辨和体验，形成了一套套完备的道德修养功夫。阳明在《传习录上》曾说："吾说与晦庵时有不同者，为入门下手处有毫厘千里之分，不可不辨。然吾之心与晦庵之心，未尝异也。"单从道德实践的层面来看，朱王之相同处，在于为学的根本目的是相同的，即都是为了"明明德"，求"圣人之道"。他们的根本分歧，在本体论上是"性即理"与"心即理"的差别，在功夫论上则是对"格致诚正"理解的差异。

要讨论朱熹的道德修养功夫，首先要从他的《大学》补传说起：

> 所谓致知在格物者，言欲致吾之知，在即物而穷其理也。盖人心之灵莫不有知，而天下之物莫不有理，惟于理有未穷，故其知有不尽也。是以大学始教，必使学者即凡天下之物，莫不因其已知之理而益穷之，以求至乎其极。至于用力之久，而一旦豁然贯通焉，则众物之表里精粗无不到，而吾心之全体大用无不明矣。此谓物格，此谓知之至也。

朱熹分"心"与"理"为二，突出"心"的认知功能，认为"知"的内容来自外在事物（人伦关系），不能无为而自得，而需要人在具体的实践活动中加以把握。所以他把道德修养功夫的起点落在对存在于事物之中的"理"的察识，即所谓"格物"。"格，至也。物，犹事也。穷至事物之理，欲其极处无不到也。"（《大学章句》）"格物"之"物"，不仅是指具体事件和物体，更是指通过人的道德实践活动而与主体相关联的人伦关系和人伦之事，"格物"首先要"即物"，即在具体的道德实践活动中接近道德对象和客观事物，其次是要"穷理"，也就是要研究具体的人伦物理，认识事物的内在理则和人伦关系中的具体规范，它要求人在"考之事为之著，察其念虑之微，求之文字之中，索之讲论之际"（《大学或问》）上不断用功，三是要"至极"，即要确实把人伦物理认识透彻，达到事理皆呈现于心中而无所不尽的境地，即所谓"众物之表里精粗无不到，而吾心之全体大用无不明"。若要认识透彻，就察识具体的人伦物理而言，要认识到即物穷理的艰巨性，竭尽全力用功，"今日格一物，明日格一物"，具有时间上的长期性和持久性，"考之事为之著，察其念虑之微，求之文字之中，索之讲论之际"（《大学或问》），具有对象上的广泛性，"若以一事上思未得，且别换一事思之。不可专守着这一物"（《近思录·卷三》），应当注重"格物"的策略性。就把握普遍的整体的"理"而言，则需要在穷得众多具体事物之理的基础上，经由人的抽象能力、直觉能力和顿悟能力，让日常的积累实现认识的升华和突然的领悟，"豁然贯通"，领悟到具体的人伦物理内在相通性和超越时空的恒常性，从而可以指导未来的、变化的、具体的道德实践活动。人经过如上的"格物"功夫，也就可以把外在的人伦物理完全呈现于具有认知能力的内心之中，这也就是所谓的"知之至"（人的内心知觉的极致）。在这里，朱熹并不把"致知"当成独立于"格物"的另外功夫，而视为是由"格物"自然过渡的结果。可见，朱熹对"格物致知"的补传，加入了宋明理学的思想资源，把它解释成不可分割的修养功夫。

　　关于"诚意"和"正心"的解释，由于《大学》有传文加以解释，所以朱熹的解释也没用过多的发挥。就"诚意"而言，朱熹也是用"勿自欺""慎独"加以阐释，强调人伦物理在人心中得到充分呈现（格物致知）后，不能逃避属于自身的道德责任和义务，更不能编出其他的理由来自我欺骗，而要像有一个他者在时时审视监督着自己的言行一样，不要因为人的私欲而干扰了为善去恶的道德意念。就"正心"而言，心者，身之主宰也。朱熹把"心"理解为能够控制人的行为和认知的思维器官，而不是虚灵不昧的至善本心。人难免有忿懥、恐惧、好乐、忧患这些情感和意念，是人的思维器官受外界影响而生发的，若不能对它有所察识，则会"欲动情胜"，对道德实践活动造成影响。故我们要对自己的情感和意念加以审察，把干扰人的理性思维和道德实践意念的东西加以剔除，才能让人心发挥它的应有的认知、审察的思维功能。

另外，跳出《大学》文本而审视朱熹的整个思想，其实他在"格物致知"和"诚意正心"之间，即人对道德法则和责任的认识与坚定为善去恶的意念之间，提出了通过"持敬"的功夫加以沟通和保证的主张。朱熹继承程颐、程颢的"主一无适""整齐严肃"，谢上蔡的"常惺惺法"，尹和靖的"其心收敛，不容一物"的定义，同时以"畏"释"敬"："随事专一，谨畏不放逸"，"有所谨畏，不敢放纵"，把"敬"视为"一心之主宰而万事之本根"。"敬"是一种唯恐自己德之不修的警惕态度，是出于非利益算计的对道德原则的信持，能够时时提醒、警觉自己，保持本心昭昭常明而不昏昧，静时不逐事逐物，动时专一不二，贯彻于道德涵养和实践过程的始终。正是由于"敬"伴随着如此强烈的心理体验，它在道德实践中具有不可替代的功能："敬之一事，万善根本，涵养省察，格物致知，皆由此出"，"涵致知、力行三者……要皆以敬为本"，朱熹把"敬"看作具体修养功夫的本体，具体功夫则是本体的发用，它可以转化成涵养德性的心理需要，可以转化成对道德规范的体认和自身不足的反省，还可以为道德实践功夫提供源源不断的动力。如此，性情之德，中和之妙，依靠"敬"的贞定得以达到，人的伦理生命的完整得以保持。

如上可以看到，朱熹把"格物"功夫放在首位，讨论的笔墨颇多，而把后面的"致知""诚意""正心"看作是环环相扣的链条。在他看来，人在对客观的道德法则和道德责任有了充分认识的基础上，能够把它完全呈现于人的内心之中，进而让人能够以此为标准审察端正内在的思想意念，使思想器官不因负面情感意念而受到干扰，发挥"心"对人的行为的主宰功能。而在整个的道德修养中，需要人身怀对道德修养的敬重，保持一种唯恐德之不修的警惕。有了"明明德"作为为学宗旨，即物穷理也就不再是纯粹对事物的客观认识，而成了修养道德的一种必要手段。在这个意义上，后来王阳明所谓的"义外""支离"的批评，恐怕是不准确的。

下面我们再来看王阳明对"格致诚正"的理解：

朱子所谓格物云者，在即物而穷其理也。即物穷理是就事事物物上求其所谓定理者也，是以吾心而求理于事事物物之中，析心与理为二矣；夫求理于事事物物者，如求孝之理于其亲之谓也……若鄙人所谓致知格物者，致吾心之良知于事事物物也。吾心之良知，即所谓天理也。致吾心良知之天理于事事物物，则事事物物皆得其理矣。致吾心之良知者，致知也。事事物物皆得其理者，格物也。是合心与理而为一者也。合心与理而为一。（《传习录中·答顾东桥书》）

今焉于其良知所知之善者，即其意之所之之物而实为之，无有乎不尽。于其良知所知之恶者，即其意之所在之物而实去之，无有乎不尽。然后物无不格，吾良知之所知者，无有亏缺障蔽，而得以极其至矣。夫然后吾心快然无复有余憾而自谦矣，夫然后意之所发者，始无自欺而可以谓之诚矣。故曰："物格而后知至，知至而后意诚，意诚而后心正，心正而后身修。"盖其功夫条理虽有先后次序之可言，而其体之惟一，实无先后次序之可分。其条理功夫虽无先后次序之可分，而其用之惟精，固有纤毫不可得而缺焉者。此格致诚正之说，所以阐尧舜之正传而为孔氏之心印也。（《大学问》）

阳明四句教：无善无恶心之体，有善有恶意之动。知善知恶是良知，为善去恶是格物。阳明极力反对朱子的"格物致知"说，认为朱子是向外求得事物之定理，与道德原则源于人的道德本心的孟子学立场完全相反。"致知"之"知"，并非人对外界和自身的察识能力，而是指纯然至善的道德良知，这是制定各种外在道德规范的根据所在，故也可以说是亘古不变的"天理"，这与朱熹所理解的人对人伦物理的认识体察能力及其内容的含义有根本区别。"致知"之"致"，至也，即经过一番努力而达到极点之意。"致知"，即"致良知"，从积极方面来说是充拓良知到极致，从消极方面来说是去除私欲障蔽。另外，阳明主张"知行合一"，故"致良知"并不局限于人的心理活动，而是人在从事道德活动的应事功夫，即"致良知"不是在心上磨，而是在事上磨。在道德主体与对象所共同构成的具体的道德事件中，具体的事事物物由于道德主体的存在而被赋予了道德意义，道德主体的内在良知通过具体的实践活动而得到真正落实。因此，"致知"的完整含义是"致吾心之良知于事事物物"。阳明以"正"训"格"，以"事"训"物"，前者与朱熹异，后者与朱熹同。"格物"即"正物"，使事事物物皆得其理，这个"理"并非事物本身之理则，而是人在道德实践活动中依据道德良知所赋予的。故真正要使道德实践活动合乎道德规范，不是即物穷理所能达到的，而需通过向内诚意，发明本心。可以看到，阳明对"致知在格物"的解释，重点把它放在了"致良知"上，他所说的"格物"，是通过"致知"的解释而被赋予的，"格物"本身不构成独立的修养功夫，这与朱熹注重"格物"的解释有根本区别。

在"正心"与"诚意"的解释上，阳明把"无善无恶心之体"来阐发"心"的含义，故把它看作是情感意念的本体层面，并不能在经验层面上加以论说而成为具有可操作性的修养功夫，故阳明把对"正心"的解释落实到"诚意"的论述上来。"意"，即人的情感意念活动，它一直伴随着人的思维活动，不能通过某种方式把它根本消除。由本心所发用的意念是纯然至善的，发自人的私欲之障蔽的意念则是恶的。意念的有善有恶，要求我们需要诚意。这里阳明对"诚意"的解释与朱熹是相通的，但阳明非常强调"意之所在便是物"，这又使"诚意"功夫超出了人的内在领域，不仅仅是人无事时反观自省的意识活动，而更是人在从事具体道德实践活动时，时时刻刻反思当下的意识活动，摒除有悖于天理的不良意念，让自身从事的道德实践活动经得起天理的检验。这样，"事事物物皆得其理"的"格物"内涵在"诚意"中又得到了体现。

陈来先生认为，阳明思想的结构自始至终是从《大学》提供的思想材料和理论范畴出发的。正德三年龙场悟道后，他把《大学》的解释从"格物"改变到"诚意"，平漆之后提出的"致良知"，表明阳明真正找到了结合《孟子》与《大学》思想的形式，也表明在《大学》的逻辑结构中，阳明的重点由"诚意"转移到"致知"。[①] 阳明对"格致诚正"的逻辑结构，自试图摆脱朱子学影响以后，尽管由于思想发展而有所不同，但都不是一个从"格物"到"正心"

---

① 陈来.有无之境——王阳明哲学的精神[M].北京：人民出版社，1991:118.

的顺承关系，而是把它变成了一个"无先后次序之可分"的结构形式，这与《大学》文本有较大距离，与朱熹的解释也有重大不同。

第二节　儒家修身功夫的比较诠释
——以王阳明"事上致良知"的比较哲学解读为例

在超越佛道和回应朱学的背景下，阳明强调"事上磨炼"优于"静坐"，将"事"视为"良知"自然发露落实和成就提升的场域；阐发"致良知"重于"讲求节目"，说明克去私欲而听从良知召唤才是功夫最要紧处。"事上致良知"具有长期艰巨性、实践性、扩充性、当下性和持续性的重要特质，是沟通内圣与外王、意志与行动、精神体验与日常生活的重要途径。在中西比较视野下，"致良知"表明阳明对人性的体知的深化与对待日常事务的情态的转化，体现出深沉的终极关怀。

一、超越佛道："事上磨炼"优于"静坐"

阳明"致良知"学说，突出"事上磨炼"功夫，直接针对"静坐"功夫而发：

　　一日论为学工夫。先生曰，"教人为学不可执一偏。初学时心猿意马，拴缚不定。其所思虑多是人欲一边。故且教之静坐息思虑。久之，俟其心意稍定。只悬空静守，如槁木死灰，亦无用。须教他省察克治。"[1]

　　一友静坐有见，驰问先生。答曰，"吾昔居滁时，见诸生多务知解口

---

[1]　陈荣捷. 王阳明传习录详注集评 [M]. 台北：台湾学生书局，1983:75.（其中个别标点略有改动，后同）

耳异同，无益于得。姑教之静坐。一时窥见光景，颇收近效。久之，渐有喜静厌动，流入枯槁之病。或务为玄解妙觉，动人听闻。故迩来只说致良知。"[1]

"静坐"功夫，不少宋明儒者特别重视，这当是受佛道两家之影响而后有，视为"提高人的品格境界和心性修养的手段"[2]。阳明身处这一思想传统，也将"静坐"视为修养功夫的"方便法门"，并且曾作为一项重要修养功夫让学者普遍实践。这至少居于两点考虑：一是初学者在朱子学的影响下，往往外求于物而寻理，常务训诂记诵辞章之学，以逞其好利好名之欲，故通过教其"静坐"以减少朱子学的负面影响；二是初学者往往拘泥于个人利益之得失，不能实现对金钱、物质、名利的超越而专注于修身养性之学，故教之"静坐"而实现对"私欲"的超越。

然而，"静坐"弊病在于"喜静厌动，流入枯槁"，与儒学宗旨相悖，具体表现有二：

> 今人存心，只定得气。当其宁静时，亦只是气宁静，不可以为未发之中。……若靠那宁静，不惟渐有喜静厌动之弊。中间许多病痛，只是潜伏在，终不能绝去，遇事依旧滋长。以循理为主，何尝不宁静？以宁静为主，未必能循理。[3]

儒家的"修身"，实际上是通过对行为的规范而达到内在心性的转化。"静坐"仅仅让人的意念收敛起来，减少视、听、言、动的行为，而不能在反复实践和纠错的过程中培养人正确行动的习惯，故而不能对将来的道德实践活

---

① 陈荣捷. 王阳明传习录详注集评 [M]. 台北：台湾学生书局，1983:324.

② 陈来先生认为，"道南宗旨在本质上看是直觉主义的，并包涵着神秘主义。这种神秘主义在儒学中的建立，显然来自禅宗和道教的影响。理学家多从禅宗修习，从道教养生，自然注意到这种心理体验。但理学作为儒学，与二氏的不同在于，他们企图把这种内心体验作为提高人的品格境界和心性修养的手段。"参看陈来. 有无之境——王阳明哲学的精神 [M]. 北京：人民出版社，1991:405.

③ 陈荣捷. 王阳明传习录详注集评 [M]. 台北：台湾学生书局，1983:66-67.

动有所裨益。"气宁静"的方式，终究与儒家通过规范人的行为以培养德性的方法不甚相合，不能达到"循理"的效果。另一方面，"静坐"亦不能实现良知的发用，落实和体现内在德性：

> 或问，"释氏亦务养心，然要之不可以治天下。何也？"先生曰，"吾儒养心，未尝离却事物。只顺其天则自然，就是功夫。释氏却要尽绝事物，把心看作幻相，渐入虚寂去了，与世间若无些子交涉，所以不可治天下。"①

佛教舍弃人伦、逃避世间道德职责和义务，自来就成为"排佛"的重要理据之一，阳明此处强调儒家修养功夫不离事物，良知发用可平治天下，显示出不满佛教"幻相""虚寂"的世界观和人生观，自然是有源之水、有本之木。

阳明在批判"静坐"功夫后，接着提出了相应主张：

> 良知明白，随你去静处体悟也好。随你去事上磨炼也好。良知本体，原是无动无静的。此便是学问头脑。②
>
> 静时念念去人欲，存天理。动时念念去人欲，存天理。③

"致良知""去人欲，存天理"，均是就心性修养而言。如此提出的具体"药方"，即提出"静时……动时……"，"有事时……无事时……"的具体功夫，亦具有形式上的相似性。居于此，我们有必要探讨一下阳明哲学中关于"有事"与"无事""动"与"静"的相关内涵。

"动"与"静"的区分，有若干层面和含义，这在《传习录中·答陆原静书》④中有充分论说：一是"有事、无事可以言动、静"，就外显行为的发露与止息言动静；二是"寂然、感通可以言动、静"，就思维念虑活动的发动与

---

① 陈荣捷.王阳明传习录详注集评 [M].台北：台湾学生书局，1983:329.

② 陈荣捷.王阳明传习录详注集评 [M].台北：台湾学生书局，1983:324.

③ 陈荣捷.王阳明传习录详注集评 [M].台北：台湾学生书局，1983:66.

④ 陈荣捷.王阳明传习录详注集评 [M].台北：台湾学生书局，1983:220-221.

间息言动静；三是"心之本体，固无分于动、静也。理无动者也，动即为欲"，将"动"视为受物欲遮蔽而失其本心，而良知、本心应是即动即静、自然发露的。在整部《传习录》中，基本上均是在前两种意义上谈论"动""静"问题，其中的"静"大致与"静坐"含义相同。

与"动""静"观念相联系，"有事"与"无事"也可以区分为两种含义。在《传习录》中，关于"有事""无事"的论说，至少有十余处^①，并且常与孟子"必有事焉"的功夫论相联系。具体而言，一是在日常语言下使用，如"无事时固是独知。有事时亦是独知"^②，"有事"意指视、听、言、动等外在行动，"无事"意指人处于闲暇之时，没有外在的行为，大致相当于外显行动上区分的"动"和"静"。"有事"功夫意为：在具体的道德实践活动中，依照良知而恰当行动；"无事"功夫意指：反躬自省，在意念上用功。二是在"意向性"结构中言"有事"，如"格物无间动静。静亦物也，孟子谓'必有事焉'，是动静皆有事"^③。所有呈现于意识之中的，包括当下的、过去的、未来的事物（遇事来感）和意念（心上有觉），均可成为关照反思的对象。此即是"事"。这个意义上的"有事"功夫，包括日常语言中所说的"有事"和"无事"功夫，表明道德修养功夫的不分内外、无间断性和长期艰巨性。因此，"事上磨炼"，重点意指在道德实践活动中用功，有时也兼指闲暇无事之时的反思活动。

二、回应朱学："致良知"重于"讲求节目"

即物穷理，是就事事物物上求其所谓定理者也。是以吾心而求理于事事物物之中，析心与理为二矣。夫求理于事事物物者，如求孝之理于其亲之谓也。^④

---

① 可参看《传习录》第 36、37、47、87、104、117、120、147、157、163、170、186、187 条。
② 陈荣捷．王阳明传习录详注集评 [M]．台北：台湾学生书局，1983:142.
③ 陈荣捷．王阳明传习录详注集评 [M]．台北：台湾学生书局，1983:111.
④ 陈荣捷．王阳明传习录详注集评 [M]．台北：台湾学生书局，1983:171.

　　阳明心学是对朱子思想的反思。一方面，他认为道德法则并不存在于道德行为所指的对象上，先验至善的本心本性才是道德法则的根源和基础。另一方面，阳明反对"析心与理为二"，主张打破"心"与"物"的主客二元对立，强调"事"是"良知"（"理"）自然发露的场域，是复其心体、现其良知的功夫用力所在：

> 　　利根之人，直从本原上悟入人心，本体原是明莹无滞的，原是个未发之中。利根之人，一悟本体，即是功夫。人己内外，一齐俱透了。其次不免有习心在，本体受蔽。故且教在意念上实落为善去恶。功夫熟后，渣滓去得尽时，本体亦明尽了。汝中之见，是我这里接利根人的。德洪之见，是我这里为其次立法的。二君相取为用，则中人上下皆可引入于道。若各执一边，眼前便有失人，便于道体各有未尽。①

　　中人上下之区别，主要的不是在智力高低上言，而是就道德觉悟而言。利根之人，能够洞察到根植于本心的良知，在意念上辨别善恶，并成为道德律令而转化为为善去恶的道德行动，即让良知自然流露并体现于人事之中；而就中人而言，则本心难免有所遮蔽，故而需要"诚意"，但这并不通过冥想，而是在"格物"上用功，即在道德意念的参与下，在每项具体的道德实践活动中做到合乎天理良知，并且在实践中着实体验到内在良知的存在，而不留于"扮戏子"。如此，阳明的"四句教"，不仅表明本体的发用，使"事"成了"良知"自然发露的场域，"良知"成为"事"源源不断的行动动力；而且也表明复其本体的功夫，让"事"不再是盲目的人类活动，而成了成就德性的必要方式和途径，赋予人的实践以成德的目的性。换句话说，日常所为之事，不仅是由下至上的德性培养、充实、提升的过程，也是由上而下的德性流动、体现和落实的方式。

　　道德修养功夫不是向外求索，而是通过内在体认而感悟良知，为道德实践提供内在动力，实现"知行合一"。然而，道德实践活动，不仅需要探讨"为

---

　　①　陈荣捷.王阳明传习录详注集评[M].台北：台湾学生书局，1983:359—360.

什么做"的问题，也需要追问"如何做"的问题，这即是阳明师徒所说的"节目"问题：

> 爱曰，"……如事父一事，其间温清定省之类，有许多节目。不知亦须讲求否？"先生曰，"如何不讲求？只是有个头脑。只是就此心去人欲存天理上讲求。……此心若无人欲，纯是天理，是个诚于孝亲的心，冬时自然思量父母的寒，便自要求个温的道理。夏时自然思量父母的热，便自要求个清的道理。这都是那诚孝的心发出来的条件。却是须有这诚孝的心，然后有这条件发出来。"①

这里提出的"节目"问题，一方面是受到程朱理学"穷理多端"的思想影响，另一方面也是表明了实践活动的"目的"与"手段"（方式）的"一体两面"。阳明借用"身体"的隐喻，将"良知"视为"头脑"，而把"节目"视为"四肢"，他没有否认"节目"在实践活动中的意义，但将它归为从属的地位，而且认为挺立德性后的节目讲求，就像头脑指挥四肢那样"自然"，"可一日二日讲之而尽"②，因而道德实践能否做得适当，关键的并不是知识问题、方法问题，而是能否始终没有人欲之私，听从良心召唤竭尽全力而为。后者才是学问需要长期用功的原因所在。这与孟子论述"不能"与"不为"的关系有相通之处，也与陆九渊就"尊德性"与"道问学"关系的阐发有暗合之处。阳明对于"节目"的态度，一是源于其经验观察，因为简单的道德实践确实并不需要太多的知识储备和行动策略，而且其自身的素质和能力也让他感觉到"如何做"并非难事，强化了他对人的道德实践能力的自信。二是如阳明与郑朝朔的对答那样③，源于对道德实践中"扮戏子"的"伪善"现象以及"舍本逐末"的态度充满着高度的警惕。

"良知"与"节目"若作如上理解，则"事上磨炼""事上用功"等命题，

---

① 陈荣捷.王阳明传习录详注集评[M].台北：台湾学生书局，1983:30.

② 陈荣捷.王阳明传习录详注集评[M].台北：台湾学生书局，1983:32.

③ 陈荣捷.王阳明传习录详注集评[M].台北：台湾学生书局，1983:32.

也就需要在伦理范畴的角度加以理解，正所谓"学之中，惟以成德为事"①。阳明与朱子在"格物"问题上的争议，主要之点恐怕并不是"外求"与"内求"的区别，而是在主客互渗的道德实践的范畴内，朱子在关注"理"的同时，对"节目"问题有所关注；而阳明则强调"良知"对于"节目"的优先性，更加重视克去私欲而让良知自然发露，从而让道德实践活动得到完美实现。两者的区别，若说是本质上的，毋宁说是程度上的。

三、心学本色：良知发用的重要特质

在伊川看来，"穷理亦多端：或读书讲明义理，或论古今人物，别其是非，或应接事物处其当。"②朱熹亦认为："若其用力之方，则或考之事为之著，或察之念虑之微，或求之文字之中，索之讲论之际。"③相比之下，阳明强调"为学须得个头脑，工夫方有着落"④，故对"穷理多端"作了轻重缓急之分。这集中体现在对"读书讲习"与日常道德实践关系的论述中。阳明继承了"文以载道"的基本立场，认为"孔子述六经，惧繁文之乱天下。惟简之而不得。使天下务去其文，以求其实"⑤，"古之教者，教以人伦。后世记诵词章之习起，而先王之教亡"⑥，进而为了纠偏补弊而斥责曰："记诵之广，适以长其傲也。知识之多，适以行其恶也。闻见之博，适以肆其辨也。辞章之富，适以饰其伪也"⑦。真正的读书态度应当是"读书时，良知知得强记之心不是，即克去之。有欲速之心不是，即克去之。有夸多斗靡之心不是，即克去之。如此亦只是

---

① 陈荣捷.王阳明传习录详注集评 [M].台北：台湾学生书局，1983:195.

② （宋）程颢、程颐.二程集 [M].北京，中华书局，2004:188.

③ （宋）朱熹.朱子全书：第六册 [M].上海：上海古籍出版社，2002:527.

④ 陈荣捷.王阳明传习录详注集评 [M].台北：台湾学生书局，1983:126.

⑤ 陈荣捷.王阳明传习录详注集评 [M].台北：台湾学生书局，1983:45.

⑥ 陈荣捷.王阳明传习录详注集评 [M].台北：台湾学生书局，1983:276.

⑦ 陈荣捷.王阳明传习录详注集评 [M].台北：台湾学生书局，1983:198.

终日与圣贤印对，是个纯乎天理之心。任他读书，亦只是调摄此心而已，何累之有？"① 可见，阳明并不完全反对读书，但又强调不能泛滥于词章训诂而不能自拔。读书活动首先需要接受良知的引导，克服好利好名、谋求速成之病，才能与圣经中的先贤进行心与心的对话，确证内在良知而坚定信念。因此，读书活动本身就是"致良知"之"事"，要求联系人伦日用，跳出文本而反躬自省，为德性生命的提升服务。相对于日常道德实践活动而言，读书活动是"第二序"的，学者当务之急是在人伦日用中挺立德性。

道德实践的第一性，强化了阳明学的实践性品格。因而，阳明强调的"事上磨炼"之"事"，尤其是指通过人的道德实践活动而与主体相关联的人伦关系和人伦之事。而在儒家传统和"家国同构"的社会环境中，人伦关系从来就不能等同于"私人领域"，人伦也大大超出了"私德"的范畴。作为积极参与政治的儒家士大夫，他们往往将社会领域和政治领域视为"大我"所涵涉的领域，成为日常生活的一部分。因此，儒者所应当承担的"事"，显然是多层面的：

意之所在便是物。如意在于事亲，即事亲便是一物。意在于事君，即事君便是一物。意在于仁民爱物，即仁民爱物便是一物。意在于视听言动，即视听言动便是一物。②

意用于事亲，即事亲为一物；意用于治民，即治民为一物；意用于读书，即读书为一物；意用于听讼，即听讼为一物。③

尔既有官司之事，便从官司的事上为学，才是真格物。④

诵诗、读书、弹琴、习射之类，皆所以调习此心。⑤

可以看到，阳明用功之"事"，除了读书活动外，更重要的是个人日常的

---

① 陈荣捷．王阳明传习录详注集评 [M]．台北：台湾学生书局，1983:312.
② 陈荣捷．王阳明传习录详注集评 [M]．台北：台湾学生书局，1983:37.
③ 陈荣捷．王阳明传习录详注集评 [M]．台北：台湾学生书局，1983:177.
④ 陈荣捷．王阳明传习录详注集评 [M]．台北：台湾学生书局，1983:297.
⑤ 陈荣捷．王阳明传习录详注集评 [M]．台北：台湾学生书局，1983:311.

行为举止、事亲敬长的洒扫应对，事君教民的政治活动，修身养性的闲适活动，爱怜生物的悲悯行动等不同层面，而贯穿其中的则是良知发用下的道德实践。

另外，阳明用功之"事"，也是随时随地的：

> 发见于处富贵贫贱时，就在处富贵贫贱上学存此天理。发见于处患难夷狄时，就在处患难夷狄上学存此天理。①
>
> 澄在鸿胪寺仓居。忽家信至，言儿病危。澄心甚忧闷不能堪。先生曰，"此时正宜用功。若此时放过，闲时讲学何用？人正要在此时磨练。……"②

富贵贫贱、患难夷狄，大概概括了人生重要的生存处境，陆澄家庭中遭遇变故，也是突发患难之事的显证。阳明要求无论身处何种处境，都要遵循一贯之道，无过无不及，使良知流动无滞，正所谓"夭寿不贰，修身以俟"。这种强调道德实践的一致性原则，有着丰富的儒学资源，也与其他德性伦理学（如基督教伦理学）和康德规范伦理学有相通之处。

更为重要的是，如此纷繁多样的人事活动，在阳明思想中并不是断裂的，而是多元的有机统一体。阳明思想的整体性，可以从如下层面加以理解：

一是从良知扩充次第上说，阳明吸收孟子"亲亲——仁民——爱物"、《大学》"八条目"的传统儒学资源，将其根植于心理经验和观察经验：

> 须是诸君自体认出来始得。仁是造化生生不息之理。虽弥漫周遍，无处不是。然其流行发生，亦只有个渐。……父子兄弟之爱，便是人心生意发端处。如木之抽芽。自此而仁民，而爱物。便是发干生枝生叶。墨氏兼爱无差等。将自家父子兄弟与途人一般看。便自没了发端处。不抽芽，便知得他无根。便不是生生不息。安得谓之仁？孝弟为仁之本，

---

①　陈荣捷. 王阳明传习录详注集评 [M]. 台北：台湾学生书局，1983:41.

②　陈荣捷. 王阳明传习录详注集评 [M]. 台北：台湾学生书局，1983:82.

却是仁理从里面发生出来。①

黄俊杰先生用"联系性思维方式"解释儒学视野下人与社会、自然的连续②，在形式上给我们提供了很好的解释框架。究其更深层原因，则儒家的"扩充"思维，大概根源于日常生活经验的哲学反思，即人往往把"我"作为思考的出发点，他者与自身的远近亲疏跟情感的强弱成比例关系，因而阳明强调道德情感流行发生的"渐"。当然，宗法制传统社会形态与儒家经典论述，也有助于强化儒者从发生次第上强调道德实践的连续性。因此，从儒家思想传播并历代影响不绝来说，"良知"的扩充性特质恐怕更是奠基于人的日常修身经验。

二是从"当下"的实践活动而言，阳明要求事事用功、不可偏废：

> 若是从兄的良知不能致其真诚恻隐，即是事亲的真知不能致其真诚恻隐矣。事君的真知不能致其真诚恻隐，是从兄的真知不能致其真诚恻隐矣。故致得事君的真知，便是致却从兄的良知，致得从兄的良知，便是致却事亲的良知。不是事君的良知不能致，却须又从事亲的良知上去扩充将来。如此又是脱却本原，着在支节上求了。③

这段话有两点值得尤为关注。第一，如前所述，阳明将"事"赋予了成德的目的性。在成德的意义上，事亲、从兄、事君等具体实践活动，一方面共同指向"复明本心"的目的，另一方面也是相互关联和相互促进的关系，因为从生活经验层面来说，某一实践活动能够培养人良好的道德习惯，并"能近取譬"，增进其他领域道德实践的开展。第二，实践活动是当下的。呈现于意念之中的每一事件，都是磨炼德性的重要方式，因而不论事件的具体领域、节目、大小、轻重，都需要同样用力而为，不可遗此而求彼，只要在某一领域中没有承担自己应有的道德职分，也就是德性未圆成，所谓"不是事君的

① 陈荣捷. 王阳明传习录详注集评 [M]. 台北：台湾学生书局，1983:114.

② 黄俊杰. 东亚儒学史的新视野 [M]. 上海：华东师范大学出版社，2008:239.

③ 陈荣捷. 王阳明传习录详注集评 [M]. 台北：台湾学生书局，1983:270.

真知不能致，却须又从事亲的良知上去扩充将来，如此，又是脱却本原"。正是在严格的道德主义立场下，言谈举止、闲适活动、应对接事、政治活动均带有了"泛道德化"的色彩。良知的实践性取向，为各项活动提供了源源不断的动力，如此也就无怪乎讲求"内圣"功夫的阳明，在"外王"层面如此虔诚地推进，只是建功立业不再是为了个人名利，而是成了实现个人德性实践的场域。

三是阳明提出了化解事件间矛盾的原则，保证了道德实践的持续性：

> 禽兽与草木同是爱的，把草木去养禽兽，又忍得。人与禽兽同是爱的，宰禽兽以养亲，与供祭祀，燕宾客，心又忍得。至亲与路人同是爱的，如箪食豆羹，得则生，不得则死，不能两全，宁救至亲，不救路人，心又忍得。这是道理合该如此。及至吾身与至亲，更不得分别彼此厚薄。盖以仁民爱物，皆从此出。此处可忍，更无所不忍矣。《大学》所谓厚薄，是良知上自然的条理，不可逾越，此便谓之义。顺这个条理，便谓之礼。知此条理，便谓之智。终始是这条理，便谓之信。④

相对于墨家的"兼爱"原则，儒家提出"差等"原则，一方面固然是契合儒者的心理经验和观察经验，另一方面也是化解行动冲突的重要法门。陈立胜先生将道德困境局面称为"牺牲结构"，认为阳明提出了"一体原则""等级原则""次第原则""厚薄原则"以应付儒学牺牲结构的问题，深具说服力⑤。

如上三个层面，相互联系，相互促进，保证了儒家道德实践的不断展开。良知扩充次第，从正面保证人具有不断超越的可能性，使道德实践活动跳出自我，关照亲人、他者、万物、天地，使人具有融生物人、社会人、政治人、道德人、超越性格的人于一体的人的整全性品格。困境化解之道，从反面保证道德实践活动的持续性，使德性的不断提升和完善不因一时之困而止息。

---

④　陈荣捷.王阳明传习录详注集评 [M].台北：台湾学生书局，1983:332—333.

⑤　陈立胜.王阳明"万物一体"论——从"身—体"的立场看 [M].上海：华东师范大学出版社，2008:109-116.

而"当下"用功律令，则使道德实践活动超越算计之心，搁置"差等"原则，推进各项道德实践活动的完美开展。

四、中西视角：即凡而圣的精神修炼

日常举止、洒扫应对、讲习活动、政治活动、闲适活动、悲悯行动，基本上可以概括为自孔子以来的儒家学者的日常生活。从经历了世俗化浪潮洗礼的当代眼光看来，这大概很难看出其中的神圣性，而完全可以化约为世俗行为。然而回归阳明的思想世界，诚如上文揭示的那样，阳明把日常活动赋予了成就道德的目的性，从而使人事活动变成了成就良知和落实良知的场域。借用"神圣"与"凡俗"的西方宗教学术语，阳明心学的修养论，某种程度上也意味着是"即凡而圣"①的精神修炼。这在基督新教、康德伦理学中均有所体现。不妨略加征引，以资比较。

马克思·韦伯在《新教伦理与资本主义精神》一书中，曾指出新教伦理作为精神要素对于资本主义世俗事业开展的巨大推动作用。在他看来，新教加尔文教派信奉"预定论"，即上帝并非救赎所有世人，而仅仅上帝的"选民"才能得救，而"选民"与不能救赎的人，都是上帝预先确定了的，个人的主观努力对于救赎自身显得无能为力。然而，这种"预定论"，并不必然导致"宿命论"，而是害怕不能得救的内心焦虑与紧张，促使教徒以世俗职业上的成就来确定上帝对自己的恩宠，进而确证自己的"选民"身份，获得心灵的宁静。在这种宗教观的视角下，资本主义的世俗事业，尤其是经济贸易活动，也就不再是为了个人的享乐、挥霍和欲望的满足，而是成了个人与上帝之间建立联系的确证方式，即世俗之"事"获得了某种神圣性，变为宗教徒的一件件

---

① "即凡而圣"（the Secular as Sacred）一语，是美国学者赫伯特·芬格莱特解读孔子思想的用语，赫伯特·芬格莱特. 孔子：即凡而圣 [M]. 彭国翔、张华译. 南京：江苏人民出版社，2002.

严肃的宗教事务，并发展出勤奋、忠诚，敬业、致富为标志的资本主义精神。①

在康德的心目中，人归属于两个世界。人作为感性存在者，他是"现象世界"即自然界的一部分，人遵循外在因果性即自然规律的制约。但是作为理性主体，属于"自在之物"的本体世界的一员，赋予了意志自由，这里道德成为可能。另一方面，人并非上帝，人具有主观的好恶和欲望，从心所欲的行为并不能保证行为的正当性，故道德实践应当压制人的自私和自负，摈除欲望和喜好等障碍和限制，对普遍的道德法则加以理性认识，使其以绝对命令的形式加以表现，以道德义务的方式向人们提出。康德对理性和法则的高扬，实际上就是对道德法则的敬重，即当道德法则的表象在人心中出现的同时，我们会因为它的普遍有效性而产生出一种对法则的敬重之情。它具有一种迫切性和强制性，能够使客观的道德法则转化为内心主观的行动准则，成为直接的行为动机。在这个意义上，人类的日常生活实践，不应当是盲目的，而必须是高度自律的。无论人多么卑微，多么软弱，如果纯粹以人的理性加以审查，就能够使人上升到接近于与法同一的地位，体会到人身上具有超越自身的高级天性。此时所见的日常事务，创造性地转化为体现人的高贵天性的方式，赋予了新的神圣性②。

相较之下，阳明心学更为注重原发情感在道德实践中的重要功能，并依此实现日常事务的神圣化。阳明思想吸取了大量孟子心性论的资源，认为人之所以需要修身行仁，不是为了获取某种利益的手段，也不是外在法则对人的强制，而是出于人心对于道德的感知和体证，进而将道德视为安身立命的需要。这种对道德的体证不能抽离具体的生活经验而对纯粹形式的直观，而是要将人带入一定的生活情境，注重人的自然感恩之心，激发人对具有血缘关系的父母兄弟的孝悌之情，从而转化为人的事亲敬长的日常行动；重视人的恻隐同情之心，强调人对弱小生命的敬畏之情，转化为不能自已的自觉行

---

① [德]马克思·韦伯.新教伦理与资本主义精神[M].于晓、陈维纲.北京: 生活·读书·新知三联书店，1987.

② 何怀宏.良心论[M].上海：上海三联书店，1994:210-252.

动，追求人心灵深处的安宁。因此，阳明对道德的敬重，强调的是人对道德抱持严肃庄重之心，联系日常的生活情境，将心比心，推己及人，不断增进对道德规范的体验和理解。

可以看到，世俗事务的神圣化，实际上在不同文化系统中有着某种共通性。诚如保罗·蒂利希所言，"在人类精神生活所有机能的深层里，宗教都可以找到自己的家园。宗教是人类精神生活所有机能的基础，它居于人类精神整体中的深层。深层一词是什么意思呢？它的意思是，宗教指向人类精神生活中终极的、无限的、无条件的一面。宗教，就这个词的最广泛和最根本的意义而言，是指一种终极的眷注。"①世俗事务的神圣性，根源于人类所共有的"终极关怀"，这种关怀可以是像基督新教那样来自宗教敬畏情感的，可以像心性儒学那样来自原发恻隐感恩情感的，可以像康德规范伦理学那样来自对人类理智天性的热爱的，但他们的共同之点在于将这些内在感应、体知或认识的信念视为矢志不渝的重要原则，它不因外在的物质利诱而放弃，不因时空转换而动摇，不因实践之路困难重重而退缩。这种深厚的博大情怀伴随着强烈的心理体验，转换为严肃认真的处事态度，外化为持续不断、始终如一、不断超越的实践品格。

诚如杜维明先生所说："在宋明儒学看来，人际关系构成其宗教性的一个基本层面：作为一个终极的自我转化，具有宗教情操和宗教性，必然导致积极地参与公共事务。如此理解的宗教意识，不仅是对一个人的自我认同与自我连续性的追求，也是对群体所做的同样追求。……自我的创造性作为道德上的动因，不可以只表现为对决定它作为各种关系中心之情境与结构的超越。真正的正确取向既不是被动地屈从于结构上的限制，但也不是浮士德式地触发程序上的自由，而是作为最大努力，使两者的动态的互动能够转化为使自我得以实现的富有成果的辩证关系。"②阳明将自我、他者、社群、天道、自然作为一个连续性存在加以审视，把现实的生活存在及其对自我的限制视为

---

① [美] 保罗·蒂利希. 文化神学 [M]. 陈新权，王平，译. 北京：工人出版社，1988:7.

② 杜维明. 儒家思想——以创造转化为自我认同 [M].// 杜维明文集：第三卷. 武汉：武汉出版社，2002:334.

个人乃至群体不断超越的基础，通过完善的道德修养功夫在现实的凡俗世界中体现价值的神圣，在神圣的终极关怀下看待凡俗的日常生活。如此，信念与行动之间，精神体验与日常生活之间，成了一个独一无二的有机体。在终极关怀的审视下，世俗事务成了落实和成就终极关怀的场域，它既是人对自身本性的认识、体察和感悟的深化，同时也意味着人对世俗事务的认知、态度和情感的转化。

第三节 儒家修身功夫的现代审视——以"不迁怒"功夫看儒家修身的睿见与盲区为例

《论语·雍也》记载："哀公问：'弟子孰为好学？'孔子对曰：'有颜回者好学，不迁怒，不贰过。不幸短命死矣，今也则亡，未闻好学者也。'"本书所要解读的这则对话，源于孔子与国君关于负面情感的扩散和转移的探讨。在儒家经典注疏传统中，一些平淡的生活事件及其讨论，往往能够触发思想者的灵感，跨越千年进行对话。在这里，"迁怒"所引发的社会政治效应，"不迁怒"导出的"约情"问题与修身功夫，都是儒学关注的重要议题。我们可以将其导入关乎社会人生的普遍问题的思索中重新探讨，从中发现儒家思想的睿见与盲点。

本书认为，儒家秉持"约情"的基本立场，强调以"事"为出发点，以"理"为准绳，透过节制与涵养功夫而让道德判断力充分发挥作用，避免"迁怒"的负面影响。面对古今广泛而复杂的迁怒现象，我们不仅要汲取自我限制权力与修身实践的儒学资源，也当关注权力制约监督与权利保障机制、社会沟通协商与理性辨析机制、情感心理调适方法的运用，从而更好运用古今生活经验，促进问题化解与增进公共福祉。

一、儒门要义："无情"还是"约情"

关于孔子如是回答的缘由，《论衡·问孔》："并攻哀公之性迁怒贰过故也。因其问，则并以对之，兼以攻上之短，不犯其罚。"皇疏："当时哀公滥怒贰过，欲因答寄箴者也。"邢疏："哀公迁怒贰过，而孔子因以讽谏。"①三说认为，孔子之论是受到社会身份之制约，因人而发的、出于讽喻需要的委婉教导；《集注》主张，"颜子三十二而卒……盖深惜之，又以见其好学者之难得也"②，认为这一回答缘于孔子对颜回之死的一时感伤，加上好学者难觅的深切感慨。前后相较，前者说明何以言及"不迁怒，不贰过"的理由，后者说明深许颜回"好学"的情境。

在如上还原具体情境的基础上，历代注疏更为重视挖掘其中的普遍意义。首先是关于"学"的内涵。《反身录》："学所以约情而复性也……学苟不在性情上用功，则学非其学。性情上苟不得力，纵夙夜孜孜，博极群籍，多才多艺，兼有众长，终不可谓之好学。"③程树德按语："古人所谓学，凡切身之用皆是也。古人之学，在学为人，今人之学，在求知识。"④钱穆也说，"孔门之学，主要在何以修心，何以为人，此为学的。"⑤可以看到，对客观物理的求索、群籍的训诂博览和才艺特长的培养，并不是古代之"学"的终极目标。"学"应该围绕着"切己之用"，在"性情上用功"（"不迁怒"属于其中的重要方面），从而提升德性修养，成就至上品德的仁者。

既然"为己之学"需要"在性情上用功"，那么，应当"约情"还是"无情"？《集解》："凡人任情，喜怒违理。颜渊任道，怒不过分。迁者，移也。怒当其理，不移易也。"⑥汤用彤先生引何邵《王弼传》："何晏以为圣人无喜

---

① 程树德.论语集释[M].北京：中华书局，1990:367.

② 程树德.论语集释[M].北京：中华书局，1990:367.

③ 程树德.论语集释[M].北京：中华书局，1990:368.

④ 程树德.论语集释[M].北京：中华书局，1990:369.

⑤ 钱穆.论语新解[M].北京：三联书店，2002:141.

⑥ 程树德.论语集释[M].北京：中华书局，1990:367.

怒哀乐，其论甚精，钟会等述之。弼与不同。"① 进而认为："圣人无情乃汉魏间流行学说应有之结论，而为当时名士之通说。"② "推平叔之意，圣人纯乎天道，未尝有情，贤人以情当理，而未尝无情。至若众庶固亦有情，然违理而任情，为喜怒所役使而不能自拔也。"③ 汤先生联系魏晋玄风，试图从"圣人无情""贤人（按：颜回）以情当理""众庶任情"的差序层级中调和《集解》与《王弼传》之说。如若结论成立，则从思想旨趣上说，何晏所追求的"怒"的"不过分"与"不移易"，最终不会停留于"以情当理"，而是要提升到"无情"而"纯乎天道"的方式加以实现，从而坚守"任道"而非"任情"的生活方式。从这个意义上说，何晏将"迁怒"视为"怒"所衍生的情感现象来看待，以去除"怒"（自然包括"迁怒"）的情感为旨归。

朱子则不主张"圣人无情"论。《集注》引程子云："天地储精，得五行之秀者为人。其本也真而静。其未发也五性具焉，曰仁、义、礼、智、信。形既生矣，外物触其形而动于中矣，其中动而七情出焉……情既炽而益荡，其性凿矣。故学者约其情使合于中，正其心，养其性而已。"④ 此处强调人有别于万物而先天具有"真而静"的五常之性，此即"未发之中"，如能涵养之则可以"发而中节"，这是朱子对修身成圣之本体论根据的论述。在对待"情"的问题上，《朱子语类》："喜怒发于当然者，人情之不可无者也，但不可为其所动耳。"⑤ "如今卒然有个可怒底事在眼前，不成说且教我去静！"⑥ "若舜之诛四凶也，可怒在彼，己何与焉。如鉴之照物，妍媸在彼，随物应之而已，何迁之有？"⑦ 朱子肯定情感生发的自然性，修养功夫上反对佛道主"静"之说，即并不主张完全清除"怒"的生存处境，因为当有"四凶"而舜不诛杀，

---

① 汤用彤.魏晋玄学论稿 [M].上海：上海古籍出版社，2005:59.

② 汤用彤.魏晋玄学论稿 [M].上海：上海古籍出版社，2005:60.

③ 汤用彤.魏晋玄学论稿 [M].上海：上海古籍出版社，2005:61.

④ （宋）朱熹.四书章句集注 [M].北京：中华书局，1983:84.

⑤ （宋）黎靖德编.朱子语类 [M].北京：中华书局，1994:766.

⑥ （宋）黎靖德编.朱子语类 [M].北京：中华书局，1994:771.

⑦ （宋）朱熹.四书章句集注 [M].北京：中华书局，1983:84.

就会破坏社会礼法的贯彻、公正秩序的维护和儒学价值的落实。所以儒学关注的焦点并非要"无情",而是重在调适人的性情,即朱子所谓"约其情使合于中",也即《反身录》所强调的"在性情上用功"——不仅需要扩充"恻隐"等善端,也需要在节制和转化负面情感方面用功,从而使得情感中正无失。

二、修德功夫:克制与涵养

儒家将讨论的主题锁定在"约情"。"约情"固然需要防止"怒"的负面影响。朱子言:"克己亦非一端,如喜怒哀乐,皆当克,但怒是粗而易见者耳。"[1]"盖怒气易发难制,如水之澎涨,能权停阁这怒,则如水之渐渐归港。"[2]《正义》曰:"喜怒者,七情之发。凡人任情,多致违理,不中节也。但喜虽违理,无所伤害于人,故夫子专以怒言之。"[3]"怒"具有发作频率高、难以克制并具有强大伤害性的特征,对于"怒"的关注自然在修身实践中具有重要分量,因而从"克己""约情""正心""养性"的角度,将"怒"归入道德修身的范畴加以特别关注,在儒家价值系统内显得顺理成章。

更重要的是,儒家对"迁怒"议题的探讨是与"怒"相关又有所不同的:"内有私意,而至于迁怒者,志动气也;有为怒气所动而迁者,气动志也。伯恭谓:'不独迁于他人为迁,就其人而益之,便是迁。'此却是不中节,非迁也。"[4]"迁,移也……怒于甲者,不移于乙。……程子曰:'颜子之怒,在物不在己,故不迁。……'又曰:'喜怒在事,则理之当喜怒也。不在血气,则不迁。'"[5]程朱以为,因对某人有所怒而加倍惩罚,属于"不中节";因对某人之怒而转移于他人或群体,造成殃及无辜,则属于"迁"。这一"不中节"与

---

① (宋)黎靖德编.朱子语类[M].北京:中华书局,1994:768.

② (宋)黎靖德编.朱子语类[M].北京:中华书局,1994:772.

③ (清)刘宝楠.论语正义[M].北京:中华书局,1990:213.

④ (宋)黎靖德编.朱子语类[M].北京:中华书局,1994:766.

⑤ (宋)朱熹.四书章句集注[M].北京:中华书局,1983:84.

"迁"的区分，对应于《集解》的"不过分"与"不移易"。但如前所述，程朱学派采用"镜"喻，并不是要完全清除"怒"的生存处境，他们的关注点在于"怒"应当"在物不在己"，在迎接事物中判断当怒不当怒。换句话说，程朱虽然把"迁怒"视为"怒"的衍生现象，但不是通过去除"怒"以防止"迁怒"，而是把焦点转移到以"理"调适情感而防止"怒"之"迁"上来。

"迁怒"的根源有二。"迁怒"一是体现于"心（志）—气—身—物"的结构，所谓"志动气"，"内有私意"，造成怒出于私己，而不是以客观情境为根据并以"理"为准绳，从而转化为触发行动意志的怒气，表现于仪容举止中，并危害到人伦日用之物事。例如，为了对所怒所恨的甲意图报复，采取怒骂和惩罚与甲相关联的个体或群体，或者为了舒缓情绪而把弱者当成发泄对象。二是体现于"气—心（志）—身—物"的结构中，"怒于甲时，虽欲迁于乙"①之"欲"字，说明在"怒"的激情下难以克制自我，使得"怒"的情感具有"迁"的倾向，即任凭"血气"发动，会扰乱人的道德判断力，使人不能关注具体事情运用道德法则加以裁断，从而让怒气宣泄的对象具有不确定性（无辜者可能成为被迁怒的对象），此即所谓"气动志"。合而言之，真正的"不迁怒"，是以"事"为出发点，以"理"而非"私欲"为准绳，节制血气发动的激情，严格就事论事，就人论人。

具体到修身功夫论，朱子给出了实现"不迁怒"的次第途径。"立之因问：'明道云：能于怒时遂忘其怒，而观理之是非。又是怎生？'曰：'此是明道为学者理未甚明底说，言于怒时且权停阁这怒，而观理之是非，少间自然见得当怒不当怒。'"②宋儒功夫论发挥了孔子"因材施教"的方法，对不同禀赋资质和为学深浅的人的修养功夫加以区分。明道"怒时遂忘其怒"的修养功夫，有去情而主"静"的思想倾向。朱熹由于汇通北宋儒家之取向，因而将其视为针对初学者的修养功夫，要求初学者在血气发动时暂且停搁，让"理"成为思维意识的指引，避免"怒"而"违理"所造成的伤及无辜。

---

① （宋）黎靖德编.朱子语类 [M].北京：中华书局，1994:771.

② （宋）黎靖德编.朱子语类 [M].北京：中华书局，1994:772.

但是就为学日深的儒者而言，朱子则认为不能仅仅在"怒"时做功夫："行夫问'不迁怒，不贰过'。曰：'此是颜子好学之符验如此，却不是只学此两件事。颜子学处，专在非礼勿视听言动上。至此纯熟，乃能如此。'"①"问：'不迁怒、贰过，是颜子克己工夫到后，方如此，却不是以此方为克己工夫也。'曰：'夫子说时，也只从他克己效验上说。但克己工夫未到时，也须照管。不成道我工夫未到那田地，而迁怒、贰过只听之耶？'"②"不迁怒"究竟是"学"的功夫还是"学"有所成后的结果？这是注重功夫论所引发的问题意识。朱子将"不迁怒"视为"好学之符验"，即是主张"不迁怒"为学有所成之后的圣贤气象，学者应当把它视为修养功夫纯熟后的目标，因而《集注》曰："颜子克己之功至于如此，可谓真好学矣。"③《朱子语类》载："重处不在怒与过上，只在不迁不贰上。今不必问过之大小，怒之深浅，只不迁、不贰，是甚力量！便见功夫。"④ 所以一方面，"克己功夫未到时，也须照管"，即克己功夫不纯熟时的为学过程中，要把"不迁怒"作为追求的目标，时刻以这个目标来检讨自己的思想和行动，另一方面，学者又不能死盯在"不迁怒"上做功夫，而是要像颜回一样"专在非礼勿视听言动上"做"克己复礼"的功夫，即"日日克之，不以为难，则私欲净尽，天理流行，而仁不可胜用矣"⑤，在"天理""人欲"的对立架构下处处审视检点，克除不合天理的思想和行动的萌动和扩展。在这个意义上，朱子把"不迁怒"的修养功夫从"怒时且权停阁这怒"扩展到人伦日用中情感未发时着力，使之具有长期持续性、艰巨性和实践性品格。

三、古代政治：宣泄与误伤

① （宋）黎靖德编. 朱子语类 [M]. 北京：中华书局，1994:767.
② （宋）黎靖德编. 朱子语类 [M]. 北京：中华书局，1994:767.
③ （宋）朱熹. 四书章句集注 [M]. 北京：中华书局，1983:84.
④ （宋）黎靖德编. 朱子语类 [M]. 北京：中华书局，1994:766.
⑤ （宋）朱熹. 四书章句集注 [M]. 北京：中华书局，1983:132.

为了更好地理解"迁怒"现象，我们暂且脱离经典文本，结合古代社会政治经验对"迁怒"现象加以分疏。

（一）"迁怒"的心理发生机制

由于人的反击冲动和防卫需要，"怒"的原发表现是对所怒对象进行言语谩骂和行动攻击，将这一负面情绪发泄出去而不蓄积于心。但由于经济、社会、政治地位不平等原因造成的"无能"，这种冲动和需要受到压抑而进行双重转化。一是针对所怒对象而进行情感转化，如退而制造阴谋陷害、编造流言诋毁，等待日后寻找机会报复，从而把表露出来的愤怒转化为内在的报复、恶意、阴毒，如果这些冲动长期不能得到宣泄，就转变为长期的"怨恨"情绪。就这个问题，舍勒对报复感、妒忌、阴恶、幸灾乐祸、恶意、怨恨的情感现象学分析，对于理解"怒"受到压抑后的情感转化是有启发的。[①] 二是对受到压抑的情感进行转移和扩展，如心理学家普遍认为人类心理存在广泛的"置换"现象，即把对某人或事的激烈感情转移到另一对象或群体上，以缓解精神上的负担。"迁怒"现象正可以归入"置换"的心理防卫机制加以解释。如《宦海》第四回："这位姨太太已经不免有些疑心，却又不敢和庄制军絮聒，便迁怒到邵孝廉身上来。"[②] 小说语言把大众生活中经常存在的"迁怒"情绪描述得惟妙惟肖。

附带一说的是，这种心理置换现象比"指桑骂槐"更进一步——两者虽然都是由于愤怒受到压抑，不能得到宣泄而从一个对象转移到另一对象或群体，但不同在于，"指桑骂槐"者只是通过"桑"而指向"槐"，"桑"虽是直指对象，但不是"怒"的真正对象，往往不会进行实质性惩罚并造成严重后果，"槐"才是"怒"的实际对象，因而实际上"怒"并没有真正转移，不属于情感的置换。相比之下，"迁怒"则是发生了"怒"情感的真实转移，尽管可能依然对原来对象存有怨恨而潜伏于心。

---

① 刘小枫.舍勒选集 [M].上海：上海三联书店，1999:403.

② 中国汉语大词典编辑委员会.汉语大词典：第10卷 [M].上海：汉语大词典出版社，1992:1175.

如上心理发生机制，《史记·魏其武安侯列传》提供了典型的例证：灌夫与魏其侯窦婴交往甚密，丞相田蚡曾随口答应灌夫到窦婴家做客，但因田蚡失言没有如期赴宴，灌夫上门恭请后又显得怠慢，所以灌夫"愈益怒。及饮酒酣，夫起舞属丞相，丞相不起，夫从坐上语侵之"。从此灌夫因田蚡势利而心怀愤怒，但因其位高权重而多次压抑怒火，后来在田蚡举办的贺宴上，灌夫因魏其侯为寿时多数人半膝席而生"不悦"，自己敬酒时田蚡不避席而生"怒"，但依然只能"因嬉笑曰：'将军贵人也，属之！'"，接着"行酒次至临汝侯，临汝侯方与程不识耳语，又不避席。夫无所发怒，乃骂临汝侯"。结果灌夫"迁怒及人，命亦不延"。在这里，灌夫从起初有怒时"从坐上语侵之→长期怨恨→某一情境下的不悦、生怒→无所发怒，乃骂临汝侯"，可视为"迁怒"发生的心理机制。而之所以会把怒火从田转移到临汝侯身上，就在于临汝侯具备了与田相似的行为表现，或者两者有着某种关联，提供了怒气转移的某种条件，从而使怒气随机转移到另一对象上去。灌夫谩骂临汝侯，虽然有着"指桑骂槐"的意味，留存着对田的不满，但临汝侯的势利、怠慢也是灌夫的实质所怒，因而可视为"迁怒"。

（二）"迁怒"的社会根源

"迁怒"往往伴随着归因：在宣泄者看来，有着强烈的理据支撑，而不是一种随机发生的心理现象。这种归因有向上、平行和向下（相对于所怒对象）三种类型。其中向下宣泄最为常见：如《明史·阉党传·刘志选》："忠贤忌后贤明……后为故司礼刘克敬所选，忠贤迁怒克敬，谪发凤阳，缢杀之。"[①]忠贤由于皇后不利于自己揽权而忌恨，进而把不利自己揽权的原因归咎于克敬对皇后的选荐。在这里，由于在当下情境下采用因果反推的逻辑，对既有记忆进行重新解读，形成某种认知谬误下的事件连接，从而使得怒气迁移。又如中国古代常见的"女人祸水"之论，基于帝王神圣不容公然批判的政治现实，反映出祈求君主贤明而国家昌盛的理想屡遭挫折的压抑和面对近臣谄

---

① 中国汉语大词典编辑委员会.汉语大词典：第10卷[M].上海：汉语大词典出版社，1992：1175.

媚的政治情势的无力感，从而往往掩盖了君王德性的堕落、知性的低下以及整个社会政治制度运行中暴露的诸多缺陷，把愤怒从君王转移到弱势的某个（群）女子身上。

受到压抑的愤怒情绪，还会平行或向上地宣泄。例如中国古代农民起义的形成。中国农民自古被认为是最安分的，他们起初往往是对某几个官吏贪赃枉法、征收苛捐杂税的愤怒，接着平行扩展为对其他官吏和某一官吏集团的控诉，最后上升为对整个政权体系（皇权、官僚和各项制度）的不屑。在这里，"帝王选官—官僚治民—庶民纳贡"的制度背景、"政权昏庸→官吏贪腐→庶民疾苦"的因果逻辑，是人们从局部问题的愤怒平行扩散和上升的思想基础。这种隐形的观念连接和制度背景，在"怒"受到压抑时起初会表现为"怨"，当爆发时就会表现出强烈的"迁怒"。农民起义风起云涌之时，所有的官吏无论良善与否，无论品级高低，不再是一个活生生的社会个体，而是成为整个政权体系背书的抽象存在，成为刀剑相向的目标。

从发生"迁怒"的主体看，不仅情绪受到压抑容易产生"迁怒"，受制约少的强势者也会发生"迁怒"，造成更大的伤害性。当强势者对某甲发生强烈愤怒时，虽然惩罚了甲，还觉得不能平复自己的怒气，或者惧怕同党来日报复，于是会施加于与甲关系密切的乙或扩散为甲所在的某一群体和阶层。"焚书坑儒"事件即是显例，帝王真正能够做到"敌惠敌怨，不在后嗣，忠之道也"（《左传》文公六年），实属有德。又如汉代酷吏"重文横入为穷怒之所迁及者亦何可胜言，故乃积骸满漂血十里"（《后汉书·酷吏列传》）；还如历史上打着"党禁"旗号，惧怕权力丧失后可能受到报复而斩草除根，使无辜者成为"迁怒"的牺牲品的例子亦不少见。此外，思维习惯和认知的偏谬，也是强者"迁怒"的重要原因。例如，《古列女传·辩通传》："郑简公使大夫聘于荆，至于狭路，有一妇人乘车，与大夫遇，毂击而折大夫车轴。大夫怒，执而鞭之。妇人曰：'君子不迁怒、不贰过，今于狭路之中，妾已极矣。而子大夫之仆不肯少引，是以败子大夫之车，而反执妾，岂不迁怒哉？既不怒仆而反怨妾，岂不贰过哉？'"这一古代交通事故的发生，其主要责任应归于大夫的侍从，但由于侍从与自己亲近，大夫会习惯性地忽视了亲近之人的责任，而把错误归咎于外人。

四、现代审视：传承与补充

徐复观先生在《孔子德治思想发微》一文中，认为儒家谈到政治问题时，"无不认为政治问题的发生，皆是出在统治者的自身，而不是出在老百姓"①。德治思想的根据就在于，"孔子信任德治必然有'无为而治'的效果"②，而这种信任的根据，又是"出于对人的信赖，对人性的信赖"③。也正是在这个意义上，"德治者的模范性，是启发的性格，是统治者自己限制自己的权力的性格。所以统治者最大的德，乃在于以人民的好恶为好恶，这是德治的最大考验"④。借用徐先生的见解，我们可以说，孔子之所以对哀公提出"不迁怒"的要求，就在于认识到了治民者（国君和大臣）的特殊社会地位，他们的"迁怒"对于政治运作具有极大的破坏作用。而出于对治民者人性的信赖，孔子期盼治民者能够自我限制权力，严格以政事本身为出发点，秉公行事，而不因一时之怒而伤及无辜。由此推而广之，强者应当树立自我限制权力的观念，让儒家重视文化的力量，希望如此施加影响于强权者，并发展出一套修身功夫，让强者能够保持恻隐之心，不因自己的强权而伤及无辜。历史上有着众多强者迁怒的现象，儒家将之归结为强者本身的责任，归结为强者道德修身的不足。因此，儒家强调具有社会地位的君子节制血气发动的激情，避免伤及无辜，实际上是抓住了古代传统政治架构下的问题核心，体现出高度的政治睿见。

儒家的睿见还表现在修身与教化层面。诚如黄俊杰先生所说，在中国古

---

① 徐复观.中国思想史论集 [M].上海：上海书店出版社，2004:186.
② 徐复观.中国思想史论集 [M].上海：上海书店出版社，2004:187.
③ 徐复观.中国思想史论集 [M].上海：上海书店出版社，2004:187.
④ 徐复观.中国思想史论集 [M].上海：上海书店出版社，2004:188.

代"身体政治论"下，"政治过程就是从'私领域'到'公领域'的延伸过程，因此'修身'之道可以等同于'治国'之理，两者皆是道德修持之由内向外发展之过程"[①]。在这种思维方式和观念指引下，儒家把"不迁怒"作为修身之学的要求，是精英群体以德治天下的重要一环。从修身功夫次第的角度来看，朱子把"不迁怒"的修养功夫从"怒时且权停阁这怒"扩展到情感平和时着力乃至未发时涵养，让儒者人伦日用中处处审视自己的言行举止，这实际上也充满着儒学修身的智慧——因为长期的修身实践，能够培养良好的思维习惯和行为方式，在发怒的紧要关头体现出更高的道德理性，让道德判断力充分发挥作用，避免"迁怒"的负面影响。同时，通过修身实践的强化，"不迁怒"成了儒家知识分子的日常生活指引，通过躬行示范、德礼教化、移风易俗，影响民众的生活举止，也有助于化解古代生活的"迁怒"。

"（儒家）并不是近代意义下的'政治科学'，至少不是马基维利以后西方政治学家所定义下的'政治科学'，因为这种政治论述并未掌握'政治领域作为一种人间活动有其自主性，不受其他领域（如道德领域）之支配'这项事实"[②]。这又造成了儒家对"迁怒"背后反映的社会政治因素缺乏足够重视。事实上，首先，社会中"迁怒"现象的普遍与否，与其社会政治环境紧密相连。一方面，如果弱者的合理诉求能够在体制内得到更大程度的满足，让所怒对象甲得到某种惩罚，就不容易转化为对甲所在群体和其他个体的愤怒与怨恨。因此，社会制度的公正与否，弱者利益的保障程度，可以影响"迁怒"的广泛存在与否。如果在现代制度建构中引入更多的民众参与、表达、监督、协商，更是有助于官民上下的沟通协商与和谐化怨。另一方面，古代缺乏强有力的人身保障条款，缺乏有效的权力制约监督机制，这加剧了朝廷政治斗争的残酷，是造成政治领域诸多"迁怒"事件的重要原因。因此，有效建立超越道德的权力制约监督与权利保障机制，"迁怒"恶果会得到缓解。要真正做到就事论事，就人论人，就应在政治哲学的视野下进行更深入的探

---

① 黄俊杰.东亚儒学史的新视野[M].上海：华东师范大学出版社，2008:269.

② 黄俊杰.东亚儒学史的新视野[M].上海：华东师范大学出版社，2008:272.

讨。

其次，认知的偏谬及其不正确的归因，也是"迁怒"产生的重要原因。无论是魏忠贤殃及忠臣，还是《古列女传》大夫罪及昭氏之妻，在儒学的视野之下都可视为私欲与血气的不当干扰。儒家强调以"事"为出发点，以"理"为最终判准，达到心如明镜的状态，正是由于意识到了偏私和激情造成的认知谬误，这一原则无疑是值得肯定的。但另需指出的是，认知谬误是一个多层次的精神现象，事件与事件之间、事件与观念之间、观念与观念之间建立因果关系时的不当关联都会造成结论谬误，因而需要对"理"做出更缜密的辨析，这又需要对政治现实、社会制度、文化氛围、思维习惯等因素保持高度的敏感。无论是"女人祸水"之论，还是"杀富济贫、劫官济民有理"的江湖思维，辨析其中的逻辑谬误与理据疏失都是非常必要的，这样才能真正"在事不在己"，"怒当其理而不移"。在现代社会环境下，有效的信息沟通、友好协商与共识达成，都将有助于社会情绪的疏导与理性平和心态的形成，形成是非善恶的正确认知与社会共识，避免怨恨"迁怒"而伤及无辜。

此外，儒家自然没能发展出现代心理科学，但"迁怒"作为一种心理防卫机制具有某种程度的客观性和必然性。无论是遭遇上级批评下的"迁怒"下级、社会交往受挫下"迁怒"于家庭成员、家庭暴力下妇女"迁怒"婴儿，还是社会弱势与边缘群体的非理性抗争，都有着复杂的社会压力与情绪根源，释放压力的途径（设置允许暴打橡皮人的场所）、心理疏导方法的运用、社会工作的介入，具有正当性与有效性。仅仅聚焦于理性的辨析或说教，难以达到理想的功效。

合而言之，现代心理情感问题的解决可以借鉴古代的思想与修身智慧。一方面，"不迁怒"是社会精英自我限制权力的表现，君子道德修养方法与言传身教，对于形成正确认知与归因、避免情绪宣泄造成的误伤有重要意义。但另一方面，权力制约监督与权利保障机制、社会沟通协商与理性辨析机制、心理学与社会工作方法对情感心理的调适等，都是现代社会科学提供的重要求解思路。类似"迁怒"这样的传统问题可能同样困扰着当代人。汲取传统资源的营养并通过跨学科的思维审视，将有助于我们全方位反思古今生活经验，促进古今思想的交融，促进文化制度的推陈出新，并增进我们的公共福祉。

第六章 儒家德育资源的时代价值与挖掘运用

如上三章对儒家伦理、智德、修身功夫的观念诠释与当代审视，涉及儒家思想资源的时代价值，但更多的是从儒家单一观念出发，围绕这些观念的思想内涵和传承创新来探讨的。接下来的两章，则更多的是从当今社会角度出发，在当今社会思潮、制度环境和建设实践中着力探索儒学与当代社会的结合点，对儒家思想资源在当代社会的运用展开探究。

中华优秀传统文化，是中华民族不可割断的精神命脉。我们独特的历史文化传统，决定了与西方文明在精神追求、价值理念和道德规范等方面的深层差异，影响着治理体系与制度选择。站在今天时代发展的新历史方位，我们要珍视儒家德育资源的时代价值，助力思想道德修养，滋养现代道德教育，服务基层社会治理，为新时代共创共享美好生活提供精神资源。

第一节　助力思想道德修养
——以调适和兼顾人情的儒家智慧为视角

儒家所谓人情包含至善之性、人伦规范、心理状态和个人欲求四个维度。其重视调适和兼顾人情之思想，在文化自信中加以创造性转化和创新性发展，能够运用于当代思想道德修养中，满足美好精神生活需要。当代领导者修养需要调适人情，需要培育和乐居处与中正平和的良好心态、勤政爱民与关怀弱势的为政情怀、公私分明与廉洁自律的高尚节操。当代领导艺术需要兼顾人情，通过严宽相济和知人善任的用人艺术以形成和谐工作关系，通过和而不同的交往艺术以构建新型政商关系，通过寓教于爱的相处艺术以维系良好亲友关系。

一、儒家人情观的内涵与功能

在儒家文献中，"情"基本有两种含义，一是"情实""真实"之义，二是本书所说的"人情"，即人之常情或称自然情感。这又可以大致疏解成如下四种。

（一）情性——作为至善之性的人情

至善之性在儒家心性之学中具有奠基性地位，是道德建构的基点。孔子倡导"爱人""己所不欲，勿施于人"（《论语·颜渊》），以"居处不安，故不为也"（《论语·阳货》）的方式使行为合乎"仁"。孟子进一步将恻隐、羞恶、辞让、是非视为人类先天固有，也是人有别于动物的本质属性，属于至善之情感，需要"扩而充之"，成就仁、义、礼、智四德，运用在治国当中才能行不忍人之仁政、保民而王（《孟子·公孙丑上》）。仁义互补、仁智互补、仁体礼用，构成了儒家至善情性论述的特色。

其一，恻隐是对受难者的不忍，是与弱者一体连枝下的切肤之痛，从而激励主体保持善端、持续向善、成就善德。其二，"羞"是对弱者的不忍而引发对自身错失行为导致他人困厄的羞愧，"恶"是对他人伤害弱者的行为感到憎恶。仁义结构是孟子性善说的核心，它把扬善与去恶紧密结合起来。[①] 仁义从功能上互补，如羞恶之义不仅有助于消除自身错失和外在恶源，也能对所谓妇人之仁起到纠偏作用。其三，辞让则是出于对"涂有饿莩"下的弱者水深火热的不忍而有让利不争，推广到对一般弱者的惠爱与让利，进而在更普遍性的情境下，推广为"无所争""辞让之心"的内在心境，转化为人伦互动、物质交接、仪节程式当中的行为规则（"礼让之行"）。其四，是非之心，则是理性与情感交融下的道德判断，既要从"恻隐"中加以检验，又需从正义中加以评断，即所谓"合乎天理之正，而即乎人心之安"[②]。

为了保有推广至善之情性，宋明儒学家关注"气质之性"，尤其围绕着"格物、致知、诚意、正心"展开了功夫论论述。他们对人性之善持有强烈的信仰，对成德有极高的期许和紧迫的意愿。他们从理想层面强调人人皆有成就圣贤人格的可能，而从现实层面又强调人的禀赋不同而成德变得艰辛，因此，志为君子者应该激发人性中蕴含的善端，体认万物一体之仁，消除意识中的未善之念，对个体的错失严加自省。

当然，志为君子者扮演文化精英的角色，保持对社会风尚的引领和对他人成德的激励，但又应当避免标准过于严苛，要对人性中的现实不完满（尤其是他人）持某种程度的宽容。正如孔子所说，"君子求诸己，小人求诸人"（《论语·卫灵公》）。居高临下而过分苛责于人就难以服众。保持倡导成圣、

---

①　陈少明. 仁义之间 [J]. 哲学研究，2012(11):32-40.

②　（宋）朱熹. 四书章句集注 [M]. 北京：中华书局，1983:97.

助人成德与"躬自厚而薄责于人"（《论语·卫灵公》）的张力，是儒学与社会良性互动的需要。

（二）亲情与拟亲情——作为伦理规范的人情

儒家既有如上基于普遍情感、立足人我关系的成德论述，也有基于血缘情感、着眼人伦关系的论述。

儒家文明脱胎于氏族社会，非常重视"五伦"（《孟子·滕文公上》）和"十义"（《礼记·礼运》），将血缘亲情和拟亲情的人间真情作为社会和伦理建构的基点，形成重要的人伦关系和人伦规范。它起于具有巨大伸缩性的"家"，重视父子、兄弟、夫妇之伦，强调发端于浓厚血缘情感的慈爱、孝敬、友爱、恭敬、恩爱与担当等义务，然后派生出社会和政治规范，所谓"孝以事君，弟以事长"（《礼记·坊记》），"父子，至上下也。兄弟，至先后也"（郭店楚简《语丛一》）。儒家以父子比拟君臣、上下、贵贱，以慈孝之亲情推广为仁忠之拟亲情；以兄弟比拟乡党乃至于国人之长幼，以友恭推广为惠顺之道。

并且，与礼义相配合，儒家也改造和阐明了礼仪的重要意义。"合情饰貌者，礼乐之事也。"（《礼记·乐记》）"凡人情为可悦也。苟以其情，虽过不恶；不以其情，虽难不贵。"（郭店楚简《性自命出》）"往而不来，非礼也；来而不往，亦非礼也。"（《礼记·曲礼上》）"尊让洁敬也者，君子之所以相接也。"（《礼记·乡饮酒义》）儒家之礼，不仅"章疑别微"而使"贵贱有等，衣服有别，朝廷有位"（《礼记·坊记》），还包含源于亲情和拟亲情的仪容仪态、往来互动、敬让之道，成就了温情脉脉的礼仪之邦。礼仪互动，是一种艺术化的物质交换和人际交往方式，对于双方表达内心的情感、情谊、情意是不可或缺的。

儒家之礼治，首先肯定自然形成的等级，包括代际而来的父子等级、序齿而来的兄弟长幼之别，进而在家国同构的思维下肯定君臣、上下、贵贱等社会等级的必要性。但与法家相比，儒家又"把仁爱当作最高原则"，"强调相互的义务，提倡准则的对等"[①]，即是用亲情和拟亲情来弥合等级的鸿沟，强调伦理上位者基于情感而来的家庭和社会责任，制约其骄横、自利的倾向，

---

① 刘贻群编.庞朴文集：第二卷 [M].济南：山东大学出版社，2005:100.

发挥道德人格感召力量而体现柔性权威，使等级关系不是简单的统治、压迫、剥削与被统治、压迫、剥削的关系。例如拟亲情的上下级关系中，儒家强调礼贤下士，倡导仁爱下属，具体表现为宽容与恩惠，知人善任，使其各司其职、各安其分而安居乐业等。并且，借用马斯诺"需要层次理论"，儒家在伦理生活中充满了温情脉脉的元素，在亲情、恩情、友情、关爱、理解与信任中满足了人们归属与爱的需要。

当然，温情脉脉的人伦社会也存在家族主义和结党营私等弊端，它往往源于所谓"私情"。儒家也非常重视对它的纠偏，后文再叙。

（三）情愫——作为心理状态的人情

"何谓人情？喜、怒、哀、惧、爱、恶、欲，七者弗学而能。……故圣人所以治人七情……"（《礼记·礼运》）尽管儒家内部对"七情"属于原生情感与派生情感存在分歧，但均强调七情的中正无失。我们可以从三个层面来加以理解。

一是儒家不主张无情灭情，重视七情的正面意义。朱子以为，"喜怒发于当然者，人情之不可无者也，但不可为其所动耳。""如今卒然有个可怒底的事在眼前，不成说且教我去静！""若舜之诛四凶也，可怒在彼，已何与焉。如鉴之照物，妍媸在彼，随物应之而已，何迁之有？"[1] 儒家在修养功夫上反对佛道主"静"之说，肯定七情是人的重要生存处境，不能沦为麻木无情的草木枯槁。并且，与前述孟子"羞恶之心"的论述同，当有"四凶"而舜不愤怒与憎恶，就会破坏社会礼法的贯彻、公正秩序的维护和儒学价值的落实。只有情意上见善则喜、疾恶如仇，"如好好色，如恶恶臭"（《礼记·大学》），将情感转化为意志，强化道德体知的践履动力，才能当仁不让、见义勇为，弘扬正气，社会安治。

二是儒家志在约情，保证七情的中和状态。"喜怒哀乐之未发，谓之中；发而皆中节，谓之和。"（《礼记·中庸》）喜怒哀乐属人之常情。以"哀"为例，"子生三年，然后免于父母之怀。夫三年之丧，天下之通丧也，予也有三

---

① （宋）黎靖德编 . 朱子语类 [M]. 北京：中华书局，1994:766、771、97.

年之爱于其父母乎？"（论语·阳货》）儒家强调服"三年之丧"以寄托哀思，回馈父母的养育之恩，以求"心安"。但另一方面，儒家强调"发而皆中节"，过度的哀伤则有损儿女身体，故又通过规定守丧者饮食、举止的丧礼加以规范，以中庸之道达到中和境界。同样的，喜时滥赏，怒时滥杀，乐生淫逸，惧时逃避，则都违背了道德上的应当和恰当。为了达到"未发之中"和"已发之和"，宋明儒者提供了诸多功夫论叙述，如朱熹传承李侗静中体验未发的思想，主张涵养于未发，察识于已发，而阳明从体用一源谈未发已发为一物，在事上做功夫，动静时都要致良知。

三是儒家强调七情应当体现于恰当的领域。"所谓修身在正其心者，身有所忿懥则不得其正，有所恐惧则不得其正，有所好乐则不得其正，有所忧患则不得其正。"（《礼记·大学》）怨恨嫉妒、焦虑恐惧、迷恋外物、忧郁寡欢，都是不利于常人的生活状态，对道德践履亦有所伤；但"生于忧患，死于安乐。"（《孟子·告子下》）"君子戒慎乎其所不睹，恐惧乎其所不闻。"（《礼记·中庸》）如果将警惕谨慎而唯恐有失的精神用在慎独中修身，直面忧患而积极进取用在治国安邦，则又应当是需要弘扬的内在心态。

（四）情欲——作为个人欲求的人情

儒家之情，有时还指示情欲。

《荀子·性恶》将"饥而欲饱，寒而欲暖，劳而欲休""目好色，耳好声，口好味，心好利，骨体肤理好愉佚""好利而欲得者""生而有疾恶焉"，视为"人之情性"。此处的"性""情""欲"可以从同一个层面来理解，将人的情欲分为感官欲求、贪图安逸、追逐功名利禄、对他人的嫉妒心等，并将之视为人类与生俱来的本性而非孟子所谓的动物性。与生俱来的人性本无善恶，但"从其性，顺其情"则会导向"争"与"乱"，故"性恶"应为"性向恶"。因而荀子强调对情欲的节制与调适，引向对人类文明的建构，即"礼起于何也？曰：……先王恶其乱也，故制礼义以分之，以养人之欲、给人之求，使欲必不穷乎物，物必不屈于欲，两者相持而长，是礼之所起也。"（《荀子·礼论》）

与荀子相类,《礼记·坊记》:"礼者,因人之情而为之节文。"《朱子语类·卷十三》:"饮食,天理也,山珍海味,人欲也,夫妻,天理也,三妻四妾,人欲也。"儒家所谓"存天理,灭人欲",目的在于消除超出人的基本需求的欲望,如私欲、淫欲、贪欲等。同时肯定人的合理情欲。不仅强调先"庶矣",再"富矣",后"教之"(《论语·子路》),即重视养民、惠民、富民的政策设计,对君子而言也是"邦有道,贫且贱焉,耻也"(《论语·泰伯》),只是同时也强调"富与贵,是人之所欲也。不以其道得之,不处也"(《论语·里仁》)。因此,儒家反对"纵欲",但也有别于"无欲""灭欲",而是"养欲"与"节欲",即强调节制与调适人类欲望,使之与社会物质财富供给相适应。

以历史眼光而论,欲与物的协调跟社会生产力发展水平有关,跟不同文化传统所崇尚的人生追求亦有关。因而对于"灭人欲"的具体内容,我们需要因时损益。然而,儒家的情欲说,提供了一种正确对待情欲的思想框架与基本原则,不仅意在倡导良好的生活方式,修炼完善的德性人格,而且有利于维护社会政治的稳定与和谐。

二、基于调适人情的当代领导者修养

儒家基于人情而修身养性,成就圣贤人格,首先是对融道、学、政身份于一身的儒家知识分子即古代社会精英的要求,如此才能以德服人、上行下效、移风易俗。反观当下,我们党要求领导干部以身作则,模范遵守党章党纪,率先垂范,以上率下;强调党纪严于国法,保持党员的纯洁性与先进性。这意味着作为社会精英的领导干部和共产党员,其思想觉悟、道德水平、纪律作风、勤政廉洁、行为规范都有着更高的标准。这既是马克思主义理论的内在要求,也是基于中华文化的社会心理。儒家基于人情而提出的道德、心理、素质要求和修身进路,对于当代领导者素养依然具有现代启示与借鉴价值。

（一）培育和乐居处与中正平和的良好心态

在急剧变迁的社会转型中，在高强度、严要求的管理服务工作中，在快节奏的现代生活和复杂的人际互动中，当前党员干部承受着不同程度的压力，需要关注部分人的心理状态与生活境况。反观传统，儒家非常重视调适人情以保持内在自我世界的和谐，吸收其思想资源有助于保持党员干部的心理健康与自我和谐。

首先，儒家文化影响下的当代中国社会，依然有必要倡导珍视和体认真情，树立良好的家风、社风与政风。实际上，维系夫妻的恩爱和睦与相互扶助，促进亲子的相亲相爱与沟通互动，建立既互爱互助又遵纪守法的亲友关系，形成体恤理解、协商合作、谦和礼让的工作关系，促进基于友善、友爱、诚信、和而不同的社会交往，有助于党员干部安居乐业和人际和谐，在承担责任中安身立命，减少负面心理的外在来源，满足其归属与爱的需要，增进精神幸福愉悦。

其次，儒家倡导疏导内在情感情绪，保持中正平和的良好心态，依然是领导干部应有的心态。党员干部要强化对社会政治理想信念的情感体认（如仁政、大同思想的创造性转化，与共产主义和社会主义共同理想的相通性），增强持守仁爱他者、助人为乐、乐善好施等崇高道德的定力，以一贯原则应对世事变迁。这将有助于超越患得患失的一时算计，防止盲目攀比与追求虚荣的心理失衡，避免喜怒无常的情绪波动，减少不必要的忧愁与烦恼；也有助于避免小小善德或点滴政绩就沾沾自喜，保持积极进取又谦虚谨慎的良好心态。

当然，儒家道德修身方法也需与现代心理科学互补，要尽量消除社会压力与负面情绪的各种根源，拓宽释放压力与情绪的途径，运用更多心理疏导方法和社会工作手段，纠正错误的社会认知和自我认知，促进党员干部的心理健康和自我和谐。

（二）培育勤政爱民与关怀弱势的为政情怀

"国家的一切权力属于人民""立党为公、执政为民""以人民为中心"，是党员干部行使权力、做好管理和服务工作的法理和政德根据。在基于理性法则而构建的政治论述之外，党员干部也要注重情感的激发、认同与共鸣。

首先，强化勤政爱民和为民服务的高尚情操。习近平总书记在山东菏泽考察调研时，曾给市、县委书记们念了一副对联："得一官不荣，失一官不辱，勿道一官无用，地方全靠一官；穿百姓之衣，吃百姓之饭，莫以百姓可欺，自己也是百姓。"儒家透过激发爱民如子、与民同乐的情感来强化以民为主的观念；透过激发惠爱百姓、体恤民情、尽到民之衣食父母之责来推行养民富民、让利于民、不争民利的举措。将之加以创造性转化，有利于激发党员干部对权力来源于民、权为民所用的情感认同，保持与群众的血肉联系与情感纽带，激发体恤基层群众、全心全意为人民服务的高尚情操，创新推出更多勤政爱民与改善民生的为政举措。

然后，仁爱关怀和积极扶助弱势群体。儒家的仁爱精神首先发端于恻隐，对受难的不忍、一体连枝、感同身受才强化了中华民族扶危济困的优良传统。党员干部不仅要加强和改善民生，统筹好各种资源以提供更好的社会保障和社会福利，让鳏寡孤独者、残障人士、下岗失业者、外来务工人员等得到社会照顾；同时在"八小时之外"也要推己及人、仁爱他人、以情絮情，积极组织参与社会慈善事业，投入扶危济困行动，为留守儿童、单亲家庭、独居老人、心理障碍人士等链接资源，指引救助途径，在自身知识能力范围内提供个性化帮助。

最后，倡导正确的荣辱观和羞耻感。时刻不忘良知以求心安的意识，保持战战兢兢、内省如一的慎独精神，能够从情感上遏制个别党员干部的堕落与沉沦，形成对侵吞扶贫济困款项、错误决策而损害民众利益、推行劳民伤财的形象工程、依仗权势欺压弱者、懒政懈怠等倾向的负罪感、自责感、愧疚感、羞耻感、不安感，从而有助于遏制"不作为"与"乱作为"的内心冲动，回归和保持爱民惠民、对民尽责、为民服务、改善民生的赤子之心，永葆共产党人为人民谋幸福的"初心"。

（三）培育公私分明与廉洁自律的高尚节操

儒家基于血缘人情的伦理规范，具有理想诉求、价值引领、规范行为的意义，但现实的运用远比理论复杂，还会出现某种程度的纠结。这集中体现在公私的分际与张力上。例如在现实中，家族内无私之爱本应"出于私而限于家"，但却容易越界，有时不顾他者与社会的利益而沦为狭隘的家族主义与裙带关系。地缘情结与熟人网络，有时成为排外的借口，甚至因私利的追逐而沦为拉帮结派、结党营私。这究竟是儒家的规范并未落实，还是儒家本身的思想缺陷？

著者以为，站在儒家的立场，其思路有二：一是"门内之治恩掩义，门外之治义断恩"（郭店楚简《六德》），要重视规则的适用范围与适度划界；二是既倡导"大义灭亲"，又主张"父为子隐，子为父隐"（《论语·子路》），即在公私之间通过权衡寻求平衡。在家国同构与推广思维下，儒家还是更多强调通过情感沟通公私领域，维持公私领域的连续性与相通性，因而第二种思路成为历史中儒家的主流。面对前述人情社会的副作用，儒家一方面强调"己所不欲，勿施于人"、以情絜情、将心比心，强调个人与他者的对等地位，对狭隘的家族主义、地方主义、党同伐异、托人办事持否定立场，另一方面又弘扬"家"的价值，在不违背重大政治原则时，对人情社会的副作用持某种程度的容忍态度。这种张力使儒家应对现实时具有弹性，强调道德智慧的参与而行合宜之道。但毕竟，其度并非人人都能拿捏，常人也并非都能超越个人利益算计，人情社会的副作用更多来自儒家规范与现实情形的落差，还需要刚性制度、奖惩机制等的补充。在人情社会中，精英群体的腐败形态有其特点，但不能进而认为人情社会等同于腐败，或者视人情社会为腐败的温床。要确保因应人情社会而制定的思想教育与制度建设能够达到政治清明。

其一，传承发展儒家的公私之辨，建立现代公私观念。面对前述人情社会的副作用，党员干部要对家庭（家族）成员有大爱而不溺爱，尤其不能用权力庇护家庭成员冲破社会规则，最终堕入违法犯罪深渊；要发扬儒家以情絜情、将心比心的思想资源，以善良情意超越狭隘的利己主义，重塑个人与他者的对等地位，抑制在选人用人中的不正之风，抵制拉帮结派、结党营私，自觉维护公平竞争、公开透明的规则。

其二，传承发展儒家的义利观，培育正确的金钱观、物质观、名利观。儒家以义制利，其重要缘由之一是出于其珍视人伦和真情。《礼记·乡饮酒义》强调"先礼而后财"，《礼记·聘义》所言"轻财重礼"，《礼记·礼运》强调"治人七情，修十义，讲信修睦"来达到"尚辞让，去争夺"的效果，均是明证。当下，党员干部要培育为人民服务的热忱情感，培育仁爱、体恤、关怀他者、助人为乐的情怀，吃苦在前、享乐在后，先人后己甚至舍己为人。

其三，需要刚性制度、奖惩机制等的补充。如上所述，从道德情感的培育和涵养角度强化自我教育与相互教育，有利于党员干部形成奉公守法与廉洁自律的高尚节操。但与此同时，我们还要将思想建党和制度建党结合起来，形成"不敢腐"的高压态势，"不能腐"的长效机制。

三、善于兼顾人情的当代领导艺术

儒家基于人情而建构的道德哲学，在"修己"和"治人"方面的标准存在区别。[①] 修己是要将自身生活不断往德性上提升，追求圣贤、君子人格；而治人（民）则更多的安设在人民的自然生活的要求，要"躬自厚而薄责于人"，才能"远怨"（《论语·卫灵公》）。因此，当代党员干部在政治社会治理中、在与民众和下属的相处中也要善于兼顾人情，展现当代领导艺术。

（一）严宽相济和知人善任的用人艺术，形成和谐工作关系

儒家对人性、人格、素质、能力都有着更高的期许，但从现实层面而言却时刻处于不断完善的过程之中，因而仁者应该有"恭宽信敏惠"之"宽"，"先有司，赦小过，举贤才"（《论语·子路》），在包容中教育引导，促成其反思改进，如此才能"宽则得众"（《论语·阳货》）。只有"温而厉，威而不猛"

---

① 徐复观.中国思想史论集续篇 [M].上海：上海书店出版社，2004:270.

（《论语·述而》），平易近人又不丧失威严，展现出一种领导艺术，才能得到下属的拥戴和服从。放眼当下，随着平等意识日渐彰显，下属的情感、情绪、感受需要得到领导者更大程度的重视。领导者确立柔性权威，以德服人，以身作则，展现人格魅力，体现领导关怀，宽容下属疏失，督导参与改进，往往能够收到事半功倍的效果。反之，仅以权位压人而难以用品德、素质、能力服众，或不能宽慰下属和提供必要的救济指导，往往会挫伤自身的领导力。

在用人方面，儒家不仅强调"视其所以，观其所由，察其所安"（《论语·为政》），挖掘举荐贤能的人才，更察识个体情性的差异性，知人善任，人尽其才。正如夫子与季康子的对话那样，"季康子问：'仲由可使从政也与？'子曰：'由也果，于从政乎何有！'曰：'赐也可使从政也与？'曰：'赐也达，于从政乎何有！'曰：'求也可使从政也与？'曰：'求也艺，于从政乎何有！'"（《论语·雍也篇》）在专业分工更加精细化、知识技能要求更高、个性才情得到彰显的今天，我们要坚持"德才兼备，以德为先"的用人标准，根据人才的知识结构、专业特长、能力大小委以任务，还要根据由人才的情性差异导致的兴趣爱好差异和性格优缺点而知人善任，这样才能让人才快乐工作、安心工作，尽量减少抵触情绪。

（二）和而不同的交往艺术，构建新型政商关系

儒家强调对领导者的要求严于普通民众，既要求领导者做到自身清正廉洁，知晓民众可为而君子未必可为，也要尊重普通民众的选择。

随着工商业的发展和现代社会的转型，工商业者构成了当代领导者接触的重要对象，且为政的各级领导者也不必然具有更优势的社会地位和经济财富。在市场经济大潮下，工商业者诚信经营，合法致富，享受较高的物质生活，应当得到尊重。而领导干部要做到"亲"和"清"，明白"当官不要发财，发财不要当官"。换句话说，在政商交往当中，领导干部要坚守理想信念，超越拜金主义和享乐主义，坚持"和而不同"的原则，与企业家友善相处并做好服务，又应当坚守自己的职业选择和人生价值选择（真正恪守"当官不要发财，发财不要当官"的初衷），这样才能保持内在良好的心态。

（三）寓教于爱的相处艺术，维系良好亲友关系

除同僚和工商人士，领导者在人情社会中最需要处理好的还是亲友关系。如前所述，建立良好亲友关系的前提是领导者本身要加强修养，培育公私分明与廉洁自律的高尚节操。领导干部在纪律严明、节制亲友的同时，更要体现寓教于爱的相处艺术。

要处理好与亲戚、乡亲、同学、朋友的关系，一是晓之以理，不能碍于情面而逾越政策、法律与规矩，要正面说明事理取得他们的理解，如从"己所不欲，勿施于人"的角度激发他们对受到不公正对待的情感反应，从人我对等的层面说明以权谋私、伤害他人的不应当性。二是动之以情，从人性的角度对他们期盼权力庇护的心态表示同情之理解而不严加苛责，从对亲友的"大爱"而非"溺爱"的角度、维护亲友长远利益和长远发展角度取得他们的接纳。三是寓教于爱，这也是最为关键的。在熟人社会中，从差等之爱的合理性角度来说，领导者对亲友应该有更多的仁爱，承担更大的道德责任。领导者应该体现对亲友的应有关怀，关心他们面临的困难和问题，帮助他们共同塑造积极乐观、脚踏实地的心态，共同找寻教育培训等提升自身能力的渠道，共同找寻化解困难的正规解决方案，共同挖掘勤劳致富和实现人生价值的路径。

以温情脉脉而又有理有节地引导，体现晓之以理、动之以情、寓教于爱的相处艺术，有助于最大限度地兼顾人情以安顿领导者的家庭和社会生活。

第二节　滋养现代道德教育
——以《论语》教育思想的借鉴意义为例

孔子之"学"涵盖《六经》、"六艺"和为人处世、政治实践、个人修养等内容，旨在提升人的内在素质、能力和修养，培养从事社会管理的"君子"。

重读《论语》，我们既要有历史眼光，也要有时代意识。当今教育应以现代教育学理论和实践为基础，合理运用古典思想赋予的批判功能，正确吸取古典教育中的宝贵资源。孔子教育理念对推进当前的人文教育、道德教育、读经教育，构建涵盖中西、知识与道德并重、技能学习与自我完善并举的现代教育体系，以良好教育满足人民美好精神生活新期待，具有重要的借鉴意义。

一、"学"之内涵

子曰："十室之邑，必有忠信如丘者焉，不如丘之好学也。"（《论语·公冶长》）

哀公问："弟子孰为好学？"孔子曰："有颜回者好学，不迁怒，不贰过。不幸短命死矣，今也则亡，未闻好学者也。"（《论语·雍也》）

孔子在传统中曾被誉为"圣人""素王""良史""先师"，然而重读《论语》不难发现，孔子保持着文雅谦和的人格形象，从来不敢以此自居，唯一觉得自己高于常人的，则在于"好学"。在言及最得意弟子颜渊时，他也把"好学"作为重要的评价标准，且说颜渊死后再也难觅"好学"者，足见"好学"的赞语何其难得。因此，"好学"虽是孔子谦虚谨慎的体现，但背后恐怕也蕴含着丰富的义涵。

"学"，首先可以理解为对《六经》、"六艺"的学习。孔子述而不作，信而好古，汇编删定《诗》《书》《礼》《乐》《易》《春秋》，足见孔子对上古文献的重视程度，并以这些经典作为教学的重要读本，勉励弟子认真研习。"六艺"即"礼、乐、射、御、书、数"，这与《六经》的学习有重叠之处，但前者侧重理论学习，后者侧重技艺的学习和训练。

然而，曾子的话则道出了"学"的另一面向：

贤贤易色，事父母能竭其力，事君能致其身，与朋友交，言而有信。虽曰未学，吾必谓之学矣。（《论语·学而》）

"虽曰未学，吾必谓之学矣"，这里将"学"区分为狭义和广义两个方面：前者将"学"理解为"学文"（学习经典），后者将"学"的对象扩大为包括经典文献、日常生活和社会实践在内。在这里，侍奉父母与君王，与朋友相处，均被列入了"学"的范畴，纵观孔子言论，这些论及为人处世、政治实践、个人修养等内容的章节构成了《论语》的基本内容。因此，理解孔子思想中"学"的内涵，必须从广义的角度加以把握。在这个意义上来理解"学文"，也就可以认为其是导向对社会、自然和人生的认知和体悟的。孔子言及诵《诗》的功能可见一斑：

> 诗可以兴，可以观，可以群，可以怨。（《论语·阳货》）

如果说"兴"主要表达了诗歌的审美陶冶作用，那么"观""群""怨"着重表达了读诗的认知功能和人伦教化作用。通过这一文学形式，可以从中体察到有关风俗民情、政治伦理等社会状况，可以了解日常生活中的鸟兽草木等自然知识，可以对语言技巧的模仿而使自身在生活中正确言语，诗歌中流露出来的对政治、伦理、生活、爱情、交往、处事等方面的怨愤之情更是可以激起对相关问题的思考。可以看到，孔子对《诗经》的学习，不仅在于对诗歌的欣赏，更看重它对增进个人知识和修养的意义。如此推而广之，孔子强调"学文"的着眼点也不在于对经典文本的训诂考据，而是看重经典中所反映的"事""物"和"道"，即对"物"的学习增进对自然万物和社会的了解，对"事"的学习导向对万物生存长养规律和为人处事之道的领悟，对"道"的体悟以涵养人格和增进内在素养。

二、"学"之目的

孔子反对人成为"器"：

> 子曰："君子不器。"（《论语·为政》）

> 子贡问曰:"赐也何如?"子曰:"女器也。"曰:"何器也?"曰:"瑚
> 琏也。"(《论语·公冶长》)

所谓"器",朱熹注为"器者,有用之成材。"①,"器者,各适其用而不能
相通"②。用"器"比喻子贡,大概是由于他在言辞、游说、货殖等方面的非
凡才能,但孔子所要培养的弟子应该是"成德之士,礼无不具,故用无不周,
非特为一才一艺而已。"③即不能拘泥于技艺培养和职业教育,而重在"博学
以文"和"约之以礼",解开各种迷惑,体悟处事之道和人生之理,增强自己
的素质和能力,以便能够胜任社会管理事务。

孔子反对"樊迟学稼"的例子更是可以体现这一理念:

> 樊迟请学稼,子曰:"吾不如老农。"请学为圃。曰:"吾不如老圃。"
> 樊迟出。子曰:"小人哉,樊须也! 上好礼,则民莫敢不敬;上好义,则
> 民莫敢不服;上好信,则民莫敢不用情。夫如是,则四方之民襁负其子
> 而至矣,焉用稼?"(《论语·子路》)

"君子""小人"之分,在此并非道德高下之判断,而是社会阶层之区别,
重在强调孔门志在培养从事社会管理的"君子"。在孔子看来,"君子之德风,
小人之德草,草上之风必偃"(《论语·颜渊》),社会精英作为为学和从政的
主体,没有自身素养的提升,则不可能为政以德,救世安民的社会理想更是
无从谈起。换句话说,社会精英的价值不在于懂得技艺,而是要提升自身修
养,以"爱人"之心、"推己及人"的方式,为政以德,为追求"老者安之,
朋友信之,少者怀之"(《论语·公冶长》)的理想社会而奋斗。因此,子夏在
深得孔子要旨的情况下,在"学"与"仕"的关系上有了精辟的见解:"仕而
优则学,学而优则仕。"(《论语·子张》)"百工居肆以成其事,君子学以致其
道"(《论语·子张》)"道"与"器"是一对相对的概念。"樊迟学稼"的例子

---

① (宋)朱熹.四书章句集注[M].北京:中华书局,1983:76.

② (宋)朱熹.四书章句集注[M].北京:中华书局,1983:57.

③ (宋)朱熹.四书章句集注[M].北京:中华书局,1983:57.

主要从社会政治的角度强调"君子不器"，但仅仅从这一点来把握孔子"学道"的思想，恐怕不够全面。正如杜维明先生指出的那样，"现在的流行观点认为，儒学是一种特别重视人际关系的社会伦理学，这一见解是基本正确的，但是它未考虑到作为一种独立、自主和有内在导向过程的自我修养在儒家传统中的中心地位。"①

子曰："古之学者为己，今之学者为人。"（《论语·宪问》）

这段话的解释众说纷纭，在我看来可以结合孔子对"仁"与"礼"的论述加以把握。

所谓"礼"，是指从西周流传下来的典章制度和风俗习惯，包括社会关系的基本准则、规范和仪节等。尽管孔子时代礼乐传统已经受到冲击，但它依然影响着当时人的道德观念、价值取向、审美情趣和行为方式，因而孔子说"不学礼，无以立"（《论语·季氏》）。然而，孔子对传统的"礼"持继承而有所"损益"的态度，其评价标准就是"仁"。正如余英时先生在《轴心突破和礼乐传统》一文所说，孔子对礼乐传统加以哲学上的重新阐释，其结果是最终将"仁"视为"礼"的精神基础。换句话说，正因为"仁"作为"礼之基础"具有首屈一指的重要性，对"礼"的学习必然根植于对更为内在的"仁"的认识。

子曰："克己复礼为仁。"（《论语·颜渊》）朱子注云："仁者，本心之全德。克，胜也。己，谓身之私欲也。复，反也。礼者，天理之节文也。"②就个人修身而言，对个体私欲的超越是必需的。但下文"为仁由己"的"己"突出道德实践的主体，"仁远乎哉？我欲仁，斯仁至矣"（《论语·颜渊》）体现人的主动性。如果把"克己"理解为对自身私欲的克制，那么道德实践主体的主动性就不复存在了。因而，"克己"理解为"克制自我"，不如理解为是在实践中涵养自我、提升自我。"性相近，习相远也"（《论语·阳货》），人性具

① 杜维明.儒家思想新论——创作性转换的自我 [M].南京：江苏人民出版社，1996:53.
② （宋）朱熹.四书章句集注 [M].北京：中华书局，1983:131.

有可塑性，具有不断完善自身、实践仁德的可能性。正是在这一信念的激励下，孔子认为"仁"的实践不是一种静态的心理状态，而是一种动态的自我实现过程。"仁"的实践并不离开日常生活、生命个体而另外寻求一种精神体验，更不由冥思默想、虚无缥缈之中去获得，而是必须落实到人的日常生活，在"仁"与"礼"的完美结合中，体验到融生命情趣和价值追求于一体的精神愉悦。

明确了自我修养在孔子思想中的核心地位，我们对"为己之学"就有了理解的语境。孔子"好古"，这句话在于称赞"古之学者为己"的为学之道，因而"为己之学"首先不能曲解成"为了自己的利益而学习"，而是说学习是为了充实自己，提升自己，修养自己。所谓"为人之学"，即是学习为了迎合他人以获得赞赏，或是急功近利地获取好处。当然，孔子一生具有"救世安民"的理想，"为己之学"不在于否定"学而优则仕"的为学功能，而是强调为学的首要功能在于对个体的意义，即个体内在修养的提升不仅是为政的手段，而且本身就是目的。

概而言之，在孔子的思想世界中，为学涵盖《六经》、"六艺"和为人处世、政治实践、个人修养等内容，他一方面强调"学而优则仕"的社会功能，勉励学生为政以德，承担社会管理事务之职，另一方面又强调提升自身素质、能力和修养对于个体生命的意义和价值，勉励学生"志于道，据于德，依于仁，游于艺"（《论语·述而》），在自我提升中享受学习和修身之乐。

三、找寻传统与现代的契合

作为伟大的思想家和教育家，孔子有教无类，广收门徒，培养出"德行""政事""言语""文学"见长、注重"修己安人"的一大批人才。这一成就受到了国内外的广泛赞誉：美国《世界名人大辞典》和英国《人民年鉴手册》把孔子列为十大思想家和文化名人之首；联合国教科文组织于 2006 年起设立首次以中国人命名的国际奖项"孔子教育奖";孔子学院纷纷设立,传播和弘扬中华文化;诺贝尔奖获得者汉内斯·阿尔文博士甚至说:"如果人类要在21世纪生存下去,必须回头两千五百年,去吸取孔子的智慧。"这些现象足以表明一个事实:凝聚着先贤智慧的古典教育思想,对于当今的中国乃至世界的教育事业具有可供汲取的思想资源,应当得到更深入的关注和研究。

就思想史研究而言,意义诠释和知识考察是一体两面,研究经典首先需要追求文本的具体知识(历史经验内容和重要思想范畴等)的确定意义,在此基础上进行意义诠释,通过从具体到抽象、抽象到具体的诠释程序,发展意义,揭示义理。做到既理解思想家精神信念、思维方式和表达技巧,又能重新评估以往思想的合理性,以理性、尊重、包容和对话的起码规则推进不同解释者之间的思想融合,满足现代意识下的思想创作的需要。因此,古典教育思想的古为今用,要求我们既要有历史眼光,也要有时代意识,即要对古今时代发展、生活方式、价值理念等方面的差异有高度自觉,认识到如此导致的学习的内容、深度和广度及其制度性安排的众多不同,进而找寻到传统与现代的会通和联结点。

其实,教育问题是一个非常专业、需要学者在调研的基础上提出一整套理论和方案加以解答的理论课题。当今的教育学理论着眼于时代发展对人才素质的要求,深入反思当前教育实践中的经验和教训,运用一整套科学方法对教育理论进行反复论证,取得了丰硕的成果。正是由于它的科学性和可操作性,它对当今教育学的发展具有基础性作用。古典教育理念只有纳入现代教育理论,转化成一种良性的制度才能加以落实。因此,真正的理性态度或许应该是:以当代教育学的理论和实践为基础,以先贤教育思想为参照,深入认识当前教育存在的问题症结,把古典教育理念融入现代教育理论,推进现代教育事业的发展。而在此过程中,古典教育思想的价值不在于它能够直接套用于现代,而在于它给我们提供了更为广阔的视野,为批判当前教育的不足提供了宝贵武器,给以当前教育改革发展更多的启发和思路。

在这个意义上说,孔子树立严肃认真、谦虚谨慎的学习作风,建立良好的师生关系，激发弟子学习的主体意识，注重学行统一，实践与学习并举，言传身教，尊重个性，因材施教，循循善诱等，对于改变当前教学过程中存在的师生互动不够、填鸭式教学、建立良好的学风和教风，推进以人为本的素质教育，无疑具有巨大的启示意义。更为重要的是，孔子教育的核心理念在于以《六经》为教典，综合培养人的素质、能力和修养。这犹如一把利剑，给了我们一个重要的批判视角，审视当今以职业教育和科学教育为导向的现代教育实践的利弊。

四、呼唤理性审慎的教育实践

近代以来，科学精神得到了大力弘扬，客观上促进了工业化和现代化进程，促进了民众思想观念、价值体系和生活方式的调整和重构。为适应时代的要求，人的培养也从传统的"成人"教育逐渐变成一种侧重科学知识的教育，传统的道德修养、艺术熏陶等一系列人文教育的内容被挤压。

面对这一状况，很多有识之士对此进行了深入的反思和批判。应当说，古典教育固有它的优势，对现状的批判也十分必要，但前提是应该认识到：当前重视科学技术教育是时代发展的结果。首先，孔子所处的时代是精英治理的时代，其广收门徒，有教无类，目的不是要实现教育权的平等，而是看到人"性相近"而具有可塑性，能够将其培养成治国安邦的社会精英。"有教无类"的主张不能使当时的人民普遍受到教育。而当今时代日益或者已经进入高等教育大众化的历史阶段，培养对象变为大多数的社会成员，而他们将来从事的事业则大多数与社会大生产有关，故科学理论和专门技艺的教育是其寻求个体发展的必要条件。其次，古代经济社会结构简单，知识更新慢，掌握一定的科学技术知识即可舒适地生活。而当今时代是一个知识更新换代极其迅速、社会生产生活日益技术化、专业化的时代，没有科学知识的储备就不能很好地深入认识社会和融入社会：例如不懂得经济学的知识，就不能认识社会生产的各种现象和规律，不懂得法学和政治学的知识，就不能真正建立起科学合理的社会制度。因此，当前存在的重视各种科学技术教育的现状，有着它的合理性。

当然，找寻人生的意义和价值、追求心灵的幸福和宁静，是人类永恒的哲学主题。注重科学技术教育不等于压制注重精神修养和人格培养的人文教育。但就现状而论，当今不少学校往往过分强调知识的学习和技艺的掌握，忽视了人的审美情趣、人格完善和道德修养等方面的引导，学习的目的在不少人眼中被扭曲为就业准备、投资发财等现实功用。这一状况着实让人担忧。孔子强调"君子不器"，重视人的精神修养和人格完善，重视人的生存价值，确实可以给予我们不少加强人文教育的思想资源。我们应当意识到，对科学知识的掌握固然重要，博学的精神固然可贵，物质固然需要，但是，不要成为科学、技术和物欲的奴仆，生活中还有道德、人格和精神的领地，后者会让生活变得更为完整和丰富。人文关怀是对人的生存状态的关注，是对人的成长和发展（尤其是精神层面的发展）的关心。它可以给人提供一个不断反思人类和个体生存状况的武器，给人的幸福提供一个支撑，找到安身立命的生活归宿。心灵的幸福感是心理健康的重要方面，或许有了心灵的寄托、精神的归宿，我们将会获得一种幸福感，少了对人生的种种困惑和失落。

呼唤人文精神的复归，落实在实践中的一种方式就是读经运动。应当说，以重读经典的方式增强人的人文素养和道德修养，其重要性在古典教育淡出现代教育体系的今天显而易见，但其中的误区也不得不提防。一方面，经典中的众多义理能够超越时空的限制而具有普世性，当人经过后天学习而社会化以后，在对世界和人生具有一定的认知和体悟的基础上，运用理性重读经典，确实有助于增长智慧，领悟人生义理，提升个人修养和指导社会实践。另一方面，就培养全面发展的人来说，学习应该注重"广博"，在当前时代发展的要求下，教育的内容应该涵盖中西，知识与道德并重，技能学习与自我完善并举。如果读经的倡导而不接受经过反复论证的现代教育，或者读经而忽略对现代科学知识的吸收，其结果都将不利于知性思维的发展和知识的积累，自我修养和自我完善也无从谈起，推己及人的德行就会因客观认知的偏差而"好心做坏事"。此外，读经运动似乎没有充分调动从事自然和社会科学研究的学者的热情，诸如"在科学教育与人文教育之间如何进行有机的结合""古典文化进入现代课堂的最佳方式""如何指导学生扬弃传统文化"等理论课题也有待进一步探讨。

第三节　服务基层社会治理
——基于思想和制度层面的考察

如何运用传统文化的丰富资源，服务基层治理、共创共享美好生活？如何在基层实践中积累更多传统文化传承创新与增强文化自信的成功经验？下文尝试从传统文化服务现代基层治理的战略意义和实践路径的角度对如上问题加以探讨。

一、儒学为主体的传统文化服务基层治理的意义

弘扬儒学为主体的传统文化，不仅有利于基层治理（基层问题化解、基层制度创新和基层治理现代化），让社区民众共创共享美好生活，还有利于在风险成本可控下在基层实现文化传承与创新。

弘扬儒学为主体的传统文化，有利于基层问题的化解。基层治理是国家治理的重要一环，基层的和谐稳定与繁荣发展直接关系到国家长治久安与民族富强复兴。而随着经济转轨与社会转型，基层治理也面临着新情况新问题新挑战，如有些基层组织出现松散、个别小官巨贪引起民怨、利益多元诱发矛盾、诚信不足引发人际隔阂、进城务工造成村落空心化、人口涌入加大

治理难度等等，使得基层治理任务艰巨繁多、形势严峻紧迫。在这种情势下，习近平总书记强调指出，"全面深化改革任务越重，越要重视基层探索实践。"①基层探索实践不仅有助于基层问题化解，也为国家治理提供宝贵经验。这种探索创新是多元的，但必然包含从历史梳理中找到问题症结，从优秀传统文化中汲取营养。具体来说，一是自强不息、敢为人先、上下求索的中国精神，能够激发干部群众的昂扬斗志，以问题导向不断推进改革，化解前进道路上的艰难险阻；二是发扬崇尚和谐、扶危济困、仁爱友善、礼让协商的传统美德，能够缓和基层矛盾，在稳定发展中为解决问题赢得时间与空间；三是立足基层社会的传统习俗与风土人情，发扬地域文化小传统蕴含的宝贵资源，传承中华文化大传统的文化基因，能够因地制宜和因俗而定，更好地探索解决问题的可能方案。

弘扬儒学为主体的传统文化，有利于基层制度创新。近代资产阶级实践表明，脱离中国文化的具体实际，简单移植西学与西制，不仅在国家层面终因水土不服而走腔变调，而且在基层领域也难以让西方观念与制度深入人心；而乡村建设运动，尽管改良路线难以解决积重难返的阶级矛盾和社会弊病，但基于乡土中国实际、因地制宜地艰辛探索，挖掘传统文化资源全方面改造乡村，在基层自治与民众合作等方面取得了一定成效，其思路与方法有借鉴意义。中华人民共和国成立以来的建设实践也表明，马克思主义指导、立足中国本土文化实际、消化西方成功经验，三者成功融合就会产生出与国情和文化相适应的具体制度与机制，在基层展现出强大的生命力。放眼当下，改革进入深水区，简单制度借鉴与浅层制度改革往往难以奏效，改革目标方向与路径选择更需要结合中国深层次的具体实际、在基层实践探索中加以制度创新，进而上升到国家层面来丰富中国方案。习近平总书记指出，"独特的文化传统，独特的历史命运，独特的国情，注定了中国必然走适合自己特点的

---

① 新华社. 鼓励基层改革创新大胆探索，推动改革落地生根造福群众 [N]. 人民日报，2015-10-14（01）.

发展道路。"① 这个深层次的民族历史与文化传统，影响着意识形态的民众接受度，影响着治理体系与制度路径选择。当前的新型城镇化建设、乡村振兴战略实施尤其是基层村居建设，既要因地制宜，也要立足和转换中华文化与地域文化，促进基层体制、制度与机制的本土化建构与创新，走出一条适合在地文化与地情的发展道路。

弘扬儒学为主体的传统文化，有利于基层治理现代化。首先，协商民主制度具有"深厚的文化基础"②，是传统文化智慧与社会主义理论和实践的有机融合。这不仅能够疏导利益多元格局下的潜在冲突，还能在维系民众根本利益与长远利益中保持团结与合作，避免西方民主那样简单票决的民主程序所带来的社会撕裂。其次，立足文化传统的法治体系构建，有利于提高立法的科学性，更好地得到基层的拥护和践行，提升基层治理的法治化水平。再次，展现中华文化的文化软实力，更是可以提升基层治理的文明化水平。例如，传承"为政以德""道之以德，齐之以礼，有耻且格"的治理思路，用传统思想资源诠释社会主义核心价值观，有助于发挥文化的柔性作用，使基层治理得到民众更多的理解、认同与配合；用"天下为公""民之父母""为生民立命"的博大情怀、责任意识与廉政文化教育党员干部，有利于寓治理于服务之中，提升基层治理的服务化水平。最后，"涉及人民群众利益的大量决策和工作，主要发生在基层。""重点在基层群众中开展协商。"③ 蕴含中华文化智慧的协商民主制度，通过对话、沟通、合作达成更合乎实际需求的共识，有利于提升基层决策的科学化水平。

弘扬儒学为主体的传统文化，有利于文化传承与创新。由于在现代转型中形成传统文化的断裂，多数民众对传统文化处于日用而不知的状态，而且

① 倪光辉.胸怀大局把握大势着眼大事，努力把宣传思想工作做得更好[N].人民日报，2013-8-21（01）.

② 李昌禹.推进人民政协理论创新制度创新工作创新 推进社会主义协商民主广泛多层制度化发展 [N].人民日报，2014-9-22（01）.

③ 李昌禹.推进人民政协理论创新制度创新工作创新 推进社会主义协商民主广泛多层制度化发展 [N].人民日报，2014-9-22（01）.

如何做到传统中华文化与马克思主义的有机融合、中西合璧与融合发展，也需要在社会实践中持续探索，传统文化的传承与创新并非易事。我们倡导在基层领域的文化传承、探索与创新，相比于国家层面而言具有更大的回旋余地，也有探索创新的广大空间。它既可以将成功成熟部分用于国家意识形态构建，属循序渐进、稳妥可行之方案，实现马克思主义和中华文化的融合发展和与时俱进；又能够多元化探索西方文化如社会工作理论方法的本土化路径与运用领域，使成功成熟的中西合璧成果推广于更大范围，使之具有生命力的同时坚持民族文化的话语权；还可以运用基层社会的传统习俗与风土人情，唤起民众对传统文化的珍视、体知与践行，结合新的历史条件、社会结构、制度体系、时代价值加以重新诠释，使中华美德、价值观、文化理想得到传承，使传统文化作为一种生活方式得到鲜活延续，为创造中华文化新的存在样态、构建社会主义先进文化开辟路径。

二、儒学为主体的传统精神文化服务基层文化治理的路径

中国古代思想体系、价值理念、重要理念、思维方式尤其是其中的民族精神、传统美德、核心价值，构成了中华传统精神文化。儒学为主体的传统精神文化在基层的传承创新，可以通过基层信念斗志激发、核心价值观培育、道德建设和社工伦理本土化来实现，从而服务基层文化建设，满足人民美好精神生活需要。

一是激发精神力量，形成利于基层发展的信念斗志。儒学为主体的中华文化蕴含的深层精神追求，滋养成就了民族的薪火相传与发展壮大。尤其是自强不息、厚德载物的思想转化为一股精神力量，更是激发民众精神斗志，坚定理想信念，凝聚发展目标，推进改革开放和社会主义现代化建设。对欠发达地区而言，基层干部群众既要辛勤劳动，做到传承自强不息、艰苦奋斗、团结互助的优秀传统，凝聚共识、群策群力、共谋发展；又要发扬首创精神，

传承敢为人先、锐意改革、乐观进取的优秀传统，坚定实现中华民族伟大复兴的中国梦的理想信念，立足地情勇闯新路。对于东部沿海等发达地区的基层，也要继续发扬自强不息、厚德载物的思想，将创新发展、共享发展、共建和谐、崇文美俗作为最大公约数和持续奋斗的目标，积极适应和引领经济新常态，挺过产业转型升级带来的阵痛，消解利益多元造成的矛盾，消除收入差距带来的发展疑虑，积极应对精神文化与经济发展不协调的现状，从而形成基层民众勤奋探索、积极进取、追求正义、理性求同、直面问题的精神风尚，推进经济社会发展迈向新台阶。

二是重视价值转换，促进核心价值深入民心。习近平总书记强调，社会主义核心价值观是文化软实力的灵魂，反映国家、社会、民众的精神追求、价值理想与行为规范，决定社会主义文化性质与发展方向。社会主义核心价值观"有其固有的根本"，要通过传统文化的创造转换与创新发展来彰显其时代价值，成为"涵养社会主义核心价值观的重要源泉"。并且，我们需要将民族文化与社会主义核心价值观更加"融入社会生活，让人们在实践中感知它、领悟它"[1]，更加贴近民众，使之"日常化、具体化、形象化、生活化"[2]。具体来说，我们要继承古代上行下效、移风易俗的德治智慧，发挥党员领导干部的模范带头作用，进而在基层社会形成良好的社会风尚；要挖掘崇尚正义、廉洁奉公的传统资源，在思想和制度层面坚决抵制和纠正一些地方基层存在的贪腐、特权、搞潜规则等不正之风，形成自由、平等、公正、法治的社会氛围；要挖掘地域文化的思想资源，完善市民公约、乡规民约、团体规章，成为人们普遍遵循的柔性规范；要在各种传统节庆活动中，透过礼仪制度、风俗习惯等形式，在民众参与和寓教于乐中普及民俗文化，增强民众对传统价值观念与社会主义核心价值观的体认；要在社区扶危济困、慈善公益、

---

① 新华社.把培育和弘扬社会主义核心价值观作为凝魂聚气强基固本的基础工程[N].人民日报，2014-2-26（01）.

② 新华社.当好全国改革开放排头兵，不断提高城市核心竞争力[N].人民日报，2014-5-25（01）.

宣传教育、化解矛盾中倡导家庭美德与社会伦理。

三是挖掘美德资源，提升基层精神文明程度。见死不救、救人反被讹、诈骗活动、人情冷漠等社会现象，常常被视为经济发展后道德滑坡的体现。尽管个别现象不能代表全民道德状况和否定精神文明建设成果，但社会文明进程中出现的暂时性问题和个别现象值得我们积极应对。我们要引导民众崇尚、笃信和遵守道德，让中华儿女都成为传播中华美德、中华文化的主体。就具体举措而言，首先，前述培育核心价值观所运用的上行下效机制、团体规范建构、社区倡导、民俗文娱活动等途径，也是促进传统美德传播与践行的重要路径。其次，中华传统美德与功夫论传统，是构建当代德性伦理体系的重要思想资源。例如，儒家心学传统注重激发人的内在善良情意，以恻隐之仁和羞恶之义作为道德建构根基和道德践履之源，对于培育基层民众仁爱友善、扶危济困、见义勇为的道德行为有重要意义，对于激发民众的羞耻感并抑制讹诈欺骗等不道德行为有正面作用，也有助于形成谴责道德不作为和道德失范行为的社会氛围，助力基层社会精神文明建设。

四是尊重在地文化，推进社工伦理本土化。因应建设社会文明、创新社会治理、满足民众多元个性需求，西方社会工作理论方法及其伦理价值被运用于基层治理领域。从理论上说，价值观是特定社会的意识形态、文化传统和思维方式的反映，专业伦理则是前者在实务领域的运用，两者还深刻影响着其理论方法的实际运用，因而它面临如何与中华文化和地域文化相适应的挑战。从实践上说，西方社会工作推崇利他主义、个人价值与尊严等价值观和承诺、尊重、自我决定、保密、个别化等专业伦理，在一般意义上似乎都可以被接受，但在具体基层服务中却可能让人困惑。举例来说，社会工作专业关系如何与中华文化倡导的人格感召、身教言传观念和人情文化相融；面对部分基层民众素质堪忧和不良习染的青少年，中华文化蕴含的社会责任感与教育教化传统如何与平等、接纳、不干预、案主自觉相融，等等，都意味着价值观和专业伦理的要求及其限度存在中西差异，需要立足本土文化实际去探索伦理价值的具体内容及其实务工作中的表现形式。这种本土化实践不仅影响社会工作在中国基层社会的运用前景，也可视为中西文化融合发展的鲜活案例而值得重视。

三、儒学影响下的传统制度文化服务基层制度建设的路径

儒学影响下的古代制度，尽管有不少内容由于社会结构的调整而显得不合时宜，但也有一些制度值得我们在新的历史条件下加以创造性运用和发展。传统制度文化在基层的创造转换，可以透过完善基层治理体制、基层党建机制、基层民主协商制度来达成，促进基层的和谐善治，满足人民美好社会生活需要。

一是坚持中国模式，完善基层治理体制。就基层治理而言，古代多数朝代的县级政权得到上级的充分赋权，而限于人员经费和管理效率的考量，家族、乡里实际上具有实质自治的某种属性。面对家族乡里事务，不仅接受县令及其附属官吏的领导与裁判，也充分调动家长、族长、科举士人、退休乡绅、有德长者的积极性参与基层治理。反观当下，"党委领导、政府负责、民主协商、社会协同、公众参与、法治保障、科技支撑"的社会管理体制，是因应时代发展进步和中国国情实际的创新，也是蕴含民族文化基因、保留了传统社会基层治理的合理成分。习近平总书记既强调"要重点加强基层党组织建设"，"种好自留地、管好责任田"，又强调要指导管理"基层政权组织、经济组织、自治组织、群团组织、社会组织"，"唱好群英会、打好合力牌"。[①]之所以强调"一核多元"中的"一核"，就是在利益多元、矛盾复杂、问题繁多的基层实际中，需要具有权威、能够维系秩序并充分协调整合的力量。党总揽全局、协调各方的作用，成为基层治理的政治保障。之所以强调民主协商、社会协同、公众参与，就是现代政府主要提供均等化的公共服务，限于

---

① 新华社.看清形势适应趋势发挥优势,善于运用辩证思维谋划发展 [N].人民日报,2015-6-19（01）.

人力与经费也不可能完全包揽所有事务，而普通民众和弱势群体的多元化、个性化、差别化需求，还需要依托社会团体组织的力量才能更好完成。这与传统社会主要依托宗法力量和乡绅治理有所不同，但相似的地方则是提供了基层治理的多方参与和多重路径，提升了基层治理的效率与效果。

二是彰显中国特色，完善基层党建机制。我们要按照习近平总书记"党的工作最坚实的力量支撑在基层""全面提高基层党组织凝聚力和战斗力"的要求①，加强基层党组织和基层政权建设，从如下方面着力加强相关机制的构建：（1）《论语·颜渊》认为，"足食""足兵""民信"是为政的三要素，但根本与核心还是"民信"，"民无信不立"。以此为鉴，增强基层群众的政治认同，离不开每个基层党员干部牢记天下为公、以民为本、为民服务的使命，坚持走群众路线，密切基层组织和广大民众的血肉联系，从而得到民众的理解与信任。（2）古代官员与乡绅，来源于深受礼乐道德教化熏陶的读书人，重在通过他们的良好修为感召民众，获得执政的柔性权威。以此为鉴，基层党组织的柔性权威，来源于基层党员干部的先锋模范作用。考核和选拔党员干部要坚持德才兼备、以德为先的原则。我们要强化全面从严治党，严肃党内政治生活，严格制度纪律、强化思想教育来培育党员干部的良好的政治素质、道德修养、执政能力和日常作风。（3）中国古代曾存在举孝廉、察举制，也非常重视邀约社会贤达来共同治理基层事务。这对基层党组织建设的启示在于，基层党组织也要密切联系社区领袖、社团领袖、义工领袖，积极将基础社区的先进人物吸纳入党，给基层党组织注入新鲜血液。

三是立足中国实际，完善基层民主协商制度。体现传统文化智慧、符合中国实际的基层民主协商制度，已经体现出强大的生命力。我们要"按照协商于民、协商为民的要求，大力发展基层协商民主"②，进一步探索、丰富和

---

① 新华社.看清形势适应趋势发挥优势，善于运用辩证思维谋划发展 [N].人民日报，2015-6-19（01）.

② 李昌禹.推进人民政协理论创新制度创新工作创新 推进社会主义协商民主广泛多层制度化发展 [N].人民日报，2014-9-22（01）.

总结基层协商民主的制度化形式。一是借鉴古代多元主体参与基层事务的经验，充分调动社区领袖、社团领袖、义工领袖等先进人物参与协商议事，但与传统协商有所不同的是，我们还要充分发挥基层社会组织、群众自治组织以及广大民众广泛参与协商。二是借鉴古代民间沟通与民间调解的经验，要重点对涉及民众利益并存在利益矛盾的基层公共事务、群体纠纷、人际纠纷展开协商，及时疏导化解潜在的纠纷和矛盾，同时也对重大政策尤其是民生工程在基层的细化落实集思广益，对当地经济社会发展的目标方向、配套政策、面临困难问题群策群力，让政策红利普惠基层民众。三是要借鉴古代利用乡射、乡饮酒、讲学、赛会、节庆多场合途径协商的经验，不仅利用村民居民（代表）会议、业主委员会、特别听证会等平台展开协商，还要结合基层社区熟人社会的特征，利用居民文化休闲、娱乐节庆等场合，更为灵活多样地展开友好协商，也可尝试运用网络、新媒体等虚拟社区平台沟通互动、集思广益。四是要坚持正确政治方向的基础上协商，要坚持在法律法规的范围内开展协商，要坚持以建设性的态度、促进凝聚共识的方向上开展协商。

第七章　儒家文化教育的地方实践与提升策略

　　本章以青少年传统文化教育现状调研为基础，在理论视野下审视地方实践满足人民对美好教育以实现美好生活的新期待。文章从地方需求看中华优秀传统文化教育的重要性，从初步经验看中华优秀传统文化教育的可行性，从提升空间看中华优秀传统文化教育的迫切性。在分析中华优秀传统文化教育的宝贵探索基础上，本书继而提出提升中华优秀传统文化教育水准的理论框架，强调坚持传统文化教育与马克思主义教育、爱国主义教育、时代精神教育、全球视野教育、世情国情教育相融合，保证传统文化教育在正确政治方向和先进思想理念指引下顺利推进；着力建构融思想性、学理性、价值性、艺术性、实践性并具亲和力、针对性的青少年传统文化教育体系，保证传统文化教育供给青少年学生丰富饱满的精神食粮；构建课堂、校园、家庭、社会、网络立体协同的传统文化教育格局，丰富多渠道、多载体、多样性的优秀传统文化传承发展体系；完善领导有力、督导有效、研究有成的组织保障体系，着力增强传统文化教育的多元支撑。最后，本章立足地方具休实际和教育实践，提出若干对策建议和实践思路。

第一节　中华优秀传统文化教育的地方探索

在优秀传统文化重新融入制度、进入生活，参与重塑精神家园和良政善治的今天，诸如经典诵读、艺术传承、礼仪复归、美德实践等优秀传统文化传承与教育开展得如火如荼。本节首先结合传统文化教育现状调研，分析优秀传统文化教育的重要性、可行性与迫切性。

一、从地方需求看中华优秀传统文化教育的重要性

当代中华优秀传统文化教育，从时代发展和国家建设的宏观层面具有正当性，在地方经济社会发展的微观层面来看，也有其独特的重要性。下面结合地方实际，分析面向青少年开展传统文化教育所具有的重要教育、文化和政治意义。

一是政治意义：营造安定祥和、健康自信的社风民风，优化基层意识形态宣传教育机制。国家稳定发展离不开地方和基层的安定祥和，但当前利益格局调整，改革进入深水区，社会矛盾问题叠加涌现，基层的纠纷冲突错综复杂，社会戾气依然较重。构建社会主义和谐社会、培育社会主义核心价值观，弘扬社会主义道德风尚，传播正能量，弘扬主旋律，是传统的重视宣传教育的意识形态工作所长，但其日常生活化传播的途径依然较为狭窄。传统文化教育正可一定程度尝试改善这一状况。例如，岭南文化秉承着中华文化

的大传统，向来重孝悌、尊师道、守礼仪、行仁善，在家训、族谱、书信、楹联、村规、民约、方志中传承记载下来，演绎出诸多道德立身、耕读传家、仁善处世的历史故事。新时代建设家训馆、村史馆、好人馆，在粤语传颂和文物佐证下再度演绎古时活生生的移风易俗故事，倡导良好的新时代家风家教，树立符合时代精神的村规民约，非常贴切民情民心，有利于将主流意识形态与中华优秀传统文化有机融合并加以生活化传播，有利于基层问题化解、基层制度创新、基层治理现代化，起到了潜移默化净化人心和社会风气的效果。

二是教育意义：以地域文化资源推进传统文化教育内容形式创新，更好实现以文化人、以文育人目标。传统文化教育要着重利用全国性的、深刻影响历史发展进程的传统文化资源，但也要善于利用地方文化尤其是具有较大影响的地方优秀文化资源。以著者所在的佛山为例，岭南文化发祥地——佛山诞生了影响近代思想史进程的康有为等历史人物，涌现了黄飞鸿、叶问、李小龙等一代功夫宗师，还是全国戏剧版图占有一席之地的粤剧的发祥地，拥有西樵山理学高地、祖庙道教文化资源、"桑园围"水利灌溉工程等重要场所，流传"行通济"、端午"龙舟"和"秋色巡游"等民间节庆文化，盛行醒狮、陶艺、美食为代表的民俗文化。用好地方文化资源，丰富传统文化教育素材，一方面要创新推出阐述中华传统文化的地方诠释读本（童蒙读本和普及书籍），嵌入大中小学课程教材体系和培训教育体系，在文化发展的大传统中阐发其意义、价值和内涵，另一方面要充分用好文化场馆、文物文献、村落民居、节庆活动、娱乐休闲等体验方式，身临其境感受传统文化的丰富表现形式。如此，能够拉近新时代青年与悠久历史文化的距离，在生动活泼的文化载体中增强学习兴趣，更易理解深厚玄妙的文化要义，培育青少年对历史文化积淀和古雅价值的接纳与认同，发挥以文化人、以文育人的功能。另一方面，从全国性传统文化教育模式的探索角度来说，援引地方文化资源的意义不仅在于前述的更接地气地普及传播传统文化，而且在传统文化教育方兴未艾、模式方案尚未成熟成型的背景下，各地灵活的、创新的、特色的传统文化教育探索,有利于在遵循"先行先试、逐个突破、整合提炼、总结完善、逐步推开"的探索思路上日趋形成丰富完善的传统文化教育模式。

三是文化意义:推进文教共荣、文城相融、文经互促,实现地方经济社会高质量发展。以佛山为例,传统文化教育能够使岭南特色文化传承发展后继有人、势头强劲,带动文化场馆和文化创意活动的人气,提高传统文化资源的利用率,扩大传统文化产品的消费,并能激发更多优秀人才和资金投入文化创造和文化产品开发,探索更加有效、可持续、产值高的文化产业模式,在文教共荣中推动文化事业和文化产业的发展。第二,佛山以制造业闻名全国,但同时也是"肇迹于晋,得名于唐"的国家历史文化名城。作为岭南文化重要发祥地的文化遗产,亟待在现代化建设中抢救性保护、合理适度开发,维护和丰富佛山的文化标识,擦亮岭南文化发祥地的"历史名城"名片;并且,佛山岭南文化基因亟待新的时空背景下加以创造性转化与创新性发展,创造蕴含传统岭南文化意蕴的新时代佛山文化,在文城相融中增强佛山文化软实力和城市竞争力,打造传统与现代融合的"文化佛山"品牌。第三,岭南传统文化和新时代佛山文化更需要经由传统文化教育而内化于心,外化于行,使包括青少年学生在内的全体佛山市民成为岭南文化的传承者、践行者、传播者,自觉用"敢为人先、崇文务实、通济和谐"的佛山人精神推进创新创业,不断提升佛山文化品位和文化产品质量,打造人文与繁华并茂、精神与物质共享的文化导向型城市。

二、从初步经验看中华优秀传统文化教育的可行性

党的十八大以来,传统文化传承与教育得到全面重视。佛山起步较早,探索较多,收集整理其中的相关探索成果,评估教育成效,增强教育信心,有助于促进佛山青少年传统文化教育迈上新台阶。

一是传统文化教育融入意识形态宣传教育机制。佛山深入学习领会习近

平总书记关于弘扬中华优秀传统文化重要论述的战略意义、思想内涵和精神实质，响应市委市政府文化导向型城市建设要求，以文化自信为动力，以岭南文化为独特优势，以地方民俗民风为支撑，积极倡导在社会主义核心价值观和当代社会主义制度环境下加以价值引领和创新发展，保证传统文化传承和教育在正确政治方向和学理支撑下古为今用、推陈出新。佛山教育部门坚持立德树人、育人为本，将传统文化教育融入社会主义核心价值观和"中国梦"等主题活动之中，开展系统教育活动，例如"传承文明美德　共谱和谐之曲"践行核心价值观安全文化教育活动，"凝聚民族力量 实现中国梦想"系列中小学生绘画、书法评选活动，"立爱国志 做敬业人"核心价值观红领巾"少年邮局"创建活动，"诚信立身　友善待人　以孝为先"孝德书信文化节等。[1]

二是大力推进传统文化艺术教育。为贯彻落实《教育部关于推进学校艺术教育发展的若干意见》（教体艺〔2014〕1号），进一步抓好中华优秀传统文化艺术传承学校与基地建设工作，全面普及和发展艺术教育，促进学校文化艺术教育特色发展，提高学生艺术素养，佛山教育部门按照中央精神以及市委市政府关于《"文化佛山"三年行动计划（2017—2019年）》要求，先后2批次共88所中小学被认定为"优秀传统文化艺术传承学校"，22所小学被认定为"粤剧特色创建基地学校"。各校特色项目涵盖了书法、版画、剪纸、陶艺、粤剧、扎染、曲艺、灯谜、国画等各项中华优秀传统文化艺术项目，传统文化艺术在佛山学校全面开花。市教育局负责人介绍，认定佛山市优秀文化艺术传承学校有评估要求，包括建设与管理、校园文化艺术建设与成就等方面。例如，认定学校需重视艺术教育工作，校级领导有专人分管艺术教育，有艺术教育管理机构，艺术课程开课率达到100%，等等。[2]近年来，佛

---

① 佛山市教育局德体卫艺科2016年工作要点［EB/OL］．（2016-03-19）．佛山市教育局网站，http://edu.foshan.gov.cn/zwgk/ghjh/content/post_236486.html.

② 佛山首批46所优秀传统文化艺术传承学校出炉［EB/OL］．（2018-01-05）．搜狐网，https://www.sohu.com/a/214875856_355835.

山市推出"一校一品""一校多品"的教育发展理念，各个学校根据自己的办学特色和德育特色，把艺术教育和德育结合起来，形成各自的艺术教育特色。① 通过全市中小学范围内建设一批优秀传统文化艺术传承学校或基地学校的形式，有助于传承优秀民族文化，弘扬佛山精神，由此全面提升学校艺术教育质量，带动全社会形成学习传统文化的氛围。②

在高校层面，高校积极开展形式多样的教育活动，如著者所在单位就获得了教育部第四届"礼敬中华优秀传统文化系列活动"特色展示项目。在佛山中小学校，涌现了开展传统文化艺术教育的先进典型。南海桂城叠滘小学特别邀请茶基村的十番文化传承人何汉耀教练进校指导学生学习十番技艺，教学采用十番基础班和十番表演班的梯队训练模式，在每周五社团时间进行训练。③ 叠滘小学十番锣鼓舞蹈队，打破传统的十番表演方法，在原有的十番基础上结合民族舞蹈，让锣鼓打击节奏配合得更加紧密，动作更加完美。④ 南海西樵镇第一小学则每天大课间让学生们做极具岭南韵味的粤剧特色身段操，并与南海区文化馆联手探索"粤剧艺术进校园"，文化馆老师坚持每周进校园开展粤剧基本功训练，包括粤剧表演的指法、身段等。⑤ 全省第一家初中段篆刻特色教学与创作实验基地落户顺德区碧江中学，将篆刻特色教学纳入常态课程，实现这项教育常态化，让学生在学习篆刻之余收获了安静和恒心。⑥ 不仅是常规学校，佛山美伦国际学校也以培养既有"世界眼"又懂"中

---

① 让佛山传统文化走进校园［EB/OL］.（2018-02-09）.东方资讯网，http://mini. eastday.com/mobile/180209104835655.html#.

② 佛山致力传承弘扬传统文化 传统技艺进校园［EB/OL］（2018-01-11）.佛山文明网，http://fs.wenming.cn/wmbb/201801/t20180111_4980165.shtml.

③ 佛山致力传承弘扬传统文化 传统技艺进校园［EB/OL］（2018-01-11）.佛山文明网，http://fs.wenming.cn/wmbb/201801/t20180111_4980165.shtml.

④ 佛山致力传承弘扬传统文化 传统技艺进校园［EB/OL］（2018-01-11）.佛山文明网，http://fs.wenming.cn/wmbb/201801/t20180111_4980165.shtml.

⑤ 佛山致力传承弘扬传统文化 传统技艺进校园［EB/OL］（2018-01-11）.佛山文明网，http://fs.wenming.cn/wmbb/201801/t20180111_4980165.shtml.

⑥ 佛山首批46所优秀传统文化艺术传承学校出炉［EB/OL］（2018-01-05）.搜狐网，

国风"的学生为己任，开设涉及唐诗宋词、传统饮食文化、餐桌礼仪、茶艺等的中华文化课程，举办中国民乐社团、中国美食社、中国服装社等校园社团，并举行中国文化节，开展社团展演活动。①

三是积极推进传统文化校本课程开发建设。佛山教育部门引导各级各类学校大胆探索分层教学、小组合作、导师制等教学改革，打造"高效课堂"。以名师做课、专家引领和名师报告等形式引领课堂建设、课程开发和教师专业成长。初步形成生命教育课程和佛山非物质文化遗产的地方特色系列课程，其中后者包括剪纸、陶艺、佛山音乐、佛山武术等。②佛山各级学校根植佛山深厚的岭南文化底蕴，融合中国优秀传统文化、传统美德、民族精神等重点内容，开发立人教育课程，达到"春风化雨，润物无声"的教育目的，展现出佛山在教育领域积极探索、敢为人先的改革精神，得到了广东省教育同行的认可。③

例如，禅城冼可澄纪念学校以禅城区教研室编写的《陶艺》作为主教材，并逐渐拓展丰富和综合发展，使陶艺校本课程富有时代感。④禅城铁军小学全面铺开狮头文化课程，并推出该校教师欧琦辉编撰的校本课程，通过与国家课程美术课相融合的形式，全校学生每周至少能上一节狮头艺术课程，学习手工小狮头、狮耳挂件、狮眉油伞、狮纹国画等制作。⑤佛山一小积极将粤曲粤剧知识融入校园生活，每天为学生播放粤曲经典小调，还把"曲艺进

https://www.sohu.com/a/214875856_355835.

①　国学风吹进国际学校 佛山国际学校重视传统文化教育［EB/OL］.(2017–10–18).新浪网，http://gd.sina.com.cn/fs/2017-10-18/city-ts-ifymvuyt3373975-p2.shtml.

②　佛山市教育局2016年上半年工作总结［EB/OL］.(2016–07–02).佛山市教育局网站，http://edu.foshan.gov.cn/jyxx/jyxx_gzhb/content/post_236370.html.

③　我市27所学校被评为"广东省基础教育研究实验基地学校"［EB/OL］.(2018–03–30).佛山市教育局网站，http://cdu.foshan.gov.cn/kx/jjkx/content/post_242191.html.

④　立足传统文化！冼可澄纪念学校形成特色文化教育模式［EB/OL］.(2018–05–07).佛山新闻网，http://www-89.citygf.com/fstt/201805/t20180507_158916.html.

⑤　佛山致力传承弘扬传统文化 传统技艺进校园［EB/OL］.(2018–01–11).佛山文明网，http://fs.wenming.cn/wmbb/201801/t20180111_4980165.shtml.

校园"作为学校特色课程，开发出校本课程《粤韵》。^①佛山市第二十五小学出版校本教材《粤剪越快乐》，系统介绍剪纸历史、剪纸工具与材料，剪纸技法、剪纸名家、名作欣赏等。^②"佛山营造了深厚的校本课程创新发展的文化氛围，重视学生的素质教育，充分发挥了校本课程的育人功能，值得借鉴学习。佛山市的省实验基地学校的校本课程建设不但走在广东省前列，也可以说是走在全国的前列！"专家们在 2019 年度广东省基础教育研究实验基地学校经验交流暨义务教育阶段校本课程研讨活动上做上述表示。^③

四是积极推进文化与教育协同发展。佛山依托现代公共文化服务体系，依托图书馆、文化馆、博物馆、古村落、高校等物质和人才资源，助力青少年传统文化教育。佛山建设"博物馆之城"，提升城市精神文明水平。以此为契机，作为走在佛山教育前列的南海区，充分发掘南海区各级各类博物馆教育功能并以此为基地探索开展优秀传统文化教育。2018 年 12 月，南海区首个"优秀传统文化之学生教育实践活动基地"在广东大观博物馆·岭南金融博物馆揭牌。南海区教育局负责人表示，南海区实施"学校—博物馆育人联盟"建设工程，充分发挥博物馆第二课堂教育延伸与补充作用，形成文化育人、实践育人强大合力，提高学生人文与科学素养。^④作为"全国文明村""中国十佳小康村""中国最美乡镇"的禅城南庄紫南村，充分挖掘自身的传统文化资源，建成广府家训馆、佛山好人馆、紫南村史馆、紫南文化大讲堂，设置广府演绎区、视听互动区、中心互动区、交流发布区等区域，成为村民不忘初心、记住乡愁的精神家园，成为佛山精神文明建设新地标，也成为激励

---

① 佛山致力传承弘扬传统文化 传统技艺进校园［EB/OL］.（2018-01-11）.佛山文明网，http://fs.wenming.cn/wmbb/201801/t20180111_4980165.shtml.

② 佛山首批 46 所优秀传统文化艺术传承学校出炉［EB/OL］.（2018-01-05）.搜狐网，https://www.sohu.com/a/214875856_355835.

③ 佛山市教育局举办广东省基础教育研究实验基地学校经验交流暨义务教育阶段校本课程研讨活动［EB/OL］.（2019-05-14）.佛山市教育局网站，http://edu.foshan.gov.cn/kx/jjkx/content/post_242284.html.

④ 南海首个优秀传统文化学生教育实践活动基地揭牌［EB/OL］.（2018-12-28）.佛山在线，http://www.fsonline.com.cn/p/253174.html.

青少年践行孝悌、尊师重道、仁善处世的教育基地。①

在学校层面，佛山各级学校充分利用临近的物质和人才资源，因校制宜开展形式多样的教育探索。南海西樵镇民乐小学发掘名人黄飞鸿的资源，同时利用西樵作为"岭南狮艺武术发源地"的优势，把狮艺武术项目引入课堂，探索出了一条以武健体、以武励志、以武育德的飞鸿教育发展之路。②禅城铁军小学与佛山狮头国家非遗传承人黎伟的大弟子欧琦辉不谋而合，把狮扎这个传统文化项目引进校园，同时发动学生、老师、家长多方联动，通过引入 STEAM 理念，建立校本课程和"全校普及＋精英培养"的教学体系，逐步形成了 1400 名多师生联动家长，全员学习狮扎文化的良好局面。③禅城冼可澄纪念学校借助佛山科学技术学院和社会专家学者的人才优势，参与区教育局牵头组建的陶艺教育联合体，将教科研成果运用到日常艺术教育中，以书法陶艺传承传统文化，以语言艺术启迪智慧，以声乐舞蹈提高修养，以科技发展创新，形成了立足传统文化的特色文化教育模式。④

五是推进经典诵读教育。佛山市教育部门充分认识到国学经典在义务教育阶段的重要性，通过开展创建书香校园、书香家庭、书香社区、争当"阅读之星"等活动，让中小学生在阅读中提高人文素养，弘扬传统文化，践行道德规范，培育良好风尚。佛山出台了《关于开展传统文化经典诵读活动实施方案》，要求全体中小学根据推荐书籍名录，自行选择，每周安排一课时的中华优秀传统文化课程。学校每天利用语文课、预备铃后 3 分钟、课间、午间活动时间组织学生经典诵读。小学的诵读书目包括《三字经》《千字文》《百

---

① 佛山家训馆好人馆村史馆揭牌 打造精神文明建设新地标［EB/OL］.（2018-04-18）.中国文明网，http://www.wenming.cn/dfcz/gd/201804/t20180418_4658911.shtml.

② 让佛山传统文化走进校园［EB/OL］.（2018-02-09）.东方资讯网，http://mini.eastday.com/mobile/180209104835655.html#.

③ 佛山校园传承传统文化的"铁军样本"［EB/OL］.（2019-05-09）.南方网，http://news.southcn.com/gd/content/2019-05/09/content_187247960.htm.

④ 立足传统文化！冼可澄纪念学校形成特色文化教育模式［EB/OL］.（2018-05-07）.佛山新闻网，http://www-89.citygf.com/fstt/201805/t20180507_158916.html.

家姓》等，而中学诵读书目则包括《中庸》《大学》《老子》等。① 中国人民大学国学院副院长袁济喜教授高度评价在佛山的广东省基础教育研究实验基地学校的国学经典教育，能充分考虑学段特征、地区特色、学校定位，让国学经典润泽每一位学生的心灵。②

六是积极开展传统文化教育活动。禅城区教育局主办"笔墨生辉 传承文化——禅城区第四届中小学书法节暨中小学生书法现场比赛"；南海区西樵镇民乐小学和广州市京溪实验小学两地学生以醒狮为桥梁，以体育为纽带，共同参与"黄飞鸿杯"第12届世界华人狮王争霸赛南狮公益行活动；高明区举办"岭南风雅领袖 万人传唱乡贤"诵诗节；伦教目前唯一一个顺德传统文化（粤剧类）教育培训基地在北海小学挂牌，三水首个"岭南诗社校园诗词辅导站"在西南九小成立③……诸如此类报道时常见诸媒体，并得到中国文明网的肯定，足见佛山传统文化教育活动开展的活跃程度。再比如，佛山评选出五届共计100名"诚实守信、自强自立、孝老敬亲、勤奋好学、乐于助人、环保卫士"等方面表现突出的好少年，形成学习美德、践行美德、弘扬美德的浓厚氛围。④ 佛山市教育局联合市文化广电新闻出版局、市青少年文化宫，在市青少年文化宫（新宫）二楼剧场举办"佛山传统文化知识竞赛"活动。⑤ 此外，佛山其他部门也积极投入传统文化宣传教育活动。例如，2015年10月24日，佛山市政协、市教育局主办佛港澳中小学生书法艺术校

---

① 国学风吹进国际学校 佛山国际学校重视传统文化教育［EB/OL］.（2017-10-18）. 新浪网，http://gd.sina.com.cn/fs/2017-10-18/city-fs-ifymvuyt3373975-p2.shtml.

② 佛山市教育局举办广东省基础教育研究实验基地学校经验交流暨义务教育阶段校本课程研讨活动［EB/OL］.（2019-05-14）.佛山市教育局网站，http://edu.foshan.gov.cn/kx/jjkx/content/post_242284.html.

③ 佛山积极推进传统文化进校园 滋养青少年精神家园［EB/OL］.（2016-11-01）.中国文明网，http://www.wenming.cn/syjj/dfcz/gd/201611/t20161102_3855229.shtml.

④ 佛山市文明校园创建工作见成效 3所学校被评为省一届文明校园［EB/OL］（2017-10-26）.佛山市教育局网站，http://edu.foshan.gov.cn/kx/jjkx/content/post_242116.html.

⑤ 2017年佛山传统文化知识竞赛活动顺利举办［EB/OL］.（2017-04-24）.佛山市教育局网站，http://edu.foshan.gov.cn/kx/jjkx/content/post_242073.html.

园交流活动。[①]2016 年 8 月 10 日，佛山市政协主办"中华翰墨情——佛山、香港、澳门、桃园中小学生书法比赛颁奖典礼暨优秀作品联展"。[②]市政协以文化艺术为桥梁，既促进佛山青少年的对外文化交流，增进彼此了解与沟通，又增强了佛山青少年对中华文化的归属感和认同感。

综合来看，佛山积极将中华优秀传统文化教育融入意识形态宣传教育机制，依托现代公共文化服务体系，用好图书馆、文化馆、博物馆、古村落等文化资源，调动学生、家长、义工、学者、民间艺人等多方参与，充分利用文化遗产，传承岭南民俗民风，激活岭南文化独特优势，推进文化与教育协同发展。佛山教育部门和各级学校以传统文化艺术教育为突破口，打造优秀传统文化艺术传承学校品牌；积极推进传统文化教育的课堂建设、课程开发和教师专业成长，融入素质教育理念和学校课堂课程体系，形成佛山非物质文化遗产的地方特色系列课程；积极借助经典诵读、诗书比赛、知识竞赛、节日庆典、公益活动、文化交流等形式，开展喜闻乐见、丰富多彩、形式多样的传统文化教育活动。佛山积极培育传统文化教育沃土，有效传承和发展了包括岭南文化在内的中华优秀传统文化，也让传统文化精髓充分滋养了青少年的精神家园。佛山实践不仅是地区性的建设思路和实施方案，其体制机制、保障措施、内容体系的探索符合一般教育、传播和文化建设规律。佛山面向青少年开展传统文化教育模式丰富了传统文化教育的实践路径和内容，具有示范意义和推广价值。

三、从提升空间看中华优秀传统文化教育的迫切性

在优秀传统文化重新融入制度、进入生活，参与重塑精神家园和良政善

---

① 我市举行佛港澳中小学生书法艺术校园交流活动［EB/OL］.（2015-10-26）.佛山市教育局网站，http://edu.foshan.gov.cn/kx/jjkx/content/post_237572.html.

② 中华翰墨情——佛山、香港、澳门、桃园中小学生书法比赛颁奖典礼暨优秀作品联展在佛山开幕［EB/OL］.（2016-08-10）.佛山市教育局网站，http://edu.foshan.gov.cn/kx/jjkx/content/post_240038.html.

治的今天，诸如经典诵读、艺术传承、礼仪复归、美德实践等优秀传统文化传承与教育开展得如火如荼，但因处于探索阶段而显得良莠不齐。系统梳理地方实践，综合评估面向青少年开展优秀传统文化教育的发展程度，针对性突破认识误区，查找突出问题，分析制约瓶颈，因应困难挑战，探究问题成因，有利于在传统文化教育理念上达成共识，有针对性地开展传统文化教育，避免传统文化教育中的偏失和误区，提升青少年传统文化教育的品质和效果。

教育部《完善中华优秀传统文化教育指导纲要》指出，"加强中华优秀传统文化教育，必须正视面临的一系列困难和挑战。……面对新形势、新要求，中华优秀传统文化教育还存在不少突出问题，对中华优秀传统文化教育重要性的认识有待进一步提高，教育内容的系统性、整体性还明显不足，重知识讲授、轻精神内涵阐释的现象还比较普遍，课程和教材体系有待完善，教师队伍整体素质有待提升，全社会共同参与的教育合力有待加强等。"① 各地青少年传统文化教育中不同程度存在如上困难挑战，其提升空间具体表现在如下几个方面：

一是对传统文化教育重要性的认识有待进一步提高。在习近平总书记强调文化自信、弘扬中华优秀传统文化的今天，社会、家庭和学生对传统文化教育的重视程度较之前有所增强，但重科技理工而轻文科、重实用功利而轻文化修养、重外语教育而轻国学教育、重分数学历而轻全面发展的思维定势依然在较大范围存在；在接受传统文化教育的群体之中，将之视为语文课程的知识补充、扩大青少年学生知识面、培养青少年的文化艺术特长、践行孝悌而尊长守礼的观念较为普遍，换句话说即是更为看重传统文化教育的实际功用性。这种认识比起完全蔑视传统文化教育的认识要好得多，也应当肯定传统文化教育对青少年成长成才的功用，但依然需要形成对传统文化教育的价值理性，更为平和地接纳传统文化教育的潜移默化而非立竿见影的功用，

---

① 教育部关于印发《完善中华优秀传统文化教育指导纲要》的通知［EB/OL］.中华人民共和国教育部网站，http://www.moe.gov.cn/srcsite/A13/s7061/201403/t20140328_166543.html，2014-04-01

更为深刻地认识到它对青少年形成健全人格、健康心理、平和心态、传统美德的深远意义，更为深沉地认同它对传承中华文脉、培养文化自信、维护中华文明生活方式、精神追求、价值观念的社会政治意义。

二是教育内容的系统性、整体性、科学性还有待加强。第一，各级各类学校在传统艺术教育方面异彩纷呈，但艺术教育的连贯性与衔接性、多种艺术项目的贯通和整体艺术课程体系打造尚待探索，由技艺而通义理、精神、修养的引导仍待有意识的强化。第二，各地各类学校在经典诵读和诗词吟唱方面也已大有长进，但各学段教育内容的衔接性、针对性有待强化，重知识讲授而轻精神内涵阐释、重知识讲授而轻智慧启迪、重知识讲授而轻价值引领、重传统道德而忽视创造性转换和创新性发展的现象较为普遍，需要在观念更新和业务能力提升等方面加以引导。第三，传统文化教育课程与语文、德育、政治、历史等课程教学的融通互补尚需进一步探索，传统文化融入高校思想政治教育仍待深化，这尽管取决于课程体系的整体设计，但地方实践探索的教学研究依然有其意义。第四，一些地市依托地方文化资源在传统文化教育校本课程开发上走在前列，但在中华文化大传统中阐发地方文化和具体民俗项目的意义、经由地方特色文化了解中华文化大传统的理念仍需得到更大程度的落实和探索。

三是多方联动的体制机制仍待进一步优化。各地的公共文化服务体系不断健全，政府职能部门的服务意识和办事效率不断提升。党政部门、教育部门、文旅部门、特色街镇、古村落、文化场馆、文艺团体、中小学校、家庭家长等多元主体均有较为强烈意愿投身传统文化的传承发展与教育之中，但组织之间的联动性有待加强，各级学校链接传统文化资源更多地停留在"八仙过海、各显神通"的阶段，尤其是教育与文旅系统的联动潜力巨大，具体表现为历史文脉梳理、物质文化载体、文化创意活动的教育潜力仍待挖掘，学校与文化馆、博物馆、图书馆、文化街镇、古村落、青少年宫的联动机制有待挖掘并充分利用，学校、家庭和社区的教育合力有待加强。

四是一些地方历史文化研究和传统文化教育研究依然是薄弱环节，理论对实践的指导显得不够。以佛山为例，当前，关于佛山传统文化传承与教育方面的著作，主要有《佛山市人文和社科研究丛书》《佛山历史文化丛书》《佛山韵律文学艺术丛书》等，关于依托佛山民俗文化资源开展传统文化教育的研究专著甚少，网络文章则主要是中国文明网、南方网、佛山文明网、佛山在线等的宣传推介文章。以及针对特定学校和活动展开的新闻报道。在知网中，以"佛山""教育"为篇名的文献200余篇，"佛山""文化"为篇名的文献300余篇，但核心期刊论文奇缺，显示高质量研究数量甚少，且"佛山""文化教育/传统文化教育"的文献也是屈指可数。可以说，虽然相关部门设立了资助基金，但碍于研究者的人数、兴趣和水平，相对于佛山岭南文化"富矿"和如火如荼的教育实践而言，当前研究与之显然是不相称的。

五是传统文化教育的支持措施有待强化。各地的教育投入逐年提高，除了透过"优秀传统文化艺术传承学校"和"特色创建基地学校"等项目和平台加强经费扶持外，依然需要创新打造更多的传统文化教育特色项目，以项目驱动为抓手加大经费投入。教师队伍群体对传统文化的了解与接纳仍待加强，校园崇尚中华优秀传统文化的整体氛围尚待营造，具有地方文化特色的校园文化品牌有待进一步培育。中小学语文、德育、政治、历史、文化艺术、体育、心理等课程教师的传统文化素养和教育水平仍待进一步提升，高校思政课教师坚持"两个相结合"，将传统文化融入思政课教学的能力仍需进一步增强，更为专业的传统文化艺术课程、更为系统深入的传统文化精神教育依然面临师资短缺的窘境。

第二节 提升中华优秀传统文化教育水准的理论框架

在深入领会习近平总书记关于弘扬中华优秀传统文化重要论述、中共中央《关于实施中华优秀传统文化传承发展工程的意见》和教育部《完善中华优秀传统文化教育指导纲要》等文件精神基础上，下文参阅传统文化教育的相关著作①，借鉴全国其他省市的经验做法，直面制约瓶颈和困难挑战，围绕传统文化教育的基本原则、主要内容、重点任务、体制机制和保障措施，从教育理念、教育内容、教育方法、外部支撑等层面提出面向青少年开展优秀传统文化教育的基本思路。

一、更新中华优秀传统文化教育理念

就教育理念而言，提升传统文化教育水准，需要我们坚持传统文化教育与马克思主义教育、爱国主义教育、时代精神教育、全球视野教育、世情国情教育相融合，保证传统文化教育在正确的政治方向和先进的思想理念指引下顺利推进。

---

① 例如，张良驯等《当代青少年中华优秀传统文化教育研究》、丁钢《文化的传递与嬗变：中国文化与教育》、李广龙《当代教育中的中国传统文化研究》、宋元林《中国传统文化与思想政治教育研究》、曾仕强《家风：遗失的传统文化》、井祥贵《民族传统文化的学校教育传承研究——以丽江纳西族学校为个案》、韦祖庆《传统文化生态观的教育传承研究》等。

第一，坚持马克思主义的指导地位，推进传统文化教育与马克思主义教育的有机融合。我们要引导学生用马克思主义的立场、观点与方法来科学对待传统文化。具体来说即是坚持以辩证唯物主义、历史唯物主义、跨学科视野、理论联系实际、问题导向、回归实践语境的角度解读中华优秀传统文化；坚持人民立场，阐发"为生民立命"与"坚持以人民为中心"的思想契合，弘扬儒家民本思想，推进养民惠民恤民教民的当代实践；坚守国家民族立场，推进爱国主义教育、革命传统教育与传统文化教育相结合，倾注情感阐发中国绵远流长的爱国主义传统，激情讴歌近代以来为民族独立和人民解放而献身祖国的革命英雄；坚持科学社会主义的发展方向，以社会主义核心价值观为引领，摈弃传统文化中不合时宜的成分，着力挖掘和弘扬传统文化的现代价值。

第二，学习借鉴国外优秀文化成果并洋为中用，推进传统文化教育与全球视野教育相结合。当前，一些青少年学生热衷好莱坞电影、日本动漫、游戏，喜欢过洋节日、追求国外品牌、迷信所谓西方价值，加之学习西方科学和人文理论，强化英语学习训练，造成对国外文化、制度和生活方式的接受度较高，但往往缺乏深刻的辨识能力。这一方面体现出我们在高品质文化供给上的不足，需要学习吸收国外优秀文化的创新创造模式和积极成果，因而传统文化教育绝不是搞故步自封、夜郎自大，而是要引导学生树立全球视野，树立开放包容的意识，将人类一切文明成果化为己用、融合创新。但另一方面，又体现出我们在传统文化教育方面的严重不足，以至于对传统文化中蕴含的价值内核、制度资源和生活方式的陌生，缺乏对传统文学艺术的鉴赏能力和生命情怀、生活情调的感悟能力。传统文化教育更需要在全球视野下审视民族文化的瑰宝，理解"越是民族的往往越是世界的"深意，坚信在足够创新创造力的基础上吸收现代理念和表现形式一定能够将传统文化重新焕发新的生机。并且，在奠基于文化自信的"四个自信"的基础上，才能够让学生对西方文明成果有更加辩证分析的态度，看到西方社会发展面临的难题、困境乃至乱象，从西方的迷思中解放出来，了解更为真实和全面的西方世界，才能让学生意识到西方现代化模式在诸多发展中国家移植的惨痛代价，理解异域文化的特殊经验而不能简单移植的内在缘由，看清西方制度和价值观输出背后的险恶用心；才能真正让学生从中国实际的国情与文化出发，珍惜中国人民追求国富民强和美好生活的来之不易，在中国道路上不断创新创造出中华文明新的辉煌。

第三，坚持传统文化的创造性转化与创新性发展，推进传统文化教育与时代精神教育相结合。传统文化教育中，容易不自觉地偏向两个极端，一是抽离社会历史条件，以当代视野和标准来苛责前人，简单批判传统文化的不合时宜，不能历史地看待传统文化的产生背景及其历史合理性；二是不能以发展的眼光看问题，因为个人情感的偏好而对历史文化做简单的美化处理，对历史的所谓美好过度留恋，甚至固守不合时宜的教条，试图在当代社会简单复兴传统的价值系统和伦理道德。因此，传统文化教育要尊重历史，保护珍贵的文物文献，力图再现传统文化的真实场域，理解传统文化的历史真意和发展源流，又要弘扬改革创新为核心的时代精神，辩证看待传统文化中的精华与糟粕，理解和促进传统文化的现代转型，在去粗取精、去伪存真的基础上，坚持古为今用、推陈出新，深入挖掘和阐发中华优秀传统文化讲仁爱、重民本、守诚信、崇正义、尚和合、求大同的时代价值，实现优秀传统文化的创造性转换与创新性发展，自愿汇聚到社会主义先进文化的创造之中，共同构建新时代中华文化新辉煌。

第四，坚持传统文化与现代社会相适应，推进传统文化教育与世情国情教育相结合。在传统文化教育中，时常会被问及传统文化在当今时代、在社会主义中国有何作用、如何发挥作用的问题。其实，传统文化的当代价值与社会运用，是一个有重要意义但又往往是教育者语焉不详的话题，其中的症结往往是简单的比附，看起来美好的价值在当代社会难以附体。因此，传统文化教育中，在世界性普遍意义而言，要突出人类社会共同面临的时代境遇对传统文化创新发展的意义，例如从构建人类命运共同体的高度，从互利共赢、平等协商、包容互鉴、合作共治、永续和平的角度，联系应对经济危机、强权政治、战争威胁、文明冲突、气候变暖的具体案例，阐发东方古老文明智慧的世界意义，揭示中华文明在当今全球治理的具体落实。与此同时，我们在当代中国发展的层面，要彰显社会主义现代化建设实践对传统文化创新发展的意义，引导青少年直面制度背景与问题情境，结合选拔贤能、从严治党、监察制度、党员干部带头示范、坚持群众路线、协商民主、居民自治等案例，阐明中国人民运用传统文化资源加以制度和文化创新的伟大创造，展现富含民族文化基因又符合国情和时代需要的成熟体制、制度与机制的光明前景，从而引导青少年看到传统文化的巨大魅力和实际应用价值。

此外，从一般教育规律的角度来说，传统文化教育还要坚持课堂教育与实践教育相结合，学校教育、家庭教育、社会教育相结合，坚持针对性与系统性相结合的原则。[①]

二、充实中华优秀传统文化教育内容

从教育内容上讲，我们要着力建构融思想性、学理性、价值性、艺术性、实践性并具亲和力、针对性的传统文化教育体系，保证传统文化教育供给青少年学生丰富饱满的精神食粮。

一是要构建从亲切感受、知识理解、理性认识到自主探究的分学段渐进式教育内容，增强传统文化教育的针对性。根据教育部文件精神，小学低年级以培育学生对中华优秀传统文化的亲切感为重点，开展启蒙教育，培养学生热爱中华优秀传统文化的感情。小学高年级以提高学生对中华优秀传统文化的感受力为重点，开展认知教育，了解中华优秀传统文化的丰富多彩。初中阶段以增强学生对中华优秀传统文化的理解力为重点，提高对中华优秀传

① 教育部关于印发《完善中华优秀传统文化教育指导纲要》的通知［EB/OL］.（2014-04-01）. 中华人民共和国教育部网站，http://www.moe.gov.cn/srcsite/A13/s7061/201403/t20140328_166543.html.

统文化的认同度，引导学生认识我国统一多民族国家的文化传统和基本国情。高中阶段以增强学生对中华优秀传统文化的理性认识为重点，引导学生感悟中华优秀传统文化的精神内涵，增强学生对中华优秀传统文化的自信心。大学阶段以提高学生对中华优秀传统文化的自主学习和探究能力为重点，培养学生的文化创新意识，增强学生传承弘扬中华优秀传统文化的责任感和使命感。[①] 这一设计，符合青少年心理发展特点和教育规律，使国家级的指导性通用读本指日可待。

二是善于在艺术教育中熔铸艺术修养，培养艺术精神。传统文化教育的很好切入点之一是透过传统艺术教育来实现，但针对一些家长、学生乃至于教师更多的将其理解为传统的艺术项目，甚至刻板印象视为特定经典曲目、选段、节目的认识，教师在艺术教育中不仅要呈现传统艺术品的制作过程，排练精彩纷呈的艺术表演过程，理解相应的服饰、美食、节庆文化，教授艺术制作和艺术表演的基本技巧，提升青少年的动手能力、语言表达能力、歌咏舞蹈绘画书法等艺术特长，更要引导学生认识传统艺术相关的时空背景、风俗习惯、生活情调、审美情趣乃至生命情怀，揭示传统艺术对陶冶情操、涵养心性的意义，从中提升青少年对艺术的鉴赏能力、对美感的领悟能力、对心理心态的调适能力、对心性人格的修养能力，也要引导学生树立艺术创新的意识，理解生活方式变迁下艺术创新的必然，带领、鼓励和共同参与到融入自身生活感悟和现代元素，立足受众接受的需要、表演艺术的需要、寄托创作者心愿的需要、反映时代精神的需要等因素考量，尝试从简单到复杂、从不成功到成功的艺术创新过程之中，在审美、投入、涵养、创新中获得持久的身心愉悦。

与此相关，艺术工作者和艺术教育者不能满足于技艺传授的"教练"角色，不能停留于兼职赚钱的功利境界中，更需要有德艺双馨的人生追求，增

[①]　教育部关于印发《完善中华优秀传统文化教育指导纲要》的通知［EB/OL］.（2014-04-01）.中华人民共和国教育部网站，http://www.moe.gov.cn/srcsite/A13/s7061/201403/t20140328_166543.html.

强道德感召和艺术感染学生的人格魅力，提升对艺术本质和艺术精神的理论认知。当然，这并不意味着艺术不需要市场化，而恰恰是艺术的时代化、产业化才会让更多的家庭和学生认识到传统艺术的魅力，激发他们投入传统艺术的学习之中，从而给予艺术教育以源头活水。同时，也绝非反对作为激励教师积极性手段的艺术教育的普惠性收费，而是强调教师特定的职业身份应该保持高尚的职业道德，应该有更高的职业追求和生命境界。随着社会对艺术教育精髓的认识提高，艺术教育收费应该以教师对艺术技艺的教授、艺术修养的增进、艺术精神的传导、艺术创新的引领为综合标准，在遵循教育公益性、普惠性中形成合理价格。

三是要寓思想价值于知识传授之中，增强传统文化教育的学理性、思想性和价值性。文以载道是中国文艺自古以来的传统，此"道"不仅是政治赋予的意识形态，也是社会主流的精神信念、价值观念、道德意识、审美情趣，等等。从教育的层面来讲，古代先贤也意识到了"小学"与"大学"之分，强调基于学生身心发展规律的学习次第问题。当代传统文化教育，以艺术、诗文、经典摘录为切入点，是符合教育规律的，但总体而言显得对传统文化内在的学理性、思想性、价值性引导不够。

究其原因，主要是客观上受到应试教育和现代以知识教育为主的教育理念的影响，受制于传统文化教育的学时较少而导致研学不够深入和缺乏有效拓展，任课教师在传统文化的理论深造和培训机会较少，语文教学的重点也在于遣词造句、诗文鉴赏、语言运用，而思政课教学在价值引领和道德培养上的实际效果还待强化。这综合导致在基础教育阶段语文教学或者额外的传统文化教育课程上，对传统文化内在的学理性、思想性、价值性引导不够，而在高等教育阶段传统文化教育的研修课程尚未形成体系，学生对传统文化教育的自主学习和探究能力尚待加强。

因此，当前传统文化教育的提升，应当按照前述教育部文件制定的分学段渐进式教育内容的方向和部署，逐步转变重知识而轻道德的思想观念和评价机制，增加重理解和允许拓展发挥的考核分量，增加学理探讨、思想对话的教学环节，善于在知识传授中申述古人生活经验和思想智慧，阐发传统文化的丰富内涵和思想价值，申述传统文化与时代精神和当代社会融合的探索实践，增强精神追求、价值观念和传统美德的感染力和感召力，从而在艺术教育、知识教育中融入更大程度的学理论证、思想启迪、价值引领、精神感悟，使传统文化精神真正在青少年心中扎根。

四是善于在环境营造和生产生活中开展教育，增强传统文化教育的实践性。传统文化由于时间久远而与现代生活有一定的间隔，因而情境体验式教学就显得尤为关键。在校园中融入传统文化元素加以环境营造，以及视频影像、动画模拟、VR 体验等多媒体手段在课堂上的辅助教学手段运用外，我们更要大力探讨实践教学。

三、丰富中华优秀传统文化教育形式

从教育形式上看，要构建课堂、校园、家庭、社会、网络立体协同的传统文化教育格局，丰富多渠道、多载体、多样性的优秀传统文化传承发展体系。

首先，坚持课堂教学的主渠道作用和课程教材的基础性地位，发挥校园文化、课外活动等第二课堂的辅助功能。一是鼓励更多有条件的学校开展较为系统的国学经典教育课程，根据各学段制定选取不同的文段，因应学生心理和思维发展特点，紧扣学生生活，激发学生兴趣，注重话语创新，丰富表达形式，同时瞄准义理诠释，启发学生思考，深入浅出呈现优秀传统文化的魅力，与主体课程教学同频共振、相向而行、优势互补。语文、德育、政治、历史、地理课程要融入传统文化资源，善用名言警句，援引历史故事，展现人物优秀品格和精神风貌，多角度诠释主体课程教学内容。推进和深化传统文化融入高校思政课，增强高校思政课文化属性以调动学生学习热情。与此同时，以校园宣传墙、中西方节日庆典、科技文化艺术节等校园环境营造为契机，融入传统文化因素，发挥环境育人的功能。

其次，发挥家庭教育与学校教育的联动机制，践行传统美德，讲好民俗文化故事。父母是孩子的第一任启蒙老师，家校联动对孩子健康成长具有重大意义，在传统文化教育中更是如此。中华优秀传统文化以家庭为基础、伦理本位，传统美德首先体现在家庭成员的良性互动上，做到"父子有亲，父慈子孝""兄友弟恭、长幼有序""夫妇有别、举案齐眉、相濡以沫"，体现仁爱情怀，保持互谅互让态度，尤其是长辈应该以身作则，身教重于言传，树立良好家风，以道德人格树立柔性权威，同时运用古代优良家风家教的民间经典故事，引领青少年健康成长成才。与此同时，教育部门和学校要善于与家庭沟通，在监督规范教师行为的同时信任和赋予教师严格施教的职责权力；教师要传承"师者，所以传道授业解惑者也"的角色定位，在知识传授的同时扮演好人生导师的作用，用高尚品行潜移默化影响学生；家长应该了解基本的教育规律，理解学校传统文化教育的教学任务、教学活动的目的意义，与学校和教师建立相互信任、相互尽责的关系，不相互推诿，不相互扯皮，不相互指责，维护尊师重道的传统，在教学互动中贯彻和发扬传统教育精神。

再次，建立学校与社会的多元联动机制，深化传统文化的理论认知。学校教育更多的是书面和讲解获得的理论知识，我们既要传统文化进校园进课堂，也要引导学生积极"走出去"，在社会实践中提升青少年自主发现、自主学习、自主探究传统文化的能力。传统文化实践教学的前提，首先要求我们要更好抢救、保护和适度开发地方历史文化资源，支持有条件的传统文化项目进行产业化市场化运作，有效保护和培育民俗文化传承人，大力扶持濒临断代的文化项目，为实践教学提供更加坚实的条件保障。在此之上，我们要用好图书馆、博物馆、文化馆、影剧院、档案馆、古文物遗址、古村落、古街镇等文化资源，不仅让这些文化资源充分利用，繁荣文化事业和文化产业，也激活文化场馆和文化遗产的教育潜力，切实发挥功名石碑、宗祠家庙、书舍家塾、文武圣庙、名人故居、传统街区等文化熏陶作用。

最后，用好数字文化惠民工程的数据资源成果，推动优秀传统文化的网络教育和网络传播。互联网时代教育面临着新挑战，也提供了新手段，迎来了新机遇。传统文化教育工作者要树立"互联网＋"思维，主动出击、积极作为、勇于创新。一是积极将网络优秀传统文化教育资源引入课堂教学之中，引导学生在课外查阅优秀网络资源。二是要努力将网络平台打造成传统文化教育的新阵地，积极在校园网、班级微博微信、QQ群等积极推送弘扬中华优秀传统文化的视频、动画、文章，向家长和学生供给喜闻乐见的精神文化产品，在潜移默化中提升家长对传统文化的了解和传统文化教育的认同。三是援引中华优秀传统文化资源，利用网络加强学生思想政治教育工作。从学生的微博微信信息转发和发言等方面了解学生思想动态，在虚拟世界的师生日常互动中促进学生敞开心扉，倾诉所思所想、所感所惑，善用经典人物故事和哲理名言，个性化引导学生践行传统美德，树立家国情怀。

四、完善中华优秀传统文化教育保障

从外部支撑来看，要完善领导有力、督导有效、研究有成的组织保障体系，着力增强传统文化教育的多元支撑。

一是要推动形成党委统一领导、党政群协同推进、有关部门各负其责、全社会共同参与的中华优秀传统文化传承和教育工作新格局。传统文化教育事关马克思主义中国化理论和话语创新、传承创新中华文脉、增强国家文化软实力、推进国家治理体系和治理能力现代化，必须坚持党的全面统一领导，增强党委把控政治方向的能力，坚持马克思主义为指导，坚持社会主义核心价值观为引领，防患传统文化教育中的潜在风险误区。我们要进一步发挥党政群团部门的服务意识、办事效率和联动机制的作用，使教育行政部门（党委教育工作部门）与宣传、新闻出版、文化旅游广电等其他党政部门和工会、共青团、妇联等群团组织加强沟通协调，完善联动机制，形成工作合力，共同贯彻党的教育方针，落实立德树人根本任务，组织开展形式多样的教育活动。我们要进一步发挥公共文化服务体系的功能，图书馆、博物馆、文化馆、影剧院、档案馆、古文物遗址、古村落、古街镇要自觉担负传统文化传承和教育的职责，社会和家庭提升传统文化教育的认识，积极配合学校的参观、阅览、实践等教育活动，形成传统文化教育常态化、规范化的长效机制。

二是加强对传统文化教育师资队伍的培养和培训力度，发挥文化学者、艺术传人、教育义工的重要作用。传统文化教育师资队伍建设事关教育广度、深度与实效，要充分盘活既有编制存量，加大经费投入和激励措施，调动既有教师的主动性和积极性，开发传统文化教育课程投身传统文化教育活动。我们要用好民俗文化传承人的优秀人才资源，"引进来"或"走出去"相结合，多渠道弥补传统文化教育人才资源短缺的短板。

三是扶持包括地方文化研究在内的传统文化研究工程，为传统文化的普及化提供坚实基础和理论指引。只有壮大研究队伍，提升研究品质，才能系统总结传统文化教育的优秀经验，因应传统文化教育需要提供专业化的政策建议，让地方历史文化"富矿"在如火如荼的教育实践中得到更大程度的传承、实践和创新。

第三节　提升中华优秀传统文化教育水准的对策建议

从提升传统文化教育品质的高度来说，我们既要遵循传统文化教育实践的理论指引和分析框架，又要结合具体实际和具体文化教育实践需要，联系具体领域的实际问题和操作细节，探索接地气、有针对性、有可操作性的对策建议。作为国家历史文化名城和岭南魅力之城，佛山不仅是醒狮之乡、粤剧之乡、陶艺之乡、武术之乡、美食之乡，也是著名的理学高地、忠义之乡、通济乐善之城，具有丰富的传统文化资源和扎实的文化教育实践。为了讨论的深入，下文就佛山传统文化教育提出若干策略。

一、提升全社会对传统文化教育的价值认同

透过宣传媒体、公共空间、教师培训、家长学校、文艺演出、文化盛会等途径，积极宣传习近平总书记关于"哲学社会科学具有不可替代的重要地位，哲学社会科学工作者具有不可替代的重要作用"的重要论述，深入挖掘和阐发中华优秀传统文化讲仁爱、重民本、守诚信、崇正义、尚和合、求大同的时代价值；既呈现传统文化在深度影响思想文化建设、滋养精神道德建设、推进制度构建、启迪治国理政等社会政治方面的意义，又强调传统文化教育在树立正确的世界观、人生观、价值观方面的作用。领悟"学史可以看成败、鉴得失、知兴替；学诗可以情飞扬、志高昂、人灵秀；学伦理可以知廉耻、懂荣辱、辨是非"的个人成人成才意义。

在引导的过程中，尤其应该让更多家庭接受科技与人文兼顾、知识学习与道德修养并举、国际视野与国学素养兼具、启迪智慧与人格健全并重的教育理念；让更多家庭认识到传统文化教育在为语文课程的知识补充、扩大青少年学生知识面、培养青少年的文化艺术特长、践行孝悌而尊长守礼的功用之外，形成对传统文化教育的价值理性——更为平和地接纳传统文化教育的潜移默化而非立竿见影的功用，更为深刻地认识到它对青少年形成健全人格、健康心理、平和心态、传统美德的深远意义，更为深沉地认同它对传承中华文脉、培养文化自信、维护中华文明生活方式、精神追求、价值观念的社会政治意义。

从立足地方的角度看，要引导广大市民认识到中华优秀传统文化在营造良好社风民风、优化基层意识形态宣传教育机制方面的政治意义，以文化人、以文育人的教育意义，文教共荣、文城相融、文经互促，实现佛山高质量发展的经济社会意义，以及强化佛山文化名城认同，激发传承发展岭南文化使命意识的文化意义。

与此同时，我们要善用主流媒体、公共场馆、校园环境、网络空间呈现包括岭南特色文化在内的中国文化元素，打造秋色巡游、行通济、祖庙庙会

等民俗活动品牌，举办醒狮、粤剧、剪纸、年画、陶艺、国画等传统艺术展演，擦亮西樵山理学发展与书院建设历史名片，推进古村落活化升级、博物馆之城建设、文化场馆改造等项目，开展"佛山韵律"全民阅读、戏曲季、艺术季、文学周等系列文化活动，切实加强传统文化的日常生活化教育和传播，营造感受、体验、学习传统文化的浓郁氛围，从而唤起市民家长对传统文化教育重要性和紧迫性的认识。

二、实现传统文化教育与现代教育理念相统一

具体联系佛山传统文化教育实际而言，一要继续完善传统文化教育融入意识形态宣传教育机制，运用传统文化的思想理念、价值观念、道德意识、艺术精神，充实理想信念教育、社会主义核心价值观培育、"不忘初心、牢记使命"主题教育、美好生活与和谐社区建设、家风家教弘扬等的内容和表现形式，开展丰富多彩的传统艺术活动表达新时代政治元素。

二要在教师培训、家校互动中传导传统文化的创造性转化与创新性发展的理念，在教学内容设计上坚持该原则。例如，在价值观念层面，坚持以社会主义核心价值观为指引，接纳人类文明创造的现代理念，要消除诸如"三纲"、恶俗等不合时宜的消极影响，创造性转化"五伦（常）"等蕴含的权威主义倾向和创新性建构基于仁爱、自由、尊重、公正、互动、互利的新型代际关系，在家庭和睦和社会和谐互动中安顿我们的美好生活。又比如，在醒狮、粤剧、陶艺、武术等岭南艺术教育中，要引导学生树立艺术创新的意识，理解生活方式变迁下艺术创新的必然，带领、鼓励和共同参与融入自身生活感悟和现代元素，立足受众接受的需要、表演艺术的需要、寄托创作者心愿的需要、反映时代精神的需要等因素考量，尝试从简单到复杂、从不成功到成功的艺术创新过程之中，在审美、投入、涵养、创新中获得持久的身心愉悦。

三要抓住佛山中小学探索国际化办学的实际，以国际学校为试点，探索传统文化教育与国际视野教育相结合的校本课程建设；以英语课堂活动为契机，推进中西方跨文化比较与交流，引导学生形成开放包容、文明互鉴又珍视民族瑰宝、善用民族视角审视世界的大国公民心理；以校园宣传墙、中西方节日庆典、科技文化艺术节等校园环境营造为契机，注重平衡好中西方文化元素的比例，发挥环境育人的功能。

四要通过传统文化教育，增强佛山学子对传统中国包括岭南地区的认识与了解，了解醒狮、粤剧、陶艺、武术的发展脉络和文化精神，了解西樵山理学发展与书院建设历史，参与秋色巡游、行通济、祖庙庙会等民俗活动，增强佛山青少年对岭南文化历史与现状的了解，感受到佛山岭南文化在新的时代不断创新所展现的文化魅力，强化对佛山文化名城的认同和作为佛山人的归属感，激发岭南文化传承和发展的使命意识。

三、增强传统文化教育的系统性、整体性、科学性

一是教育部门和各类学校要组织精锐力量，依托本土文化资源，编纂适合不同年级、学段学生的进阶教材（包括地方性的通用指导教材和各校根据教学实际制定的校本教材及相关教案），使各门岭南文化特色课程日趋细致和科学。在教学中，我们也要注重教学对象的差异性，在课程开设、课程内容设计、课堂教学等各个环节加以遵循，避免脱离学段学生实际接受能力而搞徒劳的所谓创新。

二是在醒狮、粤剧、陶艺、武术等艺术教育中，教师在呈现艺术制作和艺术表演的基本技巧，提升青少年的动手能力、语言表达能力、歌咏舞蹈绘画书法等艺术特长的同时，更要引导学生认识传统艺术相关的时空背景、风俗习惯、生活情调、审美情趣乃至生命情怀，揭示传统艺术对陶冶情操、涵养心性的意义，从中提升青少年对艺术的鉴赏能力、对美感的领悟能力、对

心理心态的调适能力、对心性人格的修养能力。

三是增加学理探讨、思想对话的教学环节，善于在知识传授中申述古人生活经验和思想智慧，阐发传统文化的丰富内涵和思想价值，申述传统文化与时代精神和当代社会融合的探索实践，增强精神追求、价值观念和传统美德的感染力和感召力，从而在艺术教育、知识教育中融入更大程度的学理论证、思想启迪、价值引领、精神感悟，使传统文化精神真正在青少年心中扎根。

四是从教学组织上增强传统文化教育的实践性，可以采取每年春游、秋游、夏令营等集体组织的形式进行，可以统一布置，由家庭或者多个家庭联动进行，或者稍大年龄学生采用灵活组队的方式参与，在日常生活中感受、体验、学习、实践传统文化。从教学内容来说，可以让学生在采访倾听、参观交流、社会调查、社会服务、社会研究中感受传统文化，包括参观文化场馆、历史遗址、专题展览、文艺演出，查阅图书馆、档案馆资料认识文物文献，调查古商业街、古牌坊、古村落，参与打扫祠堂、民居，参与民俗文化节庆活动，采访身边熟悉传统文化的长辈、乡贤、民俗文化传承人、文化产业管理者和一线工人等，深入传统文化产业化的生产一线学习体验，围绕"岭南文化的保护""岭南文化与青少年成长成才""岭南文化的保护开发"研究主题尝试开展专题研究等。

四、依托地方优势创新中华传统文化教育形式

一是要继续做好"优秀传统文化艺术传承学校"和"粤剧特色创建基地学校"品牌，以此为抓手，将岭南特色和中国文化元素融入校园建设和装饰布局之中，树立历史人物塑像，独立开辟传统文化宣传栏，加大校史校训宣传，主办传统文化艺术节，开展传统文化节庆活动，用如上多种手段做好校园传统文化氛围营造。

二是大力开展传统文化艺术教育，促进全市各级学校的经验交流分享，汇集经典教学案例，探索综合性的艺术教育体系，市教育教研机构要发挥专家学者的优势，以问题为导向加强分学段的传统艺术教育研究，推进各地方特色文化课程教材修订完善，分学段编纂、推广侧重了解鉴赏艺术和领略艺术精神的综合性岭南艺术读本。

三是鼓励更多有条件的各级学校开展较为系统的国学经典教育课程，根据各学段制定选取不同的文段，与主体课程教学同频共振、相向而行、优势互补。语文、德育、政治、历史、地理课程要融入传统文化资源，善用名言警句，援引历史故事，展现人物优秀品格和精神风貌，多角度诠释主体课程教学内容。

四是要发挥较为完备的公共文化服务体系，建立学校、教育部门与文旅部门的联动机制，由教育部门和文旅部门搭建平台，学校负责具体组织，充分用好图书馆、博物馆、文化馆、影剧院、档案馆、古文物遗址、古村落、古街镇等文化资源，让学生能够身临其境地参观游览学习，直观体验传统文化的多种样态及其文化魅力；要用好文化产业的生产资源，观摩传统文化产品的生产工序，尝试进行传统艺术品的制作加工，感受将古老工艺与现代技术结合的新业态；要引导学生参与全市、区、街道、社区、各种团体组织主办的节庆活动，感受传统文化的表演魅力，身临其境感受优秀传统文化的繁荣景象。

五是利用全国文化资源共享工程、公共电子阅览室建设工程、数字图书馆推广计划等数字文化惠民工程的数据资源成果，利用岭南文化产业的优秀产品和佛山节庆文化活动视频动画等，建设数字文化惠民工程的数据资源，鼓励教师积极录制现场教学视频，制作传统文化教育的微课，积极利用平台资源引入课堂教学之中，引导学生在课外查阅优秀网络资源。

五、加大传统文化教育的研究和投入

一是在绩效工资等方面给予适当倾斜，以项目驱动为抓手加大经费投入，鼓励有专业基础、有发展潜力或有浓厚兴趣的教师参与脱产、半脱产或业余的中短期进修和培训，开发更为专业的传统文化艺术课程、传统美德课程和民族精神课程模块；要开展全市全区的传统文化教育专题讲座、培训和交流活动，利用继续教育网络学习途径加强更大范围的学习培训，进一步提升语文、德育、政治、历史、文化艺术、体育、心理等课程教师的传统文化素养和教育水平；同时对传统文化教育特色鲜明或有潜力的学校探索配备更多的传统文化教育专职师资，聘请校外专家学者、民间艺人、技艺大师、非物质文化遗产传承人担任兼职教师，鼓励学生家长、社区长者、大学生等人士积极参与传统文化的辅助教学，加大相关人员经费支持力度，多渠道弥补传统文化教育人才资源短缺的短板。

二是强化对岭南文化研究的扶持力度。市教育科研管理部门可考虑在哲学社会科学规划项目、教育科学规划基金项目中设立地方传统（岭南）文化教育研究专项或预留相应项目名额，在岭南文化研究资助项目中探索设立传统（岭南）文化教育研究方向，探索委托市外乃至省外有影响力的专家学者开展项目研究，同时加大对项目研究的经费支持力度，探索街镇、乡村、企业等多元经费参与项目研究。我们可以依托文化艺术丛书编纂和地方志编修，通过西樵理学文化、佛山历史文化名人研究，确实提升佛山传统文化研究水平，尤其是提升传统文化的精神追求、思想观念、传统美德、人文精神的阐释能力。

三是要鼓励编辑出版蕴含岭南文化特色的各学段传统文化教材，创作系列绘本、童谣、儿歌、动画，与"佛山市优秀传统文化艺术传承学校""佛山市粤剧特色创建基地学校"等特色教育品牌建设相互配合，吸纳和推广一线教学经验，丰富完善课程和教材体系。

参考文献

[1] 侯外庐、赵纪彬、杜国庠.中国思想通史[M].北京：人民出版社，1957.

[2]（清）郭庆藩撰，王孝鱼点校.庄子集解[M].北京：中华书局，1961.

[3]（清）王夫之.读四书大全说：上册[M].北京：中华书局，1975.

[4]（清）戴震.孟子字义疏证[M].北京：中华书局，1982.

[5]（宋）朱熹.四书章句集注[M].北京：中华书局，1983.

[6] 陈荣捷.王阳明传习录详注集评[M].台北：台湾学生书局，1983.

[7]（宋）黎靖德编.朱子语类[M].北京：中华书局，1986.

[8][德]马克思·韦伯.新教伦理与资本主义精神[M].于晓、陈维纲译.北京：生活·读书·新知三联书店，1987.

[9]（清）王先谦.荀子集解[M].北京：中华书局，1988.

[10]（清）孙希旦撰，沈啸寰、王星贤点校.礼记集解[M].北京：中华书局，1989.

[11] 程树德撰，程俊英、蒋见元点校.论语集释[M].北京：中华书局，1990.

[12]（清）刘宝楠.论语正义[M].北京：中华书局，1990.

[13] 陈来.有无之境——王阳明哲学的精神[M].北京：人民出版社，1991.

[14]（清）苏舆撰，钟哲点校.春秋繁露义证[M].北京：中华书局，1992.

[15] 杨向奎 . 宗周社会与礼乐文明 [M]. 北京：人民出版社，1992.

[16] 中国汉语大词典编辑委员会 . 汉语大词典：第 10 卷 [M]. 上海：汉语大词典出版社，1992.

[17] 许倬云 . 西周史 [M]. 北京：生活·读书·新知三联书店，1993.

[18] 何怀宏 . 良心论 [M]. 上海：上海三联书店，1994.

[19]（清）陈立撰，吴则虞点校 . 白虎通疏证 [M]. 北京：中华书局，1994.

[20] 张岱年、方克立 . 中国文化概论 [M]. 北京：北京师范大学出版社，1994.

[21] 杜维明 . 儒家思想新论——创作性转换的自我 [M]. 南京：江苏人民出版社，1996.

[22] 何怀宏 . 世袭社会及其解体——中国历史上的春秋时代 [M]. 北京：生活·读书·新知三联书店，1996.

[23] 梁治平 . 寻求自然秩序中的和谐 [M]. 北京：中国政法大学出版社，1997.

[24][英] 亚当·斯密 . 道德情操论 [M]. 蒋自强等译 . 北京：商务印书馆，1997.

[25] 冯达文 . 宋明新儒学略论 [M]. 广州：广东人民出版社，1997.

[26] 荆门市博物馆编 . 郭店楚墓竹简 [M]. 北京：文物出版社，1998.

[27]（清）王先慎撰，钟哲点校 . 韩非子集解 [M]. 北京：中华书局，1998.

[28]（汉）郑玄笺，（唐）孔颖达疏 . 毛诗正义 [M]. 北京：北京大学出版社，1999.

[29]（汉）郑玄注，（唐）孔颖达疏 . 礼记正义 [M]. 北京：北京大学出版社，1999.

[30]（汉）孔安国传，（唐）孔颖达疏 . 尚书正义 [M]. 北京：北京大学出版社，1999.

[31]（汉）何休注，（唐）徐彦疏 . 春秋公羊传注疏 [M]. 北京：北京大学出版社，1999.

[32]（汉）郑玄注，（唐）贾公彦疏．仪礼注疏 [M]．北京：北京大学出版社，1999.

[33]（汉）郑玄注，（唐）贾公彦疏．周礼注疏 [M]．北京：北京大学出版社，1999.

[34]（汉）赵岐注，（宋）孙奭疏．孟子注疏 [M]．北京：北京大学出版社，1999.

[35]（魏）王弼等注，（唐）孔颖达疏．周易正义 [M]．北京：北京大学出版社，1999.

[36]（魏）何晏注，（宋）邢昺疏．论语注疏 [M]．北京：北京大学出版社，1999.

[37]（晋）范宁注，（唐）杨士勋疏．春秋谷梁传注疏 [M]．北京：北京大学出版社，1999.

[38]（晋）杜预注，（唐）孔颖达等正义．春秋左传正义 [M]．北京：北京大学出版社，1999

[39] 张荫麟．中国史纲 [M]．上海：上海古籍出版社，1999.

[40] 牟宗三．心体与性体 [M]．上海：上海古籍出版社，1999.

[41] 杨宽．西周史 [M]．上海：上海人民出版社，1999.

[42] 刘小枫．舍勒选集 [M]．上海：上海三联书店，1999.

[43] 姜广辉．郭店楚简研究（《中国哲学》第 20 辑）[M]．沈阳：辽宁教育出版社，1999.

[44] 丁四新．郭店楚墓竹简思想研究 [M]．北京：东方出版社，2000.

[45] 冯友兰．中国哲学史 [M]．上海：华东师范大学出版社，2000.

[46][德] 卡尔·曼海姆．意识形态与乌托邦 [M]．．黎鸣译．北京：商务印书馆，2000.

[47] 徐元诰．国语集解 [M]．北京：中华书局，2002.

[48] 段熙仲．春秋公羊学讲疏 [M]．南京：南京师范大学出版社，2002.

[49] 杜维明．杜维明文集：第三卷 [M]．武汉：武汉出版社，2002.

[50] 贺麟 . 五十年来的中国哲学 [M]. 北京：商务印书馆，2002.

[51] 钱穆 . 论语新解 [M]. 北京：生活·读书·新知三联书店，2002.

[52] 马承源主编 . 上海博物馆藏战国楚竹书：二 [M]. 上海：上海古籍出版社，2002.

[53]（宋）朱熹 . 朱子全书：第六册 [M]. 上海，上海古籍出版社，2002.

[54][美] 诺夫乔伊 . 存在巨链——对一个观念的历史的研究 [M]. 张传有、高秉江译 . 南昌：江西教育出版社，2002.

[55][美] 艾兰 . 世袭与禅让——古代中国的王朝更替传说 [M]. 孙心菲、周言译 . 北京：北京大学出版社，2002.

[56][美] 赫伯特·芬格莱特 . 孔子：即凡即圣 [M]. 彭国翔、张华译 . 南京：江苏人民出版社，2002.

[57] 张光直 . 美术、神话与祭祀 [M]. 沈阳：辽宁教育出版社，2002.

[58] 干春松 . 制度化儒家及其解体 [M]. 北京：中国人民大学出版社，2003.

[59]（宋）程颢，程颐 . 二程集 [M]. 北京，中华书局，2004.

[60] 冯达文，郭齐勇主编 . 新编中国哲学史 [M]. 北京：人民出版社，2004.

[61] 李泽厚 . 中国古代思想史 [M]. 北京：人民出版社，2004.

[62] 徐复观 . 中国思想史论集 [M]. 上海：上海书店出版社，2004.

[63] 徐复观 . 中国思想史论集续篇 [M]. 上海：上海书店出版社，2004.

[64] 余英时 . 朱熹的历史世界 [M]. 北京：生活·读书·新知三联书店，2004.

[65][美] 本杰明·史华慈 . 古代中国的思想世界 [M]. 程钢译 . 南京：江苏人民出版社，2004.

[66] 余英时 . 论戴震与章学诚 [M]. 北京：生活·读书·新知三联书店，2005.

[67] 瞿同祖 . 中国封建社会 [M]. 上海：上海人民出版社，2005.

[68] 钱穆 . 孔子传 [M]. 北京：生活·读书·新知三联书店，2005.

[69] 汤用彤 . 魏晋玄学论稿 [M]. 上海：上海古籍出版社，2005.

[70] 劳思光 . 新编中国哲学史 [M]. 桂林：广西师范大学出版社，2005.

[71] 龚建平 . 意义的生成与实现——《礼记》哲学思想 [M]. 北京：商务印书馆，2005.

[72] 刘贻群编 . 庞朴文集：第二卷 [M]. 济南：山东大学出版社，2005.

[73] 徐复观 . 中国人性论史 [M]. 上海：华东师范大学出版社，2005.

[74] 吴毓江撰，孙启治点校 . 墨子校注 [M]. 北京：中华书局，2006.

[75] 黄怀信等 . 逸周书汇校集注 [M]. 上海：上海古籍出版社，2007.

[76] 陈荣捷 . 朱学论集 [M]. 上海：华东师范大学出版社，2007.

[77] 李零 . 郭店楚简校读记 [M]. 北京：中国人民大学出版社，2007.

[78]（魏）王弼注，楼宇烈校释 . 老子道德经注校释 [M]. 北京：中华书局，2008.

[79]（宋）胡宏 . 五峰集：卷四 [M]. 长沙：岳麓书社，2008.

[80] 方向东 . 大戴礼记汇校集解 [M]. 北京：中华书局，2008.

[81] 黄俊杰 . 东亚儒学史的新视野 [M]. 上海：华东师范大学出版社，2008.

[82] 陈少明 . 经典世界中的人、事、物 [M]. 上海：上海三联书店，2008.

[83] 张德胜 . 儒家伦理与社会秩序——社会学的诠释 [M]. 上海：上海人民出版社，2008.

[84] 陈立胜 . 王阳明"万物一体"论——从"身—体"的立场看 [M]. 上海：华东师范大学出版社，2008.

[85] 陈来 . 古代宗教与伦理：儒家思想的根源 [M]. 北京：生活·读书·新知三联书店，2009.

[86] 葛兆光 . 中国思想史 [M]. 上海：复旦大学出版社，2009.

[87] 陈来 . 古代思想文化的世界——春秋时代的宗教、伦理与社会思想 [M]. 北京：生活·读书·新知三联书店，2009.

[88] 张晋藩 . 中国法律的传统与近代转型 [M]. 北京：法律出版社，2009.

[89] 黎红雷 . 儒家管理哲学 [M]. 广州：广东高等教育出版社，2010.

[90] 萧公权 . 中国政治思想史 [M]. 北京：新星出版社，2010.

[92]（明）王守仁 . 王阳明全集 [M]. 上海：上海古籍出版社，2011.

[92] 王博 . 中国儒学史·先秦卷 [M]. 北京：北京大学出版社，2011.

[93] 陈乔见 . 公私辨：历史衍化与现代诠释 [M]. 北京：生活·读书·新知三联书店，2013.

[94] 习近平 . 习近平谈治国理政：第一、二、三卷 [M]. 北京：外文出版社，2014、2017、2020.

[95] 陈少明 . 做中国哲学：一些方法论的思考 [M]. 北京：生活·读书·新知三联书店，2015.

[96] 人民日报评论部 . 习近平讲故事 [M]. 北京：人民出版社 .2017.

[97] 陈先达 . 文化自信与中华民族伟大复兴 [M]. 北京：人民出版社，2017.

[98] 中共中央文献研究室 . 习近平关于社会主义文化建设论述摘编 [M]. 北京：中央文献出版社 .2017.

[99] 国家图书馆 . 大国智慧：中华优秀传统文化培育的核心思想理念 [M]. 北京：国家图书馆出版社，2017.

[100] 国家图书馆 . 大国精神：中华优秀传统文化积淀的珍贵精神财富 [M]. 北京：国家图书馆出版社，2017.

[101] 国家图书馆 . 大国价值：中华优秀传统文化蕴含的道德理念规范 [M]. 北京：国家图书馆出版社，2017.

[102] 人民日报评论部 . 习近平用典：第一、二辑 [M]. 北京：人民日报出版社 .2018.

[103] 王蒙 . 王蒙谈文化自信 [M]. 北京：人民出版社，2018.

[104] 本书编写组 . 习近平新时代中国特色社会主义思想三十讲 [M]. 北京：学习出版社，2018.

[105] 中共中央宣传部 . 平语近人——习近平总书记用典 [M]. 北京：人民出版社 .2019.

[106] 沈壮海 . 论文化自信 [M]. 武汉：湖北人民出版社，2019.

[107] 方旭东 . 新儒学义理要诠 [M]. 北京：生活·读书·新知三联书店，2019.

[108] 李宗桂 . 中国优秀传统文化的现代价值 [M]. 北京：人民出版社，2020.

[109] 中共中央宣传部 . 平语近人——习近平喜欢的典故 [M]. 北京：人民出版社 .2021.

[110] 人民日报评论部 . 习近平讲党史故事 [M]. 北京：人民出版社 .2021.

[111] 刘厚琴，赵卫东，陈艳玲 . 当代视域下的中国传统儒道释文化研究 [M]. 北京：人民出版社，2021.

[112] 高文苗 . 新时代中华优秀传统文化教育研究 [M]. 北京：人民出版社，2021.

[113] 于铭松 . 文化自信：中华文明的当代价值和世界意义 [M]. 北京：人民出版社，2022.

[114] 阮芝生 . 论吴太伯与季札让国——《再论禅让与让国》之二 [J]. 台湾大学历史学系学报，1994（18）:1–38.

[115] 查昌国 . 友与两周君臣关系的演变 [J]. 历史研究，1998(5):94–109.

[116] 陈绍燕 . 竞争与谦让——中国古代"争""让"范畴的现代启示 [J]. 文史哲，2000（6）:21–28.

[117] 吕耀怀 . "让"的伦理分析 [J]. 孔子研究，2000（5）:34–40.

[118] 罗新慧 . 礼让与禅让——论周代"让"的社会观念变迁 [J]. 社会科学战线 .2002（6）:143–147.

[119] 张中秋 . 乡约的诸属性及其文化原理认识[J]. 南京大学学报（哲学·人文科学·社会科学版），2004(5):51–57.

[120] 梅珍生 . 论恭敬与谦让的礼学意蕴 [J]. 江汉大学学报（人文科学版），

2008(3):53-58.

[121] 唐少莲. 儒家"让"德批判——兼及"让"德与和谐社会建设 [J]. 道德与文明，2008（5）:61-65+91.

[122] 倪梁康. 崇敬：在虔敬与恭敬之间 [J]. 学术月刊，2008(10):41-46.

[123] 蒋国保. 论"让"——兼谈儒家之"让"的现代适用度 [J]. 江苏行政学院学报，2009（6）:11-16.

[124] 彭裕商. 禅让说源流及学派兴衰——以竹书《唐虞之道》《子羔》《容成氏》为中心 [J]. 历史研究，2009(3):11:4-15+190.

[125] 郭沂. 当代儒学十家撮要 [J]. 当代儒学，2011(1):171-196.

[126] 赖换初《礼记》"敬""让"思想探析 [J]. 伦理学研究，2012（5）:40-44.

[127] 黄玉顺. 当今儒家的"创教"与"干政"及基督教在中国的传播问题 [J]. 当代儒学，2013（1）:52-58.

[128] 习近平论中国传统文化——十八大以来重要论述选编 [J]. 党建，2014（03）:7-9.

[129] 乔清举. 中国哲学研究反思：超越"以西释中" [J]. 中国社会科学，2014（11）:43-62+205.

[130] 刘俊燕. 从智慧性看中国传统文化的精神实质 [J]. 哲学研究，2015（9）:59-63.

[131] 甘阳等. 儒学与社会主义 [J]. 开放时代，2016（01）:10-80.

[132] 孙正聿. 当代中国哲学的主体性与原创性 [J]. 中国社会科学，2022（3）:23-36+204

[133] 习近平. 在纪念孔子诞辰 2565 周年国际学术研讨会上的讲话 [N]. 人民日报，2014-9-25（02）.

[134] 习近平. 在文艺工作座谈会上的讲话 [N]. 人民日报，2015-10-15（02）.

[135] 习近平. 在哲学社会科学工作座谈会上的讲话 [N]. 人民日报，2016-5-19（02）.

[136] 习近平. 决胜全面建成小康社会 夺取新时代中国特色社会主义伟大

胜利——在中国共产党第十九次全国代表大会上的报告 [N]. 人民日报，2017–10–28（02）.

[137] 习近平. 在庆祝中国共产党成立 100 周年大会上的讲话 [N]. 人民日报，2021–7–2（02）.

[138] 彭邦本. 先秦禅让传说新探——传世文献与出土资料的综合考察 [D]. 博士论文. 四川大学历史文化学院，2006.

[139] 周慧. 儒家"兄弟"伦理研究 [D]. 博士论文. 中山大学哲学系，2011.

[140] 教育部关于印发《完善中华优秀传统文化教育指导纲要》的通知［EB/OL］. 中华人民共和国教育部网站，http://www.moe.gov.cn/srcsite/A13/s7061/201403/t20140328_166543.html，2014–04–01

[141] 中共中央办公厅 国务院办公厅. 关于实施中华优秀传统文化传承发展工程的意见 [EB/OL]. 中国政府网 .2017–1–25.